本书为国家社科基金青年项目"二十世纪中期

地权变迁与农家经济研究"（12CJL008）

ERSHI SHIJI ZHONGQI ZHONGGUO
DIQUAN BIANQIAN YU NONGJIA JINGJI YANJIU

20世纪中期中国
地权变迁与农家经济研究
（1946—1956）

张　静／著

人民出版社

目　录

导　论 …………………………………………………………… 1

　　一、学术史综述 ……………………………………………… 1

　　二、研究主旨及创新 ……………………………………… 21

第一章　20世纪中期地权变迁：解放战争时期至集体化高潮前 ………… 31

　　一、老区土改废除地主土地所有权到保护个体农民土地私有权 ……… 31

　　　　（一）颁发土地房产所有证以保护农民土地产权私有 ……… 31

　　　　（二）发布告示以鼓励农民土地产权流动 ……………… 33

　　二、新中国成立初期土改政策的进一步完善 …………………… 39

　　　　（一）保护农民土地产权和允许农民地权交易 ………… 39

　　　　（二）采取各种措施提倡鼓励农民交易自由 …………… 42

　　三、土地产权私有—公有：合作化运动中的土地制度变迁 …… 47

　　四、农民间的土地产权流动变化趋势：土改结束后至集体化高潮前 …… 53

第二章　自然人文生态环境与地权交易：零细化与差异化 …………… 58

　　一、零细化：新中国成立初期地权交易的自然生态特性 …… 59

　　　　（一）近代以来农田的零细化现象 …………………… 59

　　　　（二）新中国成立初期的农地使用零细化 …………… 63

　　　　（三）土改结束后至集体化高潮前地权交易的零细化 …… 71

　　二、差异化：土改结束后至集体化高潮前地权交易的区域性特征 …… 82

　　　　（一）华北区：以河北省典型调查村为例 …………… 83

　　　　（二）中南区：以广东省典型调查乡（村）为例 ……… 87

　　　　（三）华东区：以安徽省典型调查乡（村）为例 ……… 94

第三章　作为地权交易主体的中农:安于现状抑或单干致富 …… 102

一、政策保护下屡受"侵犯":土地改革时期的中农 ……………… 102

二、统计视角下的地权交易主体:土改结束—集体化高潮前 ……… 109

三、因应政策变化:地权变迁中的中农心态和行为 ……………… 122

　　(一)埋头生产、发家致富 …………………………………… 122

　　(二)怕冒尖、安于现状 ……………………………………… 128

　　(三)从"整体"到"细分":合作化运动中的中农 ……………… 130

第四章　惶恐难安中的富农:有限抵抗抑或无奈合作 ……………… 138

一、理性计算下的选择:富农对村庄干部和其他阶层的行为 …… 138

　　(一)揣摸和顺从:新乡村权力结构下的富农 ………………… 138

　　(二)拉拢或讨好:对村庄内成员的行为 …………………… 143

二、"生存小农"的有限抵抗:中共政策限制下的富农应对 ……… 146

　　(一)消极生产、分散"浮财" ……………………………… 147

　　(二)互助合作运动中的"反限制" ………………………… 148

三、趋利与避风:新中国成立初期乡村富农雇工 ……………… 151

　　(一)允许—提倡—限制:中共富农雇工政策变化 ………… 151

　　(二)利益追逐与变相雇工:富农应对策略的调适 ………… 158

第五章　地权变迁中的基层乡村干部:守夜人与利益追逐者 …… 163

一、新中国成立初期的乡村基层干部 ………………………… 163

　　(一)基层政权社会构成:中农化 ………………………… 163

　　(二)基层政权新秀:新中农的崛起 ……………………… 169

二、参与式体验:地权交易中的乡村干部 …………………… 174

　　(一)无所适从:对中央地权变迁政策的理解和认识 ……… 174

　　(二)允许—限制—禁止:对党员雇工、出租问题的政策演变 … 178

　　(三)趋利:地权交易中的行为选择 ……………………… 180

三、好干部抑或坏干部:互助合作运动中的乡村干部 ……… 185

　　(一)带头与强迫入组入社:互助合作运动中的动员方式 … 185

　　(二)厌倦疲沓情绪与怕当干部:互助合作运动中追逐个人利益 … 186

（三）排斥与打击：互助合作运动中对贫困农民的态度 …………… 188

第六章　地权变迁与农家经济：基于乡村实践情境……………… 194
　一、地权变迁与资源配置 ……………………………………… 194
　　（一）土地买卖原因 ………………………………………… 194
　　（二）土地租佃成因 ………………………………………… 201
　二、地权变迁与惯例习俗 ……………………………………… 208
　　（一）土地证颁发中的习俗与政策冲突 …………………… 208
　　（二）地权变迁中的生产习惯与政策抵抗 ………………… 212
　三、地权交易与农家收入 ……………………………………… 215

结　语 ………………………………………………………… 232

参考文献 ……………………………………………………… 247

图表目录

图 2-1　华北区建屏县土地房产所有证 …………………… 63

图 2-2　华北区长治县土地房产所有证 …………………… 64

图 2-3　江西省临川县土地房产所有证 …………………… 67

图 2-4　湖北省汉川县土地房产所有证 …………………… 68

图 2-5　江苏省武进县土地房产所有证 …………………… 69

表 1-1　1949—1950 年辽东省凤城县黄旗村土地买卖、租佃关系
　　　　统计表 ……………………………………………… 37

表 1-2　1948—1951 年黑龙江省海伦县永安村土地租佃关系统计表 37

表 1-3　1948—1950 年辽南典型调查村土地买卖关系统计表 …… 38

表 1-4　各省典型调查乡（村）土地买卖、租佃关系变化表 ……… 55

表 2-1　陕甘宁边区神府县 6 个典型调查村土地租佃关系统计表 62

表 2-2　山东省淄博专区桓台县第三区××村土地证登记表 …… 65

表 2-3　湖南省典型调查乡出租、租入土地动因比例表 ………… 70

表 2-4　苏北 14 个典型村土改前后土地租佃情况比较表 ……… 72

表 2-5　苏南 9 个典型调查乡土改前后土地租佃情况比较表……… 73

表 2-6　土改结束后至集体化高潮前各省典型调查乡土地买卖关系
　　　　统计表 ……………………………………………… 74

表 2-7　土改结束后至集体化高潮前各省土地租佃关系统计表 … 75

表 2-8　1954 年全国土地买卖、租佃关系统计表 ……………… 76

表 2-9　1954 年各省各阶层土地买卖比例统计表……………… 78

表 2-10　1954 年各省各阶层土地租佃比例统计表 …………… 79

表 2-11　1950—1953 年河北省 12 个典型村土地买卖、租佃调查统
　　　　计表 ……………………………………………… 86

表 2-12   1953 年 10 个乡出租情况比较表 ……………………………… 89

表 2-13   1953 年 10 个乡雇工情况统计表 ……………………………… 90

表 2-14   1953 年 12 个乡农民收入来源统计表 ……………………… 94

表 2-15   安徽省 1954 年 10 个乡土地买卖、典当情况统计表 ……… 96

表 2-16   安徽省 1954 年 10 个乡土地租佃、雇佣关系统计表 ……… 97

表 2-17   阜阳县河东乡与萧县杨阁乡调查统计表 ……………………… 98

表 2-18   潜山县骑龙乡和歙县山岔乡调查统计表 …………………… 100

表 3-1   土改前后热河省 7 个村中农阶层土地买卖和出租情况调查
         统计表 ………………………………………………………… 106

表 3-2   土改前后苏南、苏北典型村中农阶层土地租佃关系比例表 …… 107

表 3-3   土改前后中南区中农阶层租佃关系比例表 ………………… 108

表 3-4   土改前后中南区、华东区公田统计表 ……………………… 109

表 3-5   1950—1953 年河北省 12 个典型村中农阶层土地买卖情况
         统计表 ………………………………………………………… 111

表 3-6   1952—1954 年热河省典型村中农阶层土地买卖、典当和出
         租情况统计表 ………………………………………………… 112

表 3-7   1952—1954 年湖北省 11 个典型乡中农阶层土地租佃关系
         统计表 ………………………………………………………… 113

表 3-8   1952—1954 年湖南省 9 个典型乡中农阶层土地买卖关系统
         计表 …………………………………………………………… 114

表 3-9   1952—1954 年湖南省 9 个典型乡中农阶层土地租佃关系统
         计表 …………………………………………………………… 114

表 3-10   1952—1954 年江西省 9 个典型乡中农阶层土地买卖关系
         统计表 ………………………………………………………… 116

表 3-11   1952—1954 年江西省 9 个典型乡中农阶层土地租佃关系
         统计表 ………………………………………………………… 116

表 3-12   1953—1954 年广西 10 个典型乡中农阶层土地买卖关系比
         例表 …………………………………………………………… 117

表 3-13   1952—1954 年安徽省 10 个调查乡中农阶层土地买卖关系
         统计表 ………………………………………………………… 119

表 3-14　1952—1954 年安徽省 10 个调查乡中农阶层土地租佃关系
　　　　统计表 ·· 119

表 3-15　土改时期至 1954 年福建 8 个乡中农阶层租佃关系统计表 ····· 120

表 3-16　1954 年各省中农阶层土地买卖、租佃关系比例表 ··········· 121

表 3-17　河北省 10 个典型村副业收入分阶层综合统计表 ··········· 126

表 4-1　土改后富农干部统计表 ·································· 139

表 4-2　1948 年和 1951 年中南区 6 省富农阶层雇佣关系比例表 ····· 152

表 4-3　各省典型调查乡富农阶层雇佣关系调查表 ··············· 157

表 5-1　东北区典型调查村中农在基层干部中的比重统计表 ········· 164

表 5-2　山西省 20 个乡 20 个党支部（分支部）的党员成分情况
　　　　统计表 ·· 164

表 5-3　江西省典型调查乡支部中的党员与党支委成分统计表 ········· 165

表 5-4　安徽省典型调查乡基层政权阶级成分统计表 ············· 166

表 5-5　1954 年福建省 4 个乡各阶层政治地位分析表 ············· 166

表 5-6　松江省双城县三个村基层干部阶级成分统计表 ··········· 167

表 5-7　1954 年安徽省 9 个典型调查乡合作社主要干部阶级成分统
　　　　计表 ·· 168

表 5-8　福建各阶层政治地位情况 ······························ 170

表 5-9　广东中山县外沙乡干部成分变化表 ····················· 172

表 5-10　湖南长沙县雲泉乡干部成分变化表 ····················· 173

表 6-1　河北省 12 个典型村买卖土地原因统计表 ··············· 199

表 6-2　热河省 7 个典型村各阶层土地出租情况调查统计表 ········· 204

表 6-3　湖南省 7 个典型调查乡出租土地动因比例表 ············· 207

表 6-4　湖南省 8 个典型调查乡租入土地动因比例表 ············· 208

表 6-5　徐庄乡合义村土改前后各阶层租佃关系变动情况表 ········· 214

表 6-6　河北省 10 个典型村副业收入分阶层综合统计表 ··········· 217

表 6-7　1953 年中南 5 省劳动力、土地占有情况统计表 ··········· 218

表 6-8　1954 年各省土地流转和收入比重统计表 ··············· 220

表 6-9　1953 年中南区 5 省新上升阶层收入来源统计表 ··········· 221

表 6-10　湖北、湖南两省人均总收入与租佃率关系表 ··········· 221

表 6-11　湖南、湖北新上升阶层出租收入与总收入关系表 ················ 222

表 6-12　山东省淄博桓台县高楼乡土改后土地买卖、典当情况
　　　　　统计表 ·· 223

表 6-13　山东省淄博桓台县高楼乡土改后出租、租进土地情况 ·········· 229

导　　论

一、学术史综述

本书涉及解放战争时期至集体化高潮前宏观层面的土地制度产权变迁和微观层面的以农民地权交易为主体内容的农家经济这两个领域。对该问题的宏观梳理和微观考察,可以从新的角度重新阐释该阶段政府的制度变迁过程和个体农民的经济行为,不仅可在时间上将土地制度史研究前后承接起来,同时也可考察不同政权形态下地权交易转型的内在根源及其历史价值,并为当今的土地改革提供借鉴和启迪。目前,学界对这两个领域的研究有了显著的进展并取得丰硕成果。

(一)关于新中国成立前后土地制度变迁研究

一是关于土地制度变迁的资料研究。国内关于解放战争时期至集体化高潮前的土地制度变迁的资料蔚为大观,除了民国时期官方和民间学术团体组织的各项农村经济调查外,20 世纪 50 年代中共主导下的各地农村经济调查资料相继出版①。改革开放以来,随着对各级档案资料的公开和整理,相关党的文

---

① 如中央农业部计划司编《两年来的中国农村经济调查集编》(中华书局,1952 年)、湖北人民出版社编印《农村经济调查选集》(1956 年)、经济资料编辑委员会编《八省农村典型调查》(财政经济出版社,1957 年)、新华书店中南总分店编印《中南各省农村情况调查》(1950年)、人民出版社编辑部编《土地改革重要文献汇集》(人民出版社,1951 年)、中共湖北省委农村工作委员会调查研究科编印《湖北农村调查》(1952 年)、中南军政委员会土地改革委员会调查研究处编印《中南区一百个乡调查资料选集》(1953 年)、中华人民共和国国家统计局编《1954 年我国农家收支调查报告》(统计出版社,1957 年)、人民出版社编辑部编印《新区土地改革前的农村》(1951 年)、中南人民出版社编印《土地改革后的中南农村》(1951 年)、江西省土地改革委员会编印《江西省土地改革重要文献汇编》(1954 年)、中央农业部计划司编《两年来的中国农村经济调查汇编》(中华书局,1952 年)、华东军政委员会土地改革委员会编《华东农村经济资料》(第 1—6 分册)(编者刊,1952 年 12 月)、中共湖北省委农村工作委员会调查研究科编印《湖北农村调查　二十个农村典型乡材料之一》(1952 年 10 月)、华东军政委员会土地改革委员会编印《华东区土地改革成果统计》(1952 年 12 月)、史敬堂等著《中国农业合作化运动史料》(三联书店,1957 年)。

献资料①和毛泽东、刘少奇、张闻天、薄一波等中共领导人的文集、传记、回忆录②相继出版;中央档案馆、农业部、中国社科院、财政部等亦相继编辑出版了一批有关土地改革史和合作化史的资料汇编性质的著作③。《当代中国》系列丛书和《中华人民共和国经济档案资料》丛书对此问题也有涉及④。此外,华北、东北、中原、太行、山东、河北、陕甘宁等各大解放区⑤对该阶段有关土地制度变迁均有比较翔实的资料汇编。改革开放以来,部分学者致力于中华人民共和国经济史的研究,新中国成立初期土地制度变迁便成为其绕不过的重要一环⑥。

---

①　国家农业委员会办公厅编:《农业集体化重要文献汇编》,中共中央党校出版社,1981 年;中共中央文献研究室编:《建国以来重要文献选编》,中共中央文献出版社,1992 年。

②　《刘少奇论新中国经济建设》,中央文献出版社,1993 年;薄一波:《若干重大决策与事件的回顾》,中央党校出版社,1991 年;毛泽东:《毛泽东选集》,人民出版社,1991 年;张闻天:《张闻天晋陕调查文集》,中共党史出版社,1994 年;毛泽东:《毛泽东农村调查文集》,人民出版社,1982 年。

③　中央档案馆编《解放战争时期土地改革文件选编(1945—1949)》(中共中央党校出版社,1981 年)、当代中国农业合作化编辑室编《中国农业合作史资料》(中共中央党校出版社 1998 年)、黄道霞等编《建国以来农业合作化史料汇编》(中共党史出版社,1992 年)、财政部农业财务司编《新中国农业税史料丛编(第五册)》(中国财政经济出版社,1986 年)、中华人民共和国财政部编辑委员会《中国农民负担史》(第四卷)(中国财政经济出版社,1994 年)。

④　如《当代中国的农业合作制(上)》(当代中国出版社,2002 年)、《当代中国土地管理(上)》(当代中国出版社,1998 年)、《1949—1952 中华人民共和国经济档案资料选编·农村经济体制卷》(社会科学文献出版社,1992 年)、《1953—1957 年中华人民共和国经济档案资料选编·综合卷》(中国物价出版社,2000 年)、《1949—1952 中华人民共和国经济档案资料选编·财政卷》(经济管理出版社,1955 年)、《1953—1957 中华人民共和国经济档案资料选编·财政卷》(中国物价出版社,2000 年)、《1949—1952 中华人民共和国经济档案资料选编·农业卷》(社会科学文献出版社,1991 年)、《1953—1957 中华人民共和国经济档案资料选编·农业卷》(中国物价出版社,1998 年)。

⑤　晋绥边区财政经济史编写组:《晋绥边区财政经济史资料选编·农业编》,山西人民出版社,1986 年;《解放战争时期陕甘宁边区财政经济史·资料选辑》,三秦出版社,1989 年;东北解放区财政经济史编写组:《东北解放区财政经济史资料选编》(第1—4 辑),黑龙江人民出版社,1988 年;河北省档案馆:《河北土地改革档案史料选编》,河北人民出版社,1990 年;华北解放区财政经济史资料选编辑组:《华北解放区财政经济史资料选编》(第一辑),中国财政经济出版社,1996 年;山东省委党史研究室、中共临沂市兰山区委编:《封建土地制的覆灭:新中国成立初期山东的土地改革》,中国大地出版社,1999 年;唐致卿、岳海鹰:《山东解放区史稿(解放战争卷)》,中国物资出版社,1998 年;王礼琦:《中原解放区财政经济史资料选编》,中国财政经济出版社,1995 年;朱建华:《东北解放区财政经济史稿》,黑龙江人民出版社,1987 年。

⑥　孙健:《中华人民共和国经济史稿(1949—1957)》,吉林人民出版社,1980 年;李德彬:《中华人民共和国经济史简编(1949—1985)》,湖南人民出版社出版,1987 年;赵德馨主编:《中华人民共和国经济史(1949—1966)》,河南人民出版社出版,1988 年;蒋家俊主编:《中华人民共和国经济史》,陕西人民出版社出版,1989 年;曾壁均、林木西主编:《新中国经济史(1949—1989)》,经济日报出版社,1990 年;吴承明、董志凯:《中华人民共和国经济史》,中国财政经济出版社,2001 年;武力:《中华人民共和国经济史(1949—1999)》,中国经济出版社,1999 年;赵德馨、苏少之:《中国经济通史》,湖南人民出版社,2002 年;董志凯主编:《1949—1952 年中国经济分析》,中国社会科学出版社,1996 年。

　　近年来,随着各地契约文书和各级档案资料的大量挖掘和整理,相关研究愈益深入,尤其是依托基层档案探讨传统乡村地权变动研究蔚然成风。目前,上海交大、山西大学、南开大学、华东师范大学等高校和科研机构相继搜集、整理大批新中国成立前后的农村调查档案资料和民间土地契约文书,并形成了相关阶段性研究成果。

　　从 2007 年开始,上海交通大学历史系曹树基教授带领课题组在浙江松阳县石仓及周边村庄共发现、整理了数千件清代康熙至 1950 年代的土地契约文书。石仓的土地契约被誉为是一个集中的村落群中保存契约文书最为齐备,数量最多、种类最多且记载最为清晰的村庄。8 年来,课题组分别从历史地理学、历史人类学、建筑学、历史文献学和社会经济史等不同学科视角开展研究,除了整理出版资料集——《石仓契约》(浙江大学出版社,2011 年)外,课题组相继发表了系列研究论文[①],在此基础上,曹树基课题组分别在上海、江苏、浙江、河南、安徽、云南、山东、江西等省市 50 多个市县进行 1950 年代县级档案资料的收集和整理工作,并结合石仓契约文书对近代以来的乡村地权变迁进行系统研究,如曹树基结合石仓经验得出结论,大约在清中叶以后中国存在一个从内容到形式基本统一的乡村土地市场(《传统中国乡村地权变动的一般理论》,《学术月刊》2012 年 12 月)。通过对江西寻乌与浙江松阳石仓的对比研究发现,在传统时代中国东南地区有着相似的地权结构与社会结构(《中国东南地区的地权分化与阶级分化》,《南京大学学报》2012 年第 5 期)[②];山西大学中国社会史研究中心自 1980 年代开始收集山西集体化时代的渠册、碑刻、秧歌剧本、契约文书和民事诉状、晋商商号账册及生意经、村史、家史等基层资料。时间横跨 1945—1982 年,地域遍及山西全省,包括有村庄、公社以及

---

① 如《石仓税率的演变》(1772—1952),《中国农史》2011 年第 3 期;《清中叶以降浙南乡村家族土地细碎化与人口压力》,《史林》2014 年第 2 期;《清中后期浙南山区的土地典当》,《历史研究》2008 年第 4 期;《两种"田面田"与浙江的"二五"减租》,《历史研究》2007 年第 2 期;《"残缺产权"之转让:石仓"退契"研究》,《历史研究》2010 年第 3 期;《送户票与收粮字:土地买卖的中间过程》,《华东师范大学学报》2010 年第 4 期。

② 此外,他还撰写了《土地分种:雇佣、合作还是出租》(《上海交通大学学报》2007 年第 2 期)、《土地耕种与"田面权"之争——以抗战胜利后嘉善县的佃权纠纷为中心》(《上海交通大学学报》2008 年第 2 期)、《粮仓、市场与制度:统购统销的准备过程——以江津县为中心的考察》(《中共党史研究》2012 年第 3 期)、《新中国成立初期土地改革中"工商业兼地主"的政治身份认定》(《中共党史研究》2011 年第 2 期)。

灌区、工厂、百货公司、供销合作社等50余处的文本资料和实物,涉及经济活动、政治运动、文化生活、宗教信仰、人际关系、社会救助、人口家庭等内容。该中心结合基层档案资料开展课题研究并形成了大批研究成果①;南开大学中国社会史研究中心亦保存了新中国成立以后村庄一级的原始文书档案——侯家营文书,该文书包含大量有关土地经营管理、耕地面积变动、自留地统计、作物产量登记及收益分配等记录。这些资料在时间和地点上可以和以满铁调查资料为代表的20世纪前半叶华北村落调查资料相补充、印证和衔接②;此外,华东师范大学中国当代史研究中心对河北省冀门县门庄公社档案资料进行挖掘整理,并编辑出版了《中国当代民间史料集刊》系列丛书。张乐天较早运用浙江省海宁市联民村及周边地区的农村档案资料开展研究③。

　　二是国内外有关土地制度变迁研究。改革开放以前,关于20世纪中期土地制度变迁尤其是土地改革研究的有代表性的专著多出自外国学者。如韩丁对山西张庄的土改运动、柯鲁克夫妇对河北十里店土改复查和整党运动分别进行过实地考察,并据此以生动的语言和特有的视角向我们展现了当时华北乡村的土改实践场景,他们均对中共领导的土地改革给予高度评价④。杨庆堃对1950—1952年广州郊区南景村的土地占有、阶级划分、权力结构和亲属关系等展开专题探讨⑤。杰克·贝尔登对土改的经济意义提出了异议,认为土改对创造工业化所需的资金和消除过剩的农村人口压力等方面均无多大作用⑥。胡素

---

① 马维强、常利兵:《历史与现实中的中国乡村》,《中国经济史研究》2006年第3期;邓宏琴:《集体化时代的中国农村社会学术研讨会综述》,《中共党史研究》2009年第11期;胡英泽:《集体化时代农村档案与当代中国史研究》,《中共党史研究》2010年第1期;马维强:《双口村:集体化时代的身份、地位与乡村日常生活》,山西大学2009年博士学位论文。

② 张思:《国家渗透与乡村过滤:昌黎县侯家营文书所见》,《中国农业大学学报(社会科学版)》2008年第1期;张思等:《侯家营:一个华北村庄的现代历程》,天津古籍出版社,2010年。

③ 张乐天:《告别理想:人民公社制度研究》,上海人民出版社,1998年。

④ [美]威廉·韩丁:《翻身:一个中国村庄的革命纪实》,北京出版社,1980年;[美]威廉·韩丁:《深翻:中国一个村庄的继续革命纪实》,中国国际文化出版社(香港),2008年;[加]伊莎白·柯鲁克、[英]大卫·柯鲁克:《十里店:中国一个村庄的革命》,上海人民出版社,2007年;[加]伊莎白·柯鲁克、[英]大卫·柯鲁克:《十里店:中国一个村庄的群众运动》,上海人民出版社,2007年。

⑤ C.K. Yang, *A Chinese Village in Early Communist Transition*, Cambridge: Massachusetts Institute of Technology Press, 1959.

⑥ [美]杰克·贝尔登:《中国震撼世界》,北京出版社,1980年。

珊对 1945—1949 年的中共土改从政策到实践作了细致客观的梳理①。20 世纪 80 年代，弗里曼、毕克伟和赛尔登在"国家—社会"的二元化解释框架指导下，深入考察了 1935—1960 年间中共在河北省饶阳县五公村所进行的一系列改革，认为土改及其后的农业集体化运动并没有解放农民，反而使潜存于中国文化中的恶劣习性泛滥成灾②。裴宜理认为在战争年代确立的情感工作模式在新中国成立后的土改运动中依然具有深刻的影响③。近年来，部分学者偏好于以村庄为研究个案，考察新中国成立以来和地权变迁相关的乡村实践。澳籍华裔学者高默波探讨了 1949 年到 20 世纪 90 年代中期高家村的土地、水域、人口、生活水平、卫生教育、政治运动、改革、风俗等诸多方面的变迁④。黄树民探讨了新中国成立以来福建省林村中共主流意识形态逐渐取代传统的、半自治的乡村的过程，同时他指出风俗习惯和民间信仰等传统因素具有强韧地持续性⑤。韩敏从社会人类学的角度对皖北李村晚清以来近 600 年的社会经济变迁进行研究，阐明了传统的社会结构及文化在步入社会主义制度后的变化过程⑥。李怀印则以江苏秦村为例，从新的角度诠释了集体化时期和改革开放时期的乡村、国家、干部与村民，着重探讨了农民在不同制度设置下动机和行为的复杂性与多样性⑦。

　　国内早期的研究多数着眼于从政策解读和总结中国革命基本经验的角度出发，专门化的实证研究在改革开放以后方兴未艾，研究者在革命史宏观叙事框架下开展对革命经验的研究，并形成大量的专著、论文，研究内容涉及土改的依据、阶段、政策、意义等各个方面⑧。近年来，随着档案资料的进一步挖掘

---

① ［美］胡素珊：《中国的内战——1945—1949 年的政治斗争》，中国青年出版社，1997 年。

② ［美］弗里曼、毕克伟、赛尔登：《中国乡村，社会主义国家》，社会科学文献出版社，2002 年。

③ 裴宜理：《重访中国革命：以情感的模式》，《中国学术》2001 年第 4 期。

④ Gao，Mobo C.F.Gao Village，*Rural Life in Modern China*，London：Hurst and Co.Publishers（also issued by Hawaii University Press in the US），1999.

⑤ ［美］黄树民：《林村的故事——1949 后的中国农村改革》，三联书店，2002 年。

⑥ 韩敏：《回应革命与改革：皖北李村的社会变迁与延续》，江苏人民出版社，2007 年。

⑦ 李怀印：《乡村中国纪事：集体化和改革的微观历程》，法律出版社，2010 年。

⑧ 研究土地改革史的专著主要有杜润生主编《中国的土地改革》（当代中国出版社，1996 年）；农业部农村经济研究中心当代农业史研究室编《中国土地改革研究》（中国农业出版社，2000 年）；邓力群《中国的土地改革》（当代中国出版社，1996 年）；《中国的土地改革》编辑部、中国社会科学院及经济研究所现代经济史组编《中国土地改革史料选编》（国防大学出版社，1988 年）；赵效民《中国土地改革史（1921—1949）》（人民出版社，1990 年）；赵泉钧《中国土地改革史》（武汉大学出版社，1985 年）；董志凯《解放战争时期的土地改革》（北京大学出版社，1987 年）；罗平汉《土地改革运动史》（福建人民出版社，2005 年）。

整理、学界研究范式的多元化和多学科专家的持续关注,有关研究理论方法、研究对象和内容均取得了丰硕成果①。

一是研究内容多元化。目前关于土地制度变迁的研究已突破国家层面和制度层面的宏大叙事,内容涉及土地制度变迁中的基层政权建设、群众动员、文化特性、惯例习俗、农民心态和行为、日常生活、民众记忆等诸多方面。如关于土改中的"翻身"与"生产",李放春认为"翻身"与"生产"的话语实践不仅影响了土改进程,而且贯穿未来社会主义革命的全过程②。张一平关注苏南新区土改,进一步指出土改重心由农民的"翻身"转向农村的"生产",维护农村地权和生产秩序的稳定、解放和发展农业生产力成为当时的中心任务③。张鸣揭示了土地改革与社会动员的关系④。部分学者从农民日常生活的角度研究土地制度变迁中的农民应对。张佩国认为"民众的日常生活实践构成了地方性知识和地方性制度,在正式的制度安排向乡村的地方性知识渗透过程中,官方文本中革命的意义已逐渐让位于民众的日常生活世界"。⑤ 应星选取了与身体和性相关的叙事来展现乡村日常生活在集体化时期的权力实践⑥。李放春考察了北方土改中以"访苦"与"诉苦"为主要内容的"翻心"实践,从探究"革命现代性"的立场出发展示了教化权力的运作方式⑦。常利兵从社会史角度探讨农业合作化时期山西农民在土地、劳动与观念等方面发生的变化⑧。罗衍军通过土改时期两个鲁西南村庄原始档案的梳理与解读,透析不

---

① 目前学界相关土地改革研究的书评较多,代表性的如郑有贵、董彦斌、焦红坡等:《土地改革研究综述》,《中共党史研究》2000 年第 6 期;叶明勇:《新中国成立后土地改革运动研究述评》,《北京党史》2008 年第 5 期;张一平:《三十年来中国土地改革研究的回顾与思考》,《中共党史研究》2009 年第 1 期;张一平:《中国土地改革研究的理论与方法反思》,《上海财经大学学报》2009 年第 6 期。

② 李放春:《北方土改中的"翻身"与"生产"——中国革命现代性的一个话语—历史矛盾溯考》,载《中国乡村研究》第 3 辑。

③ 张一平:《秩序与生产:新区土改中的政策表达》,《当代中国史研究》2009 年第 2 期。

④ 张鸣:《动员结构与运动模式——华北地区土地改革运动的政治运作(1946—1949)》,《二十一世纪》网络版,2003 年 6 月号。

⑤ 张佩国:《山东"老区"土地改革与农民日常生活》,《二十一世纪》2003 年总第 76 期。

⑥ 应星:《身体与乡村日常生活中的权力运作》,载黄宗智主编《中国乡村研究》第 2 辑。

⑦ 李放春:《苦、革命教化与思想权力——北方土改期间的"翻心"实践》,《开放时代》2010 年第 10 期。

⑧ 常利兵:《土地、劳动与观念——1949—1957 年山西省农民生活变革研究》,《当代中国史研究》2012 年第 6 期。

同村庄的人际关系对土改进程施加的影响,展示宏观革命运行背景下微观乡村场域的复杂面相①。李康、方慧容等再现了农民日常生活的话语表达和社会记忆②。

　　二是研究视角多元化。近年来来自历史学、社会学、经济学、政治学及人类学等不同学科的海内外学者纷纷加入对新中国成立前后土地制度变迁的研究行列,并突破了传统的政策—效应模式、革命—现代化的二元叙事和国家—社会二元结构③,部分学者关注乡村中社会结构和政治权力的转化,瞿同祖认为土改中政治权力的再分配重要于财产的再分配④,周锡瑞指出"革命(对多数人)并非是一种解放,而是一种统治形式的取代"⑤;部分学者从传统文化和意识形态的角度发现,传统乡土社会的文化、习俗难以被改变。弗里曼、毕克伟和赛尔登认为,在土改后的乡土社会,政治文化、国际控制及地方网络深层次的结构在一起,以至于个别政策无法轻易地摧毁⑥。昂格指出在土改后的广东陈村,传统的社会秩序、集体宗教等仍然十分明显⑦。黄宗智提出了"表达性现实"与"客观性现实"的概念,认为关于土地改革的官方表达与实践逻辑存在着背离,黄宗智的理论构建为理解乡村社会提供了一个新视角,是对以往中国革命的研究中表达与实践的单一维度的突破⑧。张小军引入象征资本概念,将研究视角从土地的象征资本化、划分阶级的象征权力、群众运动的象征生产和乡民阶级习性四个方面,描述阶级从象征生产到制度实践的过程。

---

① 罗衍军:《人际关系与土改的推动:以两个鲁西南村庄为中心》,《二十一世纪》2012年2月号总第129期。

② 方慧容:《无事件境与生活世界中的真实——西村农民土地改革时期社会生活的记忆》,载杨念群编:《空间·记忆·社会转型——"新社会史"论文精选集》,上海人民出版社,2001年;李康:《西村十五年:从革命走向革命——1938—1952冀东村庄基层组织机制变迁》,北京大学1999年博士学位论文。

③ 张佩国:《中国乡村革命研究中的叙事困境——以"土改"研究文本为中心》,《中国历史》2003年第2期。

④ Ch'u Tung-tsu, "Chinese Class Stucture and Its Ideology", in John K. Fairbank ed., *Chinese Thought and Institutions*, The University of Chicago Press. 1957, p.250.

⑤ Joseph W. Esherick, "The Theses on the Chinese Revolution", *Modern China* 21. 1995, p.48.

⑥ 常利兵:《土地、劳动与观念——1949—1957年山西省农民生活变革研究》,《当代中国史研究》2012年第6期。

⑦ Jonathan Unger, "The class system in rural china: A Case Study", in J. Watson ed., *Class and Social Stratification in Post-revolution China*, London: Cambridge University Press. 1984, p.127.

⑧ 黄宗智:《中国革命中的乡村阶级斗争——从土改到文革时期的表达性现实与客观性现实》,载《中国乡村研究》第2辑

他指出,土改中土地由经济资本转变为象征资本,给土改中用土地造阶级的乡民实践提供了丰富的想象和创造的空间①。张乐天以"外部冲击——村落传统互动"模式来分析浙北乡村变迁②。董国礼以安徽太和县为例,引入新制度经济学的理论范式梳理了新中国成立以来的土地制度变迁,并进一步讨论了国家与社会博弈过程中国家角色的变迁③。

三是研究范围的多样化。近年来,区域史的研究视角进一步拓展了研究路径,如张佩国关于山东和江南,吴毅关于川东双村,朱冬亮关于闽西北将乐县安仁乡,李怀印关于秦村、十里店,李放春关于陕北骥村(杨家沟),王玉贵、莫宏伟和张一平等关于苏南地区,李康关于冀东农村,王友明和张学强关于山东莒南,黄荣华关于湖北新洲,陈益元关于湖南醴陵,董国礼关于安徽太和,张思关于侯家营,张静关于长江中下游地区,何燕关于河北和山东 6 村④等的专题研究。上述研究摆脱了传统的宏大叙事式的研究方法,均是从区域社会经济变迁的角度考察乡村地权和社会重构问题。如张一平对近代以来苏南乡村地权、减租运动、村庄动员与社会分层、农民和中共的博弈、基层政权建构、地权分配与要素流动等内容展开探讨⑤。张思结合河北昌黎县、镇、村级档案资料和田野调查,对侯家营村历次政治运动和村落政治的变迁进行了全景式描

① 张小军:《阳村土改中的阶级划分与象征资本》,载黄宗智主编:《中国乡村研究》第 2 辑。
② 张乐天:《告别理想—人民公社制度研究》,上海人民出版社,2005 年。
③ 董国礼:《中国土地产权制度变迁:1949—1998——以太和县为个案》,南京大学 2007 年博士学位论文。
④ 张佩国:《近代江南乡村地权的历史人类学研究》,上海人民出版社,2002 年;张佩国:《地权分配·农家经济·村落社区:1900—1945 年的山东农村》,齐鲁书社,2000 年;吴毅:《村治变迁中的权威与秩序——20 世纪川东双村的表达》,中国社会科学出版社,2002 年;朱冬亮:《社会变迁中的村级土地制度:闽西北将乐县安仁乡个案考察》,厦门大学出版社,2003 年;王友明:《解放区土地改革研究:1941—1948——以山东莒南县为个案》,上海社会科学院出版社,2006 年;张学强:《乡村变迁与农民记忆:山东老区莒南县土地改革研究(1941—1951)》,社会科学文献出版社,2006 年;黄荣华:《农村地权研究:1949—1983——以湖北省新洲县为个案》,上海社会科学院出版社,2006 年;陈益元:《革命与乡村——建国初期农村基层政权建设研究:1949—1957(以湖南醴陵县为个案)》,上海社会科学院出版社,2006 年;莫宏伟:《苏南土地改革研究》,合肥工业大学出版社,2007 年;李怀印:《乡村中国纪事:集体化和改革的微观历程》,法律出版社,2010 年;张静:《建国初期长江中下游地区乡村地权市场探微》,中国社会科学出版社,2011 年。
⑤ 张一平:《地权变动与社会重构:苏南土地改革研究(1949—1952)》,复旦大学 2007 年博士学位论文。

画①。何燕选取河北和山东两省的 6 个村庄地权变迁为切入点，充分关注国家地权安排与农民地权实践之间的互动与冲突②。

（二）关于近代以来的地权分配和农民间的地权交易研究

关于中国近代以来的地权分配和变化趋势，受意识形态、研究区域和时段选择的影响，学界主要在"分散"和"集中"的框架内展开。刘克祥、徐畅等认为近代以来尤其是 20 世纪 30 年代地权集中是一般趋势③。随着区域社会史研究的深入，越来越多的学者倾向于地权分配呈分散化的发展倾向，如珀金斯、马若孟、赵冈等西方学者和郭德宏、史志宏、李金铮、章有义、张佩国、黄道炫、胡英泽等认为地权分配并不像传统所说的那样集中，总体来看呈分散化趋势④。胡英泽在总结上述观点的基础上，提出 20 世纪二三十年代，山西、河北、山东三省的土地占有相对分散，但地权分配很不平均。即土地不是集中在少数人手中的，而是一部分人占有较多，另一部分人占有较少⑤。黄道炫通过对江西、福建、江苏、浙江、安徽、上海等东南省市的土地占有资料的分析，进一步指出土地革命集中爆发的东南地区尤其是中央苏区反而属于土地分散区域⑥。目前，学界在"集中—分散"分析框架下的学术研究和探讨远未结束，虽然相关研究已论证土地集中程度和中共领导土地革命没有必然联系。但不可

---

① 张思：《侯家营：一个华北村庄的现代历程》，天津古籍出版社，2010 年。
② 何燕：《土地·权益·情感：现代华北乡村的地权实践》，南开大学 2013 年博士学位论文。
③ 刘克祥：《20 世纪 30 年代土地阶级分配状况的整体考察和数量估计——20 世纪 30 年代土地问题研究之三》，《中国经济史研究》2002 年第 1 期；徐畅：《农家负债与地权异动——以 20 世纪 30 年代前期长江中下游地区农村为中心》，《近代史研究》2005 年第 2 期。中共意识形态领域内关于近代中国土地分配高度集中的观点主要来自 20 世纪 50 年代刘少奇《关于土地改革问题的报告》，该报告认为，占乡村人口不到 10% 的地主富农占有 70%—80% 的土地，而占乡村人口 90% 以上的雇农、贫农、中农仅占有 20% —30% 的土地。
④ 如珀金斯：《中国农业的发展（1368—1968 年）》，上海译文出版社，1984 年；马若孟：《中国农民经济》，江苏人民出版社，1999 年；郭德宏：《旧中国土地占有状况及发展趋势》，《中国社会科学》1989 年第 4 期；史志宏：《20 世纪三、四十年代华北平原农村的土地分配及其变化——以河北省清苑县 4 村为例》，《中国经济史研究》2002 年第 3 期；张佩国：《地权·家户·村落》，学林出版社，2007 年，第 59 页；章有义：《本世纪二三十年代我国地权分配的再估计》，《中国社会经济史研究》1988 年第 2 期；胡英泽：《近代华北乡村地权分配再研究——基于晋冀鲁三省的分析》，《历史研究》2013 年第 4 期。
⑤ 黄英伟：《历史上的地权：研究现状与趋势》，《经济学动态》2014 年第 12 期；胡英泽：《近代华北乡村地权分配再研究——基于晋冀鲁三省的分析》，《历史研究》2013 年第 4 期。
⑥ 黄道炫：《一九二〇——九四〇年代中国东南地区的土地占有》，《历史研究》2005 年第 1 期。

否认,近代以来绝对意义上的土地分配不均仍是中共领导土地革命的重要推动力。

此外,海外学者从不同的学术视角论证地权交易的资源优化配置效应。卜凯从土地利用的角度出发,认为"佃农率高了便会导致剥削和农业生产的停滞"的说法并没有其必然性的依据[1]。珀金斯通过分析 1368—1968 年中国农地制度的变迁,揭示土地租佃制度并没有显示出阻碍或者破坏生产力发展的作用[2]。马若孟以沙井村的租佃契约形式为例,说明租佃是一种合理的经济关系[3]。赵冈从地权分配的角度指出租佃制是市场经济发展的结果,它可以减少农业生产的交易费用和管理费用,增加生产制度的灵活性。只要市场经济不消失,租佃制度就会延续长存[4]。张五常认为在私有产权和竞争约束条件下,各种经营方式所暗含的资源配置方式和效率相同,如果将规避风险的假设与交易成本最小化的假设结合起来,可以解释雇工经营、租佃经营和自耕等几种经营方式并存的现象[5]。彭慕兰认为 18 世纪以前的中国存在一个广大的地权市场,各地绝大多数的土地或多或少都可以自由转让[6]。斯科特对村庄公地的制度性安排做了解释,指出村庄公地是农民确保自身生存安全和生活福利的一种基础性保障[7]。黄宗智指出,在 20 世纪的江苏松江县华阳桥乡,"已经形成了一个几乎是自由竞争的田底权市场。田底权几乎可以像股票和债券一样买卖,这与谁拥有田面权和谁实际使用土地完全无关"[8]。

受革命史观的影响,学界传统观点认为土地买卖和租佃造成地权集中和分配不均,导致劳动力与土地的分离,继而形成经济低效率与社会动荡。如李克祥指出,20 世纪 30 年代土地买卖中原有的地权多向流动消失,自耕农、半自耕农占地零细化和无地化的程度愈加严重,中小地主也普遍衰败,大地主、

① 陈意新:《美国学者对中国近代农业经济史的研究》,《中国经济史研究》2001 年第 1 期。

② [美]德希·珀金斯:《中国农业的发展》,上海译文出版社,1984 年。

③ [美]马若孟:《中国农民经济:河北和山东的农业发展(1890—1949)》,江苏人民出版社,1999 年。

④ 赵冈:《历史上农地经营方式的选择》,《中国经济史研究》2000 年第 2 期。

⑤ 张五常:《佃农理论》,商务印书馆,2002 年,第 2、99 页。

⑥ [美]彭慕兰:《大分流:欧洲、中国及现代世界经济的发展》,江苏人民出版社,2003 年,第 66、68 页。

⑦ [美]詹姆斯·C.斯科特:《农民的道义经济学:东南亚的反叛与生存》,译林出版社,2001 年。

⑧ 黄宗智:《长江三角洲的小农家庭和乡村发展》,中华书局,2000 年,第 110 页。

城市地主则急剧膨胀,全国地权恶性集中①。章有义通过分析近代以来徽州地区的租佃关系的变化和特点,认为租佃制到了近代成了农业生产力的桎梏,沉重的地租剥削导致佃农经营的恶化和农业生产率的低落,佃农连简单再生产也难以维持②。

　　近年来,国内学者从区域经济史和社会史研究入手,对旧有成说进行重新审视。温锐指出,清末民初赣闽边地区农村广泛存在的土地租佃和传统的农户家庭经营相结合,不仅灵活配置社会生产要素,而且也影响着传统农村社会经济的发展与转型③。曹幸穗认为苏南租佃长期化"有利于经济秩序的稳定,有利于激励佃农增加土地投入和合理利用土地资源,避免对土地的掠夺性经营"④。钞晓鸿通过探讨陕北、关中、陕南地区的雇佣关系和租佃关系,认为农业中的雇佣制与租佃制作为土地"所有者"与具体生产者的结合方式,均有极强的适应性与变通性⑤。高王凌对学界颇有争论的租佃率、土地制度和农民文化等问题重新思考,得出结论,租佃制度也许并不是最经济有效的一种制度,但分成制逐渐为定额制取代,成为一种历史的趋势,可以说自有其道理⑥。秦晖指出,传统中国在土地并不那么集中、租佃制并不那么发达的情况下,小农自由交易导致严重分化的说法不成立⑦。龙登高认为地权交易与租佃制度之下生产要素流转、选择与配置所推动的经济效率和土地产出,是佃农经营与小农经济活力的重要源泉⑧。李金铮对近代华北定县租佃关系中的租佃比例、地租率和主佃关系等进行微观考察,认为租佃制度作为一种长期延续的经

① 刘克祥:《1927—1937 年的地价变动与土地买卖——30 年代土地问题研究之一》,《中国经济史研究》2000 年第 1 期;刘克祥:《20 世纪 30 年代地权集中趋势及其特点——20 世纪 30 年代土地问题研究之二》,《中国经济史研究》2001 年第 3 期。
② 章有义:《近代徽州租佃关系案例研究》,中国社会科学出版社,1988 年,第 338 页。
③ 温锐:《清末民初赣闽边地区土地租佃制度与农村社会经济》,《中国经济史研究》2002 年第 4 期。
④ 曹幸穗:《旧中国苏南农家经济研究》,中央编译出版社,1996 年,第 75、229 页。
⑤ 钞晓鸿:《本世纪前期陕西农业雇佣、租佃关系比较研究》,《中国经济史研究》1999 年第 3 期。
⑥ 高王凌:《租佃关系新论》,《中国经济史研究》2005 年第 3 期。
⑦ 秦晖:《关于传统租佃制若干问题的商榷》,《学术月刊》2006 年 9 月。
⑧ 龙登高:《清代地权交易形式的多样化发展》,《清史研究》2008 年第 3 期;龙登高:《地权交易与生产要素组合:1650—1950》,《经济研究》2009 年第 2 期;龙登高、彭波:《近世佃农的经营性质与收益比较》,《经济研究》2010 年第 1 期。

营体制,始终能够将主佃关系维持下来,本身就表明他有一定的生存空间①。张一平考察了租佃关系的产权结构和功能,指出租佃经营不仅是一种组合各类要素的生产方式,更是以土地为中介的资金运作方式,发挥着现代金融工具产生前的财富保值增值功用,是与中国实际相适应的反映生存智慧的产权形式②。

　　土改结束后不久,中共开始对农村出现的土地买卖、租佃、借贷和雇佣等所谓的资本主义自发趋势进行批判,认为上述几种关系的存在标志着农村重新出现了两极分化。在后来的社会主义改造理论建构中,这种认识甚至被蒙上了意识形态色彩,这导致学界相关课题的研究处于停滞状态。近年来,随着各地档案资料的开放和民间契约文书的不断发现和整理,部分学者对土改后地权变迁展开实证研究,并对将土地买卖等作为两极分化主要标志的成说进行反思。高化民指出,土地买卖不等于就是两极分化,属于调剂性质的出卖土地对发展生产不仅无害反而有利③。田利军进一步指出,土改后随着农村生产力恢复和发展,大量剩余劳动力转向工商业,一部分人首先富起来实乃大势所趋。不少土地出卖、出租及雇工就是这种转向的自发形式,不能就此认为是出现两极分化④。苏少之考察了土改后阶级变化趋势,认为土地买卖、租佃和雇佣关系多数是发生在劳动群众之间,并且多属于调剂生产和劳力的性质,上述关系的存在并不能说明农村出现两极分化⑤。周志强认为,土改后农村中出现的少量民间借贷、土地兼并、土地租赁和雇佣劳动等现象是对土改中实行的按人口平均分配土地的一种纠偏,对发展农业生产是有益的⑥。莫宏伟、张一平关注到苏南土改后的农村生产要素流动⑦。张静探讨了土改后至集体化高潮前的中国乡村地权市场,比较了土改前后乡村土地、劳动力等生产要素流动的原因、规模、主体和社会经济效应,指出农民间的土地买卖、典当、租佃和

---

① 李金铮:《二十年来中国近代乡村经济史的新探索》,《历史研究》2003年第4期;《矫枉不可过正:从冀中定县看近代华北平原租佃关系的复杂本相》,《近代史研究》2011年第6期。
② 张一平:《近代租佃制度的产权结构与功能分析》,《学术月刊》2011年10月。
③ 高华民:《买卖土地的数据不等于就是两极分化》,《党史研究》1982年第1期。
④ 田利军:《土改后土地买卖、出租和雇工不是两极分化的反映》,《四川师范大学学报》1988年第6期。
⑤ 苏少之:《论我国农村土地改革后的"两极分化"问题》,《中国经济史研究》1989年第3期。
⑥ 周志强:《中国共产党与中国农业发展道路》,中共党史出版社,2003年,第185—200页。
⑦ 张一平:《苏南土改后的农村生产要素流动》,《中国农史》2008年第2期;莫宏伟:《土地改革后苏南土地交换、租佃和买卖的历史考察》,《广西社会科学》2005年第2期。

雇佣关系是对生产要素的良性调整,而不是"两极分化"的标志①。

(三)关于土地制度变迁中的农民心态和行为研究

一是关于各阶层的心态研究。改革开放初期,学界侧重于从国家宏观政策的角度探讨土地制度变迁中的各阶层农民问题,如郭德宏对土改中党的贫农、中农、富农、地主政策的变化和得失均做了详细的评析②。近年来,学者更多在国家—社会框架下,着重从基层档案入手探讨各阶层农民的日常生活和心态。李金铮探讨了华北乡村土改中各阶层农民阶级复仇、被剥削感和不敢生产、不敢冒尖的复杂心态③。李里峰梳理了华北土改运动期间各阶层的形势判断和行为特征:地富阶层面临合作或抗拒的艰难博弈、中农阶层行为选择主要是从维护自己财产和人身安全的角度出发,贫雇农阶层更多地体现出利益因素与道德因素之间的权衡④。张一平以档案资料为基础,指出苏南土改中政府、地主、农民三者之间形成博弈格局,政府与地主之间是斗争与抗拒的角力,地主与农民之间处于理性与道义的彷徨,政府发动农民斗争地主,地主力图抗拒,农民则左右逢源⑤。刘玲、曹敏华等对土地革命斗争中和老区土改中农民心态和心理嬗变进行了详细的考察⑥。吴毅、吴帆探讨新区土改中的社会动员技术对农民社会心态(着重为土地心态)的塑造⑦。张静梳理了土地改革至集体化高潮前政府的土地制度变迁,并阐述这些正式制度安排对地权交易中农户心态和经济行为的影响⑧。李巧宁认为,新中国成立初期的合作化运动中,农民或被挤逼或被诱惑或是随大流加入合作社,农民这些非理性的

①　张静:《建国初期长江中下游地区乡村地权市场探微》,中国社会科学出版社,2011年。
②　郭德宏:《土地改革史若干问题论纲》,《近代史研究》1987年第3期。
③　李金铮:《土地改革中的农民心态:以1937—1949年的华北乡村为中心》《近代史研究》2006年第4期。
④　李里峰:《运动中的理性人——华北土改期间各阶层的形势判断和行为选择》《近代史研究》2008年第1期。
⑤　张一平、尚红娟:《农村土地制度变迁中的权力博弈——以新中国成立初期的苏南为例》,《上海市社会科学界第七届学术年会论文集》,2009年。
⑥　刘玲:《建国前土地改革中乡村社会农民心态态势探究》,《求索》2007年第11期;曹敏华:《革命根据地社会变动与民众社会心理嬗变》,《党史教学与研究》2006年第6期。
⑦　吴毅、吴帆:《传统的翻转与再翻转——新区土改中农民土地心态的建构与历史逻辑》,《开放时代》2010年第3期。
⑧　张静:《新中国成立初期乡村地权交易中的农户行为分析》,《中国经济史研究》2012年第2期。

心态为其后农业合作社的发展埋下了不稳定因素①。

　　二是关于土地制度变迁中的中农阶层研究。目前,学界关于中农阶层的研究主要集中在两个方面:关于中共中农政策演变,如席富群考察了新中国成立前后党的"团结中农"政策的历史演变②。王瑞芳认为土改后新中农的崛起及农村社会结构的变化对中共阶级政策产生了深刻影响,揭示了土改后党的阶级政策不断调整的合理依据及其调整中的利弊得失③。黄道炫指出,中共理想化的土改方案和农村实际社会状况的距离,使得中农处于被挤压的尴尬境地④。屈为以浑源、灵丘、阳城三地为研究对象,分析了解放战争时期中共土改中对中农问题的探讨和中农政策的完善⑤。白卉对 1947—1949 年华北土改运动中的中农政策进行了实证考察⑥。近年来,一些硕士论文选题也开始探讨中共中农政策演变,如高其荣和王周刚分别对土地革命时期和 1949—1966 年的中共中农政策进行了梳理⑦。

　　关于中农经济和中农心态、行为研究方面,岳谦厚、张文俊认为革命后的晋西北乡村主要经济形态依然是传统的"中农化"的自耕农型小农经济,而且农村经济以及阶级成分的"中农化"得以强化⑧。谭双泉、李巧宁、孟国富、张晓玲、王文婧等对中农阶层在农业合作化运动中的复杂心态和行为均有专门研究⑨。上述关于中农阶层的研究在研究时段上主要集中在抗日根据地、解

① 李巧宁:《农业合作社与农民心态》,《浙江学刊》2005 年第 1 期。
② 席富群:《新中国建立前后党的"团结中农"政策的历史演变及经验教训》,《中共党史研究》2006 年第 4 期。
③ 王瑞芳:《新中农崛起后中共阶级政策的调整》,《安徽史学》2004 年第 2 期。
④ 黄道炫:《盟友抑或潜在对手?——老区土地改革中的中农》,《南京大学学报》2007 年第 5 期。
⑤ 屈为:《解放战争时期中共在土改中有关中农问题的探讨——以浑源、灵丘、阳城为主要考察对象》,《首都师范大学学报(社会科学版)》2009 年第 S1 期。
⑥ 白卉:《试论 1947—1949 年华北土改运动中的中农政策》,《中北大学学报(社会科学版)》2014 年第 1 期。
⑦ 高其荣:《论土地斗争中党对中共的政策》,湖南师范大学 2006 年硕士学位论文;王周刚:《中国共产党中农政策的演变及其启示》,苏州大学 2010 年硕士论文。
⑧ 岳谦厚、张文俊:《晋西北抗日根据地的"中农经济"——以 1942 年张闻天兴县 14 村调查为中心的研究》,《晋阳学刊》2010 年第 6 期。
⑨ 谭双泉:《论我国合作化时期的富裕中农》,《湖南师院学报(哲学社会科学版)》1984 年第 4 期;李巧宁:《农业合作社与农民心态》,《浙江学刊》2005 年第 1 期;孟国富:《农业合作化初期的农民心理分析》,《学术探讨》2008 年第 2 期;张晓玲:《新中农在农业合作化运动中的心态探析(1952—1956)》,《历史教学》2010 年第 8 期;王文婧:《农业合作化运动时期中农研究》,南京大学 2012 年硕士学位论文。

放战争时期、土地改革和合作化运动时期,在研究内容上主要限于中共中农政策演变和土改、合作化运动中的中农心态行为分析,关于土改后作为地权交易主体的中农的心态和行为关注不多,这也是本书的着力点之一。

　　三是关于土地制度变迁中的富农阶层研究。目前,学界对新中国成立前后富农政策的研究,是现有成果中最为丰硕的。林素兰、王东、赵增延、秦宏毅、王瑞芳、莫宏伟、尤国珍等对革命根据地、解放区、土改、合作化运动等不同阶段中共富农政策演变轨迹进行考察。总体来说,中共富农政策是针对富农的特点,根据不同的革命阶段、不同的任务和不同的革命形势而制定的①。罗平汉对中共富农政策的"左倾"错误行为根源和纠正进行分析②。曾耀荣进一步指出,土地革命中富农遭受打击并不单纯是中共执行"左倾"错误政策的结果,很大程度是因为中共对富农阶层的非理性误解③。部分学者考察了中共领导人的富农思想,如张瑞敏剖析了土地革命以来毛泽东对富农阶层的认识和思想的演变,刘玲考察了张闻天的富农经济思想④。郭德宏比较全面地分析了毛泽东、刘少奇、张闻天、任弼时和邓子恢等中共领导人对富农认识的差异性⑤。陈君锋通过梳理上述富农政策研究学术史,指出学界对中共富农政

---

①　王东:《建国初期"暂时不动富农"政策的形成》,《中共党史研究》1988 年第 3 期;王建科:《党在各时期富农政策的演变》,《江苏社会科学》1992 年第 2 期;林素兰:《试论我党富农政策的演变》,《杭州大学学报》1994 年第 4 期;赵增延:《50 年代中国农村的富农经济》,《改革》1998年第 1 期;徐秀丽:《1950 年代中国大陆土地改革中的富农政策》,《时代的转折——"1949 年的中国"国际学术讨论会论文集》,四川人民出版社,2002 年,第 729—755 页;王瑞芳:《土改后的中国富农:从保存、限制到消灭》,《河南社会科学》2004 年第 5 期;秦宏毅:《四个阶段的中国共产党富农政策》,《求索》2005 年第 1 期;莫宏伟:《中共对富农问题的探索及其教训》,《党史研究与教学》2005 年第 4 期;尤国珍:《嬗变与重塑:中国特色的富农政策研究》,中国社会出版社,2011 年;尤国珍:《建国后中共保存富农政策变动的再思考》,《党史研究与教学》2011 年第 1 期;尤国珍:《新中国成立初期中南区和华东区保存富农经济政策执行差异解析》,《中共党史研究》2012 年第 5 期。

②　罗平汉:《一九四七年下半年解放区土改运动中的"左"错误及其纠正》,《中共党史研究》2005 年第 2 期。

③　曾耀荣:《误读富农:中共在近代土地革命中打击富农的主要因素》,《史学月刊》2013 年第 6 期。

④　张瑞敏:《毛泽东对中国富农阶层的认识及策略思想的演变》,《中南民族大学学报(人文社会科学版)》2005 年第 3 期;刘玲:《试论张闻天新富农经济思想》,《毛泽东思想研究》2006 年第 3 期。

⑤　郭德宏:《中国近现代农民土地问题研究》,青岛出版社,1993 年。

策演变研究缺乏理论与政策变化的深层原因的探讨①。

富农经济是近现代中国农村重要的经济力量,区域史和社会史研究视角丰富了富农经济的研究内容。苏少之对新富农经济的研究颇有建树,他认为新富农经济是中国农村经济商品化、现代化的一个新起点②。王先明指出"新富农"是共产党土地改革后"平分土地"条件下成长起来的乡村社会新阶层,是各阶层劳动者垂直性社会流动的结果③。张静梳理了富农在合作化运动中采取的各种讨好或抵抗手段,指出富农行为是乡村权力结构剧烈变化情况下的一种策略性选择,同时也为其提供了暂时的生存资源和政治地位④。

上述研究为本书进一步分析地权变迁中的农户行为开阔了视野,但相关研究多从宏观层面阐述新中国成立前后土地制度变迁中的中共中农和富农政策演变历程,对中共政策的乡村实践过程和存在状态缺乏微观研究;从研究视角来看,主要是基于政策—效果范式,从国家和农民两个层面单独切入,缺乏多元化理论视角下对二者之间的互动性、关联性研究,尤其是对中农、富农等农民阶层在土地制度变迁中的心态行为、社会流动、基层权力主体变迁缺乏深入研究,对中农、富农、贫雇农各阶层之间的关系研究尤为不足。此外,上述有关该时段的农民心态研究也鲜有涉及农民地权交易行为。

(四)关于土地制度变迁中的乡村基层干部群体研究

关于解放战争时期至集体化高潮前土地制度变迁中乡村干部的研究主要集中在以下几个方面:一是在基层政权建设的研究框架和国家—社会理论范式下基层干部群体研究。于建嵘强调 20 世纪 50 年代国家权力作为外部性力

---

① 陈君锋:《中国共产党对富农的认识历程及政策演变研究综述》,《西南交通大学学报(社会科学版)》2014 年第 1 期。
② 苏少之:《革命根据地新富农问题研究》,《近代史研究》2004 年第 1 期;苏少之:《新中国关于新富农政策演变的历史考察》,《中南财经政法大学学报》2007 年第 1 期;苏少之:《新中国土地改革后农村新富农经济的经营结构与经营方式》,《中国经济史研究》2007 年第 2 期。
③ 王先明:《晋绥边区的土地关系与社会结构的变动》,《中国农史》2003 年第 1 期。
④ 张静:《国家策略与农民应对:新中国成立初期富农在互助合作运动中的行为研究》,《中国农史》2013 年第 5 期。

量对于村庄权力结构的冲击和再造①。吴毅和李康认为,20 世纪中期以来中国乡村社会的变迁伴随着国家权力渗透和乡村社会反应之间连续不断的互动过程②。陈益元在关于湖南醴陵的个案研究中指出,经过土改和合作化运动,国家权力纵向上下移到了社、队、组,横向上深入到了农业生产、流通、消费和分配诸领域③。满永进一步指出,新中国成立初期的农业合作化进程包含着国家权力下沉的政治诉求,乡村干部训练班逐渐成为基层政府管控乡村社会的日常工作机制,成为国家权力日常化的载体④。吴毅关于当下村干部的角色和行为的讨论很有启发意义,他提出在分析村干部的角色和行为时,不仅要注意国家与村庄互动关系中的村治结构与环境的影响,还要注意到作为行为主体的村干部对村治环境的适应与选择,村干部在他的研究中呈现为一个生存于双重边缘困境中的理性行为者的形象⑤。

在此基础上,学界围绕该时期的乡村基层干部究竟是国家代理人、地方代言人还是理性经济人展开讨论。萧凤霞认为,党是乡村干部唯一的合法性来源,因而其角色是国家代理人⑥。徐维恩通过研究却得出相反的结论:乡村干部与社区联系紧密,面对国家权力的入侵,他们更倾向于扮演地方利益保护人的角色⑦。承红磊通过研究大饥荒时期的基层干部,提出乡村干部既非国家代理人,又非地方代言人。当饥荒蔓延、社会失序时,基层干部的这种双重身份都遭到削弱,而其维护自身利益的倾向则得到加强,当饥荒的后果需要责任

①　于建嵘:《岳村政治——转型期中国乡村政治结构的变迁》,商务印书馆,2001 年;吴毅:《村治变迁中的权威与秩序——20 世纪川东双村的表达》,中国社会科学出版社,2002 年;李康:《西村十五年:从革命走向革命——1938—1952 冀东村庄基层组织机制变迁》,北京大学社会学系 1999 年博士学位论文。
②　吴毅:《村治变迁中的权威与秩序——20 世纪川东双村的表达》,中国社会科学出版社,2002 年;李康:《西村十五年:从革命走向革命——1938—1952 冀东村庄基层组织机制变迁》,北京大学 1999 年博士学位论文。
③　陈益元:《革命与乡村——建国初期农村基层政权建设研究:1949—1957》,上海社会科学院出版社,2006 年。
④　满永:《集体化进程中的乡村干部训练——建国后国家权力渗入乡村过程的微观研究》,《当代世界社会主义问题》2013 年第 4 期。
⑤　吴毅:《双重边缘化:村干部角色与行为的类型学分析》,《管理世界》2002 年第 11 期。
⑥　Helen F. Siu, *Agents and Victims in South China: Accomplices in Rural Revolution*, New Haven: Yale University Press, 1989.
⑦　Vivienne Shue, *the Reach of the State: Sketches of the Chinese Body Politic*, Stanford: Stanford University Press, 1988.

承担者时,基层干部又为国家和社会双方抛弃①。李里峰在综合上述观点的基础上,指出该阶段的基层政治精英同时呈现出政治人(国家意志的执行者)、社会人(社区利益的维护者)、经济人(自身利益的追逐者)的三重行为特征②。

二是关于在土地制度变迁中的好干部和坏干部之争。实地参与土改的柯鲁克夫妇认为:"十里店的党员,无论是就个人或集体来说,都显示出是村中最少自私、最有勇气和最有才干的人。"③同时,学界关于乡村干部违纪行为的探讨较为多见,韩丁、萧凤霞、徐维恩及戴慕珍的著作中均对干部的违纪问题有所评论④。李放春指出(坏)干部问题成为北方土改历史过程中的一个结构性问题⑤。黄道炫考察了 1946—1948 年老区土改中部分村干部利用掌握政治资源和权力公然强取或利用职权巧取、贪污果实和支配村款的行为⑥。岳谦厚、李鑫剖析了太岳解放区土改整党中出现的基层干部多占果实、脱离群众、包庇地主、侵害中农等不良作风⑦。熊秋良指出,土改结束后党员干部中出现的雇工、出租、放贷等行为与党确立的集体主义价值目标格格不入,被批判为发展"富农经济"⑧。目前,学界对基层干部群体的研究时间段主要集中在抗日战争和解放战争时期,研究区域主要限于根据地或革命老区,研究范式主要集中于乡村干部是国家代理人、基层代言人还是趋利经济人的讨论,研究内容主要涉及土改中和土改结束后的乡村权利结构演变和基层政权建设中的

---

① 承红磊:《大饥荒时期的基层干部——固墙人民公社的个案研究》,《二十一世纪》2008 年 4 月号,总第 106 期。

② 李里峰:《不对等的博弈:土改中的基层政治精英》,《江苏社会科学》2007 年第 6 期。

③ 伊莎贝尔·柯鲁克、大卫·柯鲁克:《十里店——中国一个村庄的群众运动》,北京出版社,1982 年,第 132 页。

④ 韩丁:《翻身——中国一个村庄的革命纪实》,北京出版社,1980 年,第 254—255 页;Helen F. Siu,(萧凤霞),*Agents and Victims in South China:Accomplices in Rural Revolution*,New Haven:Yale University Press,1989;Vivienne Shue,(徐维恩),*The Reach of the state:sketches of the Chinese Body Politic*,Stanford:Stanford University Press,1988;Jean C. Qi,(戴慕珍),*State and Peasant in Contemporary China:The Political Economy of Village government*,Berkeley:University of California Press,1989。

⑤ 李放春:《"地主窝"里的清算风波——兼及北方土改中的"民主"与"坏干部"问题》,《中国乡村研究》第 6 辑。

⑥ 黄道炫:《洗脸——1946 年至 1948 年农村土改中的干部整改》,《历史研究》2007 年第 4 期。

⑦ 岳谦厚、李鑫:《太岳解放区之土改整党》,《中共党史研究》2012 年第 7 期。

⑧ 熊秋良:《"集体化"语境下农村整党考察(1952—1954)》,《福建论坛》2010 年第 11 期。

好干部与坏干部之争①。关于土地制度变迁中宏观层面的基层干部阶层构成、基于村庄微观情境的一些日常行为和意识往往被忽略。

（五）有待拓展的空间

上述国内外有关土地制度变迁和以农民地权交易为主体的农家经济的研究,不仅为本书研究思路的建构奠定了坚实的资料基础和理论基础,同时也为本书的进一步拓展提供了多方面的启示。同时,对解放战争时期至集体化高潮前的地权变迁和农民间的地权交易研究,仍然需要从以下几个方面进一步深入探析:

一是加强定量研究和定性分析相结合。研究新中国成立前后乡村地权变迁和农家经济,历史学、政治学和社会学研究方法长于定性分析。定性分析虽然对地权变迁和农家经济进行麻雀式解剖和内部运行机理微观探究,但是对各种变量的影响力无法测算,无法定量分析农民个体心态和行为、传统文化特性如何影响地权变迁的路径和方向。为克服上述研究困境,当前,史学界和经济学界均提出要加强对计量经济史学和科学统计方法的训练,许多学者也相应地作出了有益的探索。但是,在重视定量分析的同时,许多学者不仅把计量分析作为经济史学分析的辅助工具或手段,甚至作为起点或目标。在此基础上,某些研究在一开始便建立在某些错误的理论预设上,甚至有意无意地隐去某些关系条件。那么,即使统计工具再先进、输入的数据再准确无误,则计量的结果和实际情况也会有很大的出入。正如吴承明先生所说,"经济计量学方法应用经济史,其范围是有限制的。在这个范围内,应该主要用它检验已有

---

① 如徐勇:《村干部的双重角色:代理人与当家人》,《二十一世纪》1997 年 8 月号;满永:《"反行为"与乡村生活的经验世界》,《开放时代》2008 年第 3 期;岳谦厚、董春燕:《抗日根据地时期中共基层干部群体——以晋西北抗日根据地为中心的研究》,《安徽史学》2009 年第 1 期;渠桂萍:《国家不在场与村庄领袖的权威生成模式》,《社会科学战线》2010 年第 11 期;岳谦厚、李卫平:《村选与根据地基层政权建设——1941 年晋西北抗日根据地村选考析》,《党的文献》2010 年第 5 期;周建新:《近代客家乡村地方精英的结构与素质探析——以毛泽东"赣南农村调查"为中心的讨论》,《中国农业大学学报(社会科学版)》2012 年 12 月;潘颖颖:《夹缝中的生存:1950 年代初的基层乡村干部——以南汇县为个案》,复旦大学 2008 年硕士学位论文;韩李飞:《从 1948 年中共土改纠偏看党的品格特性——对太行区壶关县的个案分析》,《沧桑》2013 年第 3 期。

的定性分析,而不宜用它建立新的理论"①。因此,在加强对已有资料挖掘和梳理的同时,应通过典型调查和系统调查、静态研究和纵向比较、定量分析和定性分析有机结合等途径来实现对经济史研究的科学考察和实证研究。

二是加强宏大叙事与个案研究相结合。新中国成立前后的土地制度变迁和农民地权交易中,国家高度集权的特征明显并占据主导地位。但是传统乡村的惯例、习俗等非正式规则和非正式制度等因素依然发挥着重要作用。长期以来,有关土地制度变迁的研究多在革命的宏大叙事框架内,普通民众的日常生活和历史记忆往往被忽略或作为陪衬。近年来,随着国内外学界有关乡村问题研究的不断深入,依靠农民的集体记忆从农民内部生活重新解读历史方兴未艾。但以往相关研究多数远离农民的生活场景和史景,从学科的角度对小农经济作出单一化的学科分析,从而缺乏乡土感觉。这不仅是由研究者的问题意识所决定,也与研究者的角色意识有很大的关联性。正如张佩国所说,研究农家经济主要不在于如何评价,而是要"探讨农民们在特定的社会历史时空中为什么会做出这样的选择"②。因此,研究以农民为主体的地权变迁,应更多地采用在地式观察视角,真正的从"旁观"到"贴近",最大限度地凸显本已存在的农民的历史主体性,凸显无时无刻不在起作用的本土化因素和农民特性。

三是加强宏观研究和区域比较相结合。农业生产与特定的生态环境关系密切,因而呈现鲜明的地域性特征。因此,农村问题尤其是土地问题研究更应倡导运用区域的研究方法,对中国这样一个各地自然生态条件差异较大的农业大国尤应如此。区域社会经济史的勃兴是新时期中国经济史学引人注目的现象,也是中国经济史学向广度和深度发展的需要。总体来看,对这一问题的研究呈不断深入的趋势,论证也相对细致。目前学界关于乡村的研究单位呈现"类型化"特点,学界分别以农户个体行为、村落、区域等作为不同研究单位和切入点,并取得了丰硕的成果。但也存在诸多问题,如目前相关研究主要集中于华北老区和苏南、中南等地区,对东北和西南、西北等区域社会经济史的研究尚需进一步加强。同时,目前学界对新中国成立前后各地区地权占有和

---

① 吴承明:《市场·近代化·经济史论》,云南大学出版社,1996年,第63页。
② 张佩国:《近代江南的农家生计与家庭再生产》,《中国农史》2002年第3期。

交易情况的了解远远不够,需要进一步对相关资料进行印证、分析、去伪、存真。此外,区域研究"尽管可以做得非常深入细致,但也容易囿于个案的特殊性而失去普遍的解释力"①。因此,应进一步吸收不同学科的研究方法,进一步加强和深化不同区域的细致研究。正如著名历史学家章开沅所说,用个案研究的方法(通俗称之为"解剖麻雀")在区域经济史中寻求若干具有共性和规律性的认识,反过来也可以对中国社会经济史的整体研究起促进以至某些指导作用②。

四是加强国外理论范式和本土经验相结合。新中国成立前后的土地改革和集体化运动研究一直以来是国内外学者关注的焦点。如作为历史的见证者和建构者,韩丁和弗里曼等人在土改、农业集体化、家庭经济、大众文化、道德、饥荒与阶级斗争等问题上展开激烈争锋,这种争锋主要源于他们个人信仰、学术旨趣及时代背景的不同③。近年来,国外学界有关中国乡村问题和小农经济研究的分析框架相继成为国内学者开展本土研究的重要理论范式和分析工具。但上述理论产生有其特殊社会历史背景和应用实践,再加上中国各地自然生态环境差异大,简单地套用西方理论、范式不能从根本上解决中国乡村问题。我们需要建立符合中国实际的理论模式,柯文的中国中心观对本书的框架构建启发颇多:在经济发展过程中,国家强制性制度变迁因素固然重要,但制度因素中的非正式规则和非制度性因素的影响也不可忽视。本书力图从多学科整合的角度入手,借鉴新制度经济学、产权经济学的理论框架和各学派的小农经济理论,以开放的问题意识和多维度的科技整合,按照中国自身内部的社会经济发展脉络来实证考察区域和基层社会经济问题④。

二、研究主旨及创新

(一)选择 20 世纪中期地权变迁和农家经济作为研究对象

本书选择解放战争时期至集体化高潮前(1946—1956 年)的地权变迁和

① 李培林:《村落的终结:羊城村的故事》,商务印书馆,2004 年,第 7 页。
② 章开沅:《"南通模式"与区域社会经济史研究》,《广东社会科学》1988 年第 1 期。
③ 常利兵:《集体化时代中国乡村问题:叙事话语与历史真实》,《二十一世纪》2011 年 2 月号,总第 123 期。
④ 柯文:《在中国发现历史:中国中心观在美国的兴起》,中华书局,2002 年,第 41 页。

农家经济作为研究对象。研究重点一是考察新中国成立前后国家和农民两个层面在地权变迁中的策略和行为;二是探讨该阶段地权交易中的正式制度、非正式制度和自然生态因素;三是论述传统农家经济以地权为轴心的资源配置与运行机制。

第一,选择解放战争时期至集体化高潮作为本书的研究时段,是因为在十年左右的时间内,中共强制性土地制度变迁经历了从土改到合作化的剧变:土地改革确立了农民土地所有权,互助组和初级社使农民个体土地产权转变为农民个体所有和集体使用,高级社进一步转变为土地产权归集体所有和使用。在土地产权农民所有存在的短短几年时间内,中共的土地政策经历了从土改废除地主的土地所有权——保护个体农民土地私有权——采取各种措施提倡鼓励农民土地交易自由——合作化运动中逐渐限制直至禁止地权交易和产权流动的剧烈变化。国家层面的土地制度变迁最终决定了农民间地权交易的主体、方向、规模和终结时间①。

第二,从中共历史文献和各地农村调查资料中可以看出,中共强制性土地制度变迁中的农民并不是在"国家—社会"框架下单纯地采取"冲击—反应"式应对策略,而是基于乡村实践的具体情境开展各种地权交易。尽管随着互助合作运动的快速推进,从中央到地方分别对土地买卖和租佃关系采取批判和限制的措施,但有的地方诸如河南、湖南、广西、福建等省典型调查乡的土地买卖、租佃关系非但没有因此减少,反而一直呈递增趋势,这不能不说乡村实践中农民间的土地产权流动规模和发展趋势并不是完全受制于国家的强制性土地制度变迁;从地权交易中中农、富农和基层乡村干部的行为来看,地权交易发生于正式制度和非正式制度相互交织的制度环境中:一方面,强制性土地制度变迁最终决定了地权交易的方向,呈现出中共对乡村实行强行渗透和影响力的愿望和痕迹;另一方面,非正式组织、制度以及地方性规范影响着农民的日常行为,呈现出民众在地权交易中争取表达和维护自身权益的种种努力。从地权交易主体和成因的多元化选择来看,土地买卖、典当和租佃关系仍然遵循传统乡村的惯例、习俗。基于农民土地产权私有基础上的土地买卖、典当和

---

① 张静:《建国初期中共有关农村土地流转问题的政策演变》,《中南财经政法大学学报》2008年第 5 期。

租佃对于优化农村生产要素、提高土地经营效益、发挥土地的社会保障功能乃至恢复和发展农村经济等方面都起了积极作用。这与新中国成立初期中共意识形态中将土地买卖、租佃、典当和雇佣等关系视为"两极分化"和资本主义自发趋势的理解是有很大的区别的,因此有必要以各地的农村调查资料为基础对当时农民个体经济的基本情况做进一步微观和实证研究,并针对地权关系转型的动力机制、地权交易与当时所谓"两极分化"和资本主义自发趋势的关系等以往研究忽视或认识有所偏颇的方面加以深入探讨,并提出一些新的见解。

第三,从学术史的角度来看,新中国成立前后的乡村地权交易,在目前土地制度史和中华人民共和国经济史研究中还是一个薄弱的环节。新中国成立前尤其20世纪20—30年代,中国农村问题尤其是土地问题就已引起广泛地关注,不论是官方还是民间学术团体,甚至国外史学界、人类学家都对中国的广大农村进行了持久、系统地调查和研究。自新中国成立至1979年以前,中国农村和农民问题带有强烈的意识形态色彩,因而国内对地权纯粹学术意义上的研究基本处于停滞状态。20世纪80年代以来,历史学界和经济史学界对传统农村地权分配和地权交易的研究多数集中于前近代社会和民国时期,并且已取得了丰硕的成果。至于对20世纪50年代初期以地权交易为主体的农家经济研究却尚显不足,因此有必要加强对此作实证的量化分析和考察。如此,不仅可考察不同政权形态下的地权交易转型的内在根源及其历史作用,在时间界限上将土地制度史研究前后承接起来,同时也可考察地权关系和土地制度思想的互动关系、厘清土地制度变迁的动力机制、探讨产权视角下多元化的地权交易模式,力求从历史源头上寻求地权交易理论的创新。

第四,新中国成立前后,中共用市场机制配置土地资源的尝试、用经济手段解决人地矛盾的做法和学理上检讨租佃关系的经营性质与收入等可为今天土地流转改革提供历史借鉴和启示。改革开放以来,我国实行土地集体所有基础上的家庭联产承包责任制。在此土地制度下,土地承包造成的土地平均化,国家建设征地、商业性开发圈地、乡镇村非农化利用圈地等造成大量的失地农民,农村劳动力转移造成的土地抛荒,农村社会保障制度的相对滞后等人地关系和就业方向上的变化,使得土地流转成为必然发生的农民经济行为。和20世纪50年代初期相比,当前我国农村土地流转的层次高、规模大、范围广,流转形式呈多样化发展趋势,约束条件也有很大差异,但对地权平均分配与集体化运动进行反思,仍可对当前土地制度改革的取向与基本思路产生启发,并提出解决路径和建议。

（二）新中国成立初期中共主导下的农村经济调查

本书之所以选择解放战争时期至集体化高潮前的地权变迁与农家经济为研究对象,还有一个非常重要的原因是该阶段档案资料获取的便利性和翔实性。新中国成立初期,我国实行省级以上的行政建制,1952 年 11 月,中央统一设华北、东北、西北、中南、华东、西南 6 个中央人民政府行政委员会,标志着全国正式划为六大行政区①。

新中国成立初期,中共中央农村工作部和国家统计局在全国范围内组织了一系列农村经济调查。国家统计局和各省统计局调查根据苏联的经验,按照类型比例与随机抽样相结合的原则来进行。如 1955 年国家统计局组织的全国农家收支调查是第一次按照全国统一的调查方案和抽样方法,在统一的领导和计划下进行。按照全国统一的审核、整理和汇总方案,各省统计局分别整理、汇总各省、自治区的综合资料。此次调查包括了 25 个省和自治区、15432 多个农户的家庭收支资料。调查资料包括各阶层农户的生产资料占有情况、生产条件、农户土地买卖、租佃和雇佣情况、农户总收入及其构成和比例、农户的重要农产品和现金收支平衡情况等②。1954 年,中央农村工作部颁发《关于在农村中选择若干典型乡进行调查研究工作通知》,各省农村工作部在中央农村工作部的统一部署下,展开有关农业生产、互助合作运动、各项重

---

① 李格:《略论建国初期大行政区的建立》《党的文献》1998 年第 5 期。其中东北区辖沈阳市、长春市、哈尔滨市、旅大市、抚顺市、鞍山市、本溪市、辽东省、辽西省、吉林省、松江省、黑龙江省、热河省;西北区辖西安市、陕西省、甘肃省、宁夏省、青海省、新疆省;西南区辖重庆市、西康省、云南省、贵州省、川东区、川南区、川西区、川北区以及西藏地区;华北区辖北京市、天津市、河北省、察哈尔省、山西省、绥远省、平原省、内蒙古自治区;中南区辖武汉市、广州市、湖北省、湖南省、河南省、江西省、广东省、广西省;华东区辖上海市、南京市、苏北区、苏南区、皖南区、皖北区、山东省、浙江省、福建省。
② 中华人民共和国国家统计局:《1954 年我国农家收支调查报告》,统计出版社,1957 年;江苏省统计局:《江苏省 1955 年农家收支调查资料汇编》(1957 年 1 月),江苏省档案馆,3133-永-93;安徽省统计局:《1955 年农家收支调查分析报告》(1956 年 1 月),安徽省档案馆,J63-1-609。

大经济工作、各阶级阶层的思想及其动态、基层领导等问题的典型调查①。

　　中共中央东北局农村工作部分别于 1950 年、1951 年、1952 年、1953 年等调查年度内对黑龙江、辽东、吉林、松江、辽西、辽南、热河等省的典型村经济恢复和发展情况、阶级变化、互助合作运动、土地买卖、租佃、借贷和雇佣等进行逐户调查②。1953 年 11 月—1954 年 2 月,中共中央中南局农村工作部分别在河南、湖北、湖南、江西、广东 5 个省选取 35 个典型乡,围绕各阶级比重及占有生产资料、收入情况、农业生产、互助合作情况、阶级变化、借贷、雇佣、耕地买卖和租佃情况、农家收支、商品粮、购买力及农村供销等进行典型调查③。1953 年 11 月中旬至 1954 年 2 月底,华南分局农村工作部对广东 12 个乡进行了系统的典型调查,主要调查内容包括 12 个乡的阶级变化情况,借贷、雇佣、租佃等关系和商业活动情况,农业生产情况和城乡关系等④。1954 年,河北省选取 13 个县的 13 个典型村,围绕经济发展情况、阶级变化、资本主义自发势力发展、各阶级生产资料占有、收入及农业税负担情况进行逐村、逐户调查⑤。1955 年,安徽省农村工作部会同 9 个地、市委农村工作部,进行了 3 个时期(土地改革时期、1952 年和 1954 年)的关于"农村生产,互助合作,重大的经济工作,各阶级阶层的状况及其动态和基层领导问题"的调查⑥。

　　在这批档案资料中,各典型调查县、乡和村的选择均有很强的代表性,可代表各种类型调查区的一般社会经济情况。从各地的自然生态环境来看,可分为平原区、丘陵区、山区和湖区。有的地理位置偏远,有的靠近城镇和集市;按经济特点划分又可分为粮食作物区、经济作物区和粮棉夹种区;根据土改后各地区农村政权的建立和互助合作运动发展情况,可分为先进乡、一般乡和薄弱乡。

① 中共中央农村工作部编印:《八个省土地改革结束后至 1954 年的农村典型调查》,山西省档案馆藏,21-8-1-2。
② 中共中央东北局农村工作部编:《1950—1952 年东北农村调查汇集》,中共中央东北局农村工作部编:《1953 年东北农村调查汇集》,东北人民出版社,1954 年。
③ 中共中央中南局农村工作部:《中南区 1953 年农村经济调查统计资料》(1954 年 7 月),湖北省档案馆,SZ-J-517。
④ 中共中央华南分局农村工作部编:《广东省农村经济调查》(1954 年 4 月),广东省档案馆,204-5-68。
⑤ 河北省财政厅编印:《河北省农村经济情况典型调查资料》(1955 年 10 月),河北省档案馆,F327-2-C2。
⑥ 中共安徽省委农村工作部:《安徽省农村典型调查》,编者刊,1956 年。

　　热河省农村工作部 1951 年选择北票、宁城、隆化等 3 个分别代表富裕、一般和较困难的县旗,又在这 3 个县里选择土城子、海丰庄头营子、皇姑屯(代表北票县较富裕、一般、较困难村)、九神庙、王家营子、红庙子(代表宁城县较富裕、一般、较困难村)等 9 个村进行了系统的调查①。1954 年,热河省委农村工作部再次选取承德(位于热河省西南部,代表西、南部山地县、旗,经济情况一般,互助合作基础一般,是省领导的重点县之一)、赤峰(位于热河省北部,可代表北部地广人稀县、旗,互助合作基础较好,大片平地较多,便于使用马拉农具及水利灌溉,亦是省领导的重点之一)、朝阳(位于热河省东部,产棉区,经济情况较好,有 80%以上的农户过中农生活,但互助合作基础差,资本主义自发势力较浓厚,亦是省领导的重点县之一)3 个县的 7 个典型村进行调查②。

　　自 1955 年 8—11 月,陕西省委农村工作部根据不同的自然条件、经济区划、工作基础区老区等选取了不同类型地区 17 个典型乡进行了调查研究。其中平原区有 10 个乡,按经济特点又可分为粮食作物区、经济作物区和城市郊区 3 类。粮产区有 8 个乡。代表经济作物区的 1 个乡,代表城市郊区 1 个乡;山区有 7 个乡,又分为陕北、陕南山区。17 个乡中,陕北山区的延安柳林乡、清涧樊家岔、米脂善家坪是老区,横山宛家崖和平原区的洛川杨武乡是半老区,其余平原区的 9 个乡和陕南山区 3 个乡都是新区。土改结束时间亦先后不一,老区 3 个乡 1948 年即结束土改,最晚的是在 1952 年结束土改,其余 12 个乡都是 1950 年冬及 1951 年春进行土改③。

　　山西省农村工作部选择 10 个县的 20 个典型乡和 20 个典型社进行调查,其中代表棉麦区的 3 个乡,代表平地杂粮区 6 个乡,代表半山区的 6 个乡,代表山区的 5 个乡④。1955 年,西南区四川省农村工作部对璧山县的青山杠、乐山县的凌云、遂宁县的南垭、广元县的金台、成都市郊区的西城等 5 个乡进行

----

① 中共热河省委农村工作部:《热河省典型村经济情况调查》(1951 年 8 月),河北省档案馆,684-1-93。
② 中共热河省委农村工作部编:《1954 年热河省农村调查汇集》(1955 年 8 月),河北省档案馆,C832-23-1-1。
③ 中共陕西省委农村工作部:《陕西省农村调查(1955 年 10 月)》,载《八个省土地改革结束后至 1954 年的农村典型调查》。
④ 中共山西省委农村工作部:《山西省农村调查(1955 年 12 月 30 日)》,载《八个省土地改革结束后至 1954 年的农村典型调查》。

了调查。从地形和作物栽培方面来看,丘陵区3个乡,山区1个乡,平原1个乡。从工作基础来看,青山杠、金台、西城3个乡的工作基础较好,凌云、南垭2个乡的工作基础较差①。

1955年,湖北省农村工作部根据不同经济条件(山区3个乡,丘陵地区5个乡,江汉平原2个乡、半粮半经济区2个乡),不同工作基础(先进乡3个、一般乡6个、薄弱乡3个)对12个典型乡进行典型调查,12个乡分布在7个县内,分别为浠水县望城乡、麻城县四山乡、孝感县太子乡和大陈乡、江陵县将台乡和天河乡、当阳县黄林乡和胡场乡、恩施县清水乡和滴水乡、谷城县传湾乡和长岭乡。从经济类型来分,清水、滴水、长岭属山区,望城、四山、太子、大陈、传湾属丘陵地区,将台、天河属平原,胡场黄林属棉粮产区;从工作基础来分,望城、将台、传湾属先进乡,太子、长岭、天河、胡场、黄林、清水属一般乡,四山、大陈、滴水属薄弱乡②。

1955年5月底至9月底,湖南省委农村工作部进行了9个典型乡的农村调查,9个乡分别属于丘陵地区、滨湖地区、山区。其中滨湖地区包括安乡县蹇家渡乡、竹林垸乡2个乡,丘陵地区包括长沙县草塘乡、卷塘乡、湘潭县清溪乡、长乐乡4个乡,山区包括沅陵县牧马溪乡、蒙福乡、肖家桥乡3个乡;从工作基础看,清溪、竹林垸、肖家桥等3个乡代表先进乡,草塘、长乐、蹇家渡、牧马溪等4个乡代表工作一般的乡,卷塘、蒙福2个乡工作基础较差③。

1955年10月至12月,江西省委农村工作部分别选择9个县的9个乡和16个初级农业社进行调查。从工作基础来看,属于较先进的一类乡6个(爱国、新华、吉埠、淇塘、石门、蓝田),各项工作均属一般的二类乡2个(谢家、韩峰);属于落后的三类乡1个(黄沙);在经济类型上,盛产稻谷兼作小量杂粮和经济作物的有爱国、新华、吉埠、淇塘、石门、蓝田、韩峰等7个乡,以种植经济作物与园艺作物(辣椒、蓝靛等)为主要收入的有谢家乡,以经营林业为主

---

① 《四川省五个乡1952、1954年两年农村经济调查》,载经济资料编辑委员会编:《八省农村经济典型调查》,财政经济出版社,1957年。

② 中共湖北省委农村工作部:《湖北省十二个典型乡调查报告》(1956年4月),湖北省档案馆,SZ-J-526。

③ 中共湖南省委农村工作部办公室印:《湖南省九个乡1955年农村调查总结》(1956年6月1日),湖南省档案馆,146-1-119。

要收入的有黄沙乡①。

　　1955 年夏秋之间,广西省农村工作部在 10 个县内选择了典型乡和包括 18 个县的 25 个半社会主义性质的生产合作社进行调查。这 10 个乡按经济条件划分:双季稻区包括平原区的永宁乡、罗江乡、排榜乡和丘陵区的乌峡乡;单季稻区包括平原区的老街乡和丘陵区的石狮乡、平里乡,杂粮区、山区的内洪乡,半经济作物区、丘陵区的金山乡,林业区、土山区的昇平乡;按照工作基础划分,一类乡 2 个,二类乡 6 个,三类乡 2 个②。

　　1952 年 12 月至 1953 年 1 年,江苏省委农村工作委员会选择宜兴县前红乡、武进县胜东乡、青浦县盈中乡、句容县延福乡、江宁县麒麟乡、溧水县乌山乡、太仓县新建乡、常熟县扶海乡、奉贤县砂碛乡等 9 个乡 9 个典型村共 612 户进行典型调查。其中沿江棉粮区包括砂碛乡,沿江棉粮区包括新建乡、扶海乡,平原粮食区包括前红乡、胜东乡、盈中乡,丘陵粮食区包括延福乡、乌山乡、麒麟乡。除宜兴前红乡外,其他 8 乡都为县或区直接掌握的典型乡③。1952 年苏北区农村工作委员会对苏北的 7 个县 14 个村进行典型调查,从经济类型来看,沭阳县朱庄乡三黄村代表淤土粮食区,沭阳县华邦乡吴庄村代表砂旱粮食区,沭阳县刘集乡路东村代表岗旱粮食区,盐城县青中乡西徐村代表稻麦两熟区,南通县亭东乡光荣村代表水旱粮食区,高邮县林阳乡荡楼村代表一熟水田区,江都县华阳乡第四村代表一水水田区,泰县许朱乡许桥村代表旱田什粮区,射阳县张纲乡新六村、射阳县合东乡六合村代表一般棉垦区,南通县海晏乡团结村、南通县海晏乡合作村、南通县海晏乡改新村代表改良棉地区,南通县永柳乡坚强村代表特用作物区④。

　　土改结束后,各地农村典型调查材料中对农村各种情况、问题的把握和分析总体来说是全面和客观的,如针对土改后各地出现的土地买卖、租佃和雇佣

①　中共江西省委农村工作部:《江西省农村调查》(1956 年 3 月 1 日),载《八个省土地改革结束后至 1954 年的农村典型调查》。
②　中共广西省委员会农村工作部:《广西省农村调查》(1956 年 5 月),载《八个省土地改革结束后至 1954 年的农村典型调查》。
③　中共江苏省委农村工作委员会编:《江苏省农村经济情况调查资料》(1953 年 2 月 20 日),江苏省档案馆,3006-短-364。
④　中共苏北区委员会农村工作委员会:《苏北 12 个地区 14 个典型村土改前后土地与阶级阶层关系变化调查资料》(1952 年),江苏省档案馆,3001-永-92。

关系的停滞,各地调查组均提出宣传发展生产"十大自由"政策;针对各地集体化高潮中出现的退社问题,调查组也针对不同的阶层和经济水平给出了较为客观的分析;调查组对农村中出现的属于生产要素良性调整性质的土地买卖、租佃和雇佣关系也给予肯定性评价;对于土改结束后各阶层的心态、行为也做了比较实事求是的分类讨论。因此,具有极高的学术参考和研究价值,应引起我们的重视并加以利用。目前,课题组分赴湖北、湖南、江西、河南、广东、山西、陕西、河北、四川、安徽、浙江、江苏、辽宁等各省档案馆,查阅了大批当时各省农村工作部和统计局组织的农村经济调查资料,为本书的实证研究和区域比较研究奠定了坚实的资料基础。

(三)本书的创新点

本书在吸纳现有研究成果的基础上,通过对大量档案资料、原始土地契约文书与口述史料搜集和整理,遵循"自上而下"和"自下而上"两条研究路径,以新中国成立前后中共的土地政策演变为主线,侧重于从微观层面的村庄和农民日常生活入手,探讨各区域特殊的生态环境和传统习俗对地权交易的影响,分析国家强制性土地制度变迁中的各阶层农民心态和经济行为,考察地权交易主体、特征、规模和所承载的资源配置、融资和社会保障功能,探求地权交易与乡村社会农家经济的相互联系,揭示中国经济史上乡土经济的活力源泉,以期对当前产权制度安排下的农村土地改革提供借鉴与启示。

本书力图在前人研究的基础上有所创新。

第一,本书将新中国成立前后中共土地制度的演进历程置入长时段的中国土地制度史变革之中进行深入探讨。包括梳理该阶段中共农村土地流转政策演变的背景、原因、特征和影响,考察地权关系和土地制度思想的互动关系,厘清土地制度变迁的动力机制,对一些有争议性的问题进行重新审视,力求对国家土地制度的变迁与农民的地权交易形成更清晰的脉络。

第二,本书难点在于资料的收集,由于所需要的资料分散于各地档案馆和村落,因此资料的收集和整理要花费大量的时间和精力。本书将档案资料的解读和田野口述调查有机结合,论证更加充分。

第三,在研究方法上,本书实证分析与规范分析、专题研究与区域个案、定量分析与定性分析相结合,以村民生活脉络中的"生活关系"来取代传统的

"生产关系"概念,通过"自上而下"和"自下而上"的双向研究路径,采用历史学的方法收集、考证史料,梳理土地制度变迁的历史脉络和内在逻辑;借鉴制度经济学和产权经济学等理论范式考察地权交易的社会经济绩效;采用计量统计、图表呈现的方式,对各种经营方式的相关因素进行分析;采用历史人类学的方法,关注农民日常生活和对地权变动的历史记忆。

第一章　20世纪中期地权变迁:解放战争时期至集体化高潮前

解放战争时期至集体化高潮前,中共强制性土地制度变迁经历了从保护农民土地产权私有——采取各种措施提倡鼓励农民土地交易自由——合作化运动中逐渐限制直至禁止的剧烈变化,国家层面的土地制度变迁最终决定了农民间土地产权交易的主体、方向、规模和终结时间。与此同时,从中共历史文献和各地农村调查资料中可以看出,强制性土地制度变迁中的农民并不是在"国家—社会"框架下单纯地采取"冲击—反应"式应对策略,而是基于乡村实践的具体情境开展各种地权交易。

一、老区①土改废除地主土地所有权到保护个体农民土地私有权

解放战争时期,由于连年战争以及支援前线需要支付庞大的人力、物力和财力,再加上各种自然灾害侵袭,普通群众生活穷困。因此,老区土改和土改结束后,除了组织农民互助合作、财政扶持、发放农业贷款、鼓励发展农村副业等措施恢复农业生产外,确保农民土地产权私有,鼓励土地买卖、租佃、雇工和借贷自由,成为中共减轻解放区政府负担和帮助农民克服生产、生活困难的重要措施。

(一)颁发土地房产所有证以保护农民土地产权私有

抗战胜利后,为满足广大农民对土地的迫切要求和调动农民的积极性支

---

① 关于老区和新区的划分,一般以土地革命时期和抗日战争时期建立的根据地(如陕甘宁边区)和解放战争时期解放的东北、华北和山东的部分地区为老区;1949年4月渡江战役后到中华人民共和国成立前解放的江南、西南和西北的广大地区为新区。当然,由于革命形势发展、政权巩固程度、经济发展水平、土改进程和土改政策的不同,新区和老区的范围经常发生改变。

援革命战争,中共领导下的各大解放区土地改革呈现激进态势①。适应当时革命形势的需要,1946 年 5 月,中共中央颁发了《关于土地问题的指示》(即《五四指示》)。《五四指示》是中共长期以来领导土地革命的经验教训的总结,虽然有其"不彻底性"②,但从对待农民尤其是地主的土地产权的态度和解决土地问题的方式来看,该阶段土改除了"没收和分配大汉奸土地"外,对一般地主土地不是无条件地没收,而是通过清算方式,将地主欠农民的债务量化并以此要求地主"出卖土地给农民来清偿负欠";通过减租,使"地主自愿出卖土地,佃农以优先权买得此种土地"。取得土地的方式都是地主出卖或一定条件下"自愿"把部分土地交给农民,而不是被"没收"。通过这些方式,农民得到土地时多数"取得地主书写的土地契约"。可见,地主的土地所有权转移给普通农民,主要是通过有契约的买卖或转让关系实现的③。在各地的土改实践中,各大解放区尝试采取和平的赎买方式满足农民的土地要求,除了陕甘宁边区的和平赎买试点有所成效外,山东、晋绥、晋冀鲁豫等解放区均无果而终④。《五四指示》时期,中共没有提出废除封建剥削制度,也没有完全废止减租政策,而是在承认地主土地所有权的基础上让农民通过和平、有偿的原则取得地主土地。尽管在乡村实践中,某些地方"左"的偏差和"暴力斗争方式"超出了中共的政策预期范围,但承认和保护农民土地产权私有的主张和做法一方面服务于土改"动员与组织群众"需要,团结了地主、富农和富裕中农等农村富裕阶层,同时也一定程度上缓解了普通劳动群众对土改后土地产权是否

---

① 关于解放战争时期的土地改革,根据革命形势和土地政策变化,一般分为三个阶段:一是全面内战爆发以前的减租减息(1945.8—1946.4),该阶段新解放区继续执行抗日战争时期的减租减息,老解放区开展复查减租减息工作;二是《五四指示》颁发到《中国土地法大纲》颁发以前(1946.5—1947.8),该阶段的土地政策是从抗战时期的减租减息向彻底的土地改革转变的过渡性政策;三是《中国土地法大纲》颁发至中华人民共和国成立以前的平分土地(1947.9—1949.9)阶段,该阶段土地政策由减租减息彻底改为没收地主土地分配给农民。见董志凯:《解放战争时期的土地改革》,北京大学出版社,1987 年。

② 学界对《五四指示》"不彻底性"的论证主要集中在"没有明确宣布废除封建剥削的土地制度","对地主、富农等阶层的照顾"等。

③ 罗平汉:《"五四指示"及其"不彻底性"再评价》,《求索》2005 年第 5 期;杜敬:《关于"五四指示"和〈中国土地法大纲〉的几个问题》,《天津社会科学》1985 年第 3 期。

④ 王友明:《论党的土地征购政策在山东解放区的实践》,《中共党史研究》2007 年第 2 期;刘景岚:《中共"和平土改"的有益尝试——以陕甘宁边区为中心的考察》,《社会科学战线》2013 年第 7 期。

私有的顾虑,在后来的各大新区进行的土改实践中这种提法依然被证实是容易为农民所接受的。

为切实保障各阶层农民在土改后的土地财产不受侵犯,《中国土地法大纲》规定,"分配给人民的土地,由政府发给土地所有证,并承认其自由经营、买卖及在特定条件下出租的权利"。发放土地证不仅是在法律上最后保障地权,而且实际上是土改工作的继续,是完成土改与发展生产结合的重要环节。中共中央明确指出,在土地改革业已完成的各个老解放区,为保障个人土地所有权,特颁发土地执照,由土地所有者存执,其所有权任何人不得侵犯①。1948年6月至8月,东北、华北、华东、西北各老解放区的行政委员会分别发出颁发土地所有证的指示。1948年6月,东北解放区大多数地区土地改革业已完成,为保障个人土地所有权,东北行政委员会颁发土地执照,并规定"由土地所存者存执,任何人不得侵犯"。自1948年7月15日开始,辽北、嫩江、黑龙江、松江、吉林、合江、牡丹江各省土地执照由各县县政府负责填发②。1948年5月6日,中共晋察冀中央局指出,在平分土地后,不仅对于劳动人民的财权、地权及私有财产予以保护,对于地主与旧式富农分得或保有的土地财产及其在新的条件下所得财产,一律加以保护③。8月9日,晋冀鲁豫边区政府、晋察冀边区行政委员会联合发出"颁发土地房产所有证"的命令,要求依法切实保障各阶层人民在土地改革后的土地财产不受侵犯④。各大解放区在土改结束后通过颁发土地证确定地权、巩固农村各阶层财产私有权的做法,一定程度上安定了农村各阶层生产情绪、提高了农民生产积极性。

(二)发布告示以鼓励农民土地产权流动

为调动个体农民的生产积极性和恢复发展解放区的农业生产,1948年7月25日,中共中央制定了老区土改后的农业生产政策,进一步明确保障土改

---

① 董志凯:《解放战争时期的土地改革》,北京大学出版社,1987年,第205页。
② 《东北行政委员会土地执照颁发令(1948年6月1日)》,载东北解放区财政经济史编写组:《东北解放区财政经济史资料选编》(第一辑),黑龙江人民出版社,1988年,第410—413页。
③ 《董必武在全国土地会议上关于土地改革后农村生产问题的报告(1947年8月27日)》,《中共晋察冀中央局关于土地改革后农村发展生产的指示(1948年5月6日)》,载《华北解放区财政经济史资料选编》(第一辑)。
④ 《土地改革完成地区　颁发土地房产所有证》,《人民日报》1948年9月14日第一版。

后农村各阶层劳动、土地等私有产权的流动,"允许雇佣劳动(包括请长工、短工)合法存在,雇佣条件除劳动法令已规定者外,由主雇双方约定。在已完成土改的地区,允许特定条件下的租佃关系,租额由租佃双方自由约定"。同时宣布"各解放区最高行政机关应当统一颁发土地执照,依级转由各县、市政府负责填发,交各户主收执",农民土地转移买卖、分家、嫁娶时,"准予分领或换取土地执照"。①

　　根据中央政府法令,各解放区采取各种措施,将土改纠偏与调剂土地、确定地权和春耕生产结合起来,相继颁发命令、指示保护农民地权私有和地权交易。1948 年 8 月,东北行政委员会指出,群众分得之地"允许其自由买卖,转让,放弃(但不得因懒惰而任其荒废)或在特定条件下出租"②。1948 年 12 月,东北中共中央局对于已经分配了的一切封建的土地财产,"承认其属于各人所有,并颁发地照、房照、确定地权、房权,允许各人自由处理",对于自己劳动、雇人经营、正当债息收入与特定条件下出租土地之所得"完全归自己所有,任何人不得侵犯","承认各人自由经营的权利,保障交换自由,奖励发展生产"。东北局还鼓励实行自愿、两利的生产合作互助政策,反对强迫编组生产与一切在合作互助中侵犯农民私有权的现象。同时,要求取消某些农会或贫农团、换工队等各种形式的财产公有制,恢复农民的财产私有制③。1949 年,中共中央华东局和华北局分别对土改后的土地租佃关系进行说明并加以鼓励。1949 年 2 月,为实现华东农业生产计划,中共华东中央局指出,允许在土改后新的雇佣劳动存在,允许特定条件下的租佃关系的存在④。1949 年 7 月 18 日,华北人民政府指出,"土改后的租佃关系已根本上不同于以前地主对佃户之关系,故只要是双方自愿约定,应不限制"。根据华北区具体情况,对中央政府颁布的相关土地租佃关系政策做了具体的阐释:租额在政府未统一规定前,可由主佃双方自由约定。烈军工属符合特定条件出租土地时,亦应

----

① 《把解放区的农业生产提高一步(1948 年 7 月 25 日)》,载国家农业委员会办公厅:《农业集体化重要文件汇编》,中共中央党校出版社,1981 年,第 18—19 页。

② 《东北行政委员会发布关于颁发映照的指示(1948 年 8 月 20 日)》,《东北日报》1948 年 8 月 23 日。

③ 《关于东北今年农业生产的基本总结与明年农业生产任务的决定》,《人民日报》1948 年 12 月 18 日第二版。

④ 山东省档案馆、山东省社会科学院:《山东革命历史档案资料选编》第二十二辑,山东人民出版社,1984 年,第 173 页。

由双方自愿约定,用强制办法将租额提得过高,承租者无利可图,使烈军工属无劳力或劳力不足部分之土地无人承租致陷荒芜,对社会生产与烈军工属均属不利①。

1948年10月,冀热察行政公署发布布告,"允许雇佣劳动(包括雇长工短工)。允许私人自由借贷,利率在政府未作统一规定前,由债主与债户两方自由议定",在土改完成地区,"允许土地自由买卖和特定条件下的租佃关系",同时规定"租额在政府未规定前,由主佃双方自由约定"②。晋绥行署及晋绥边区宣布"一切男女老少人口均有其土地所有权",并于1948年8月20日颁发公告,"允许农民间为了耕作便利,自愿兑换土地","承认其自由经营买卖及在特定条件下出租的权利,政府保障其不受任何人侵犯"③。冀东、冀南解放区也发文允许农民基于生产要素调整基础上的土地买卖和雇工、出租经营。1948年5月,冀东区党委、行政公署将土改与发展生产结合起来,指出"凡因劳力缺乏,或因从事他业无力兼顾耕种者,可雇工经营或伙种,并许可出租"④。同年12月,冀南区党委在各地颁发土地证的过程中,建议政府发"土地买卖契约",以方便因分家离婚、嫁娶而发生的土地买卖⑤。元氏县新区确定土地使用权时,宣布"谁种谁收",规定中农、贫农种不过来的,可找亲戚朋友帮助,或雇短工,无劳力者可半种或出租,"绝不因此而变成分"⑥。

1948年8月至1949年1月,北岳地委、行署连续4次发文宣传、鼓励农民个人私有产权自由流动。1948年8月,北岳行署发布公告宣布土改完成并强调,"如因孤寡废疾,因参加革命军队及其他脱离生产之革命工作,因进入工厂做工及改营工商业,或因政府开垦公荒,均允许出租土地"⑦。9月29日,

① 《华北人民政府关于租地问题复太行行署信(1949年7月18)》,《华北解放区财政经济史资料选编》,1996年。
② 《冀热察区行政公署布告(行字第五号)关于确定地权和迅速发展生产的问题(1948年10月15日)》,载河北省档案馆:《河北土地改革档案史料选编》,河北人民出版社,1990年。
③ 《晋绥行署、农会通知各级加紧填发土地证　早日确定地权发展农业生产》,《人民日报》1948年9月6日第一版。
④ 《中共冀东区党委、冀东区行政公署关于目前生产与土地改革中几个问题的指示(1948年5月1日)》,载《河北土地改革档案史料选编》。
⑤ 《发土地证是广大农民的要求　临清十区发土地证的点滴经验》,《人民日报》1948年12月31日第二版。
⑥ 展潮:《元氏生产救灾工作中的几个问题》,《人民日报》1948年7月10日第二版。
⑦ 《北岳行署发出布告　宣布土改已经完成发土地证发展生产》,《人民日报》1948年9月5日第一版。

北岳行署对颁发土地房产所有证的工作发出具体指示:"凡取得所有证者不论土改以前阶级成分如何,政府均负责保护其耕种、居住、典卖、转让、赠予及在一定条件下租佃之完全自由,任何人不得侵犯。"①紧接着,针对颁发土地证中农民为耕作方便互换土地的问题,北岳区专门发文指示:"在填写土地证以前,如群众愿互相自由兑换土地,可使各家土地尽可能兑在一块,这样对于生产是有好处的。过去不少农民的土地太碎,误工太多,兑在一起有许多方便。"②1949年1月,北岳地委在颁发土地证工作的总结中再次强调:"在特定条件下(真正无劳力的军、工、烈属,孤、寡、废疾或从事其他营业,无力自营者)其土地准许出租,或雇工人经营,均不为封建剥削。"③1949年2月,察哈尔省为号召群众努力生产、发财致富,颁文规定"凡取得土地证者,政府即负责保护其土地财产经营买卖及一定的条件下租佃的自由,任何人不得侵犯。在土地改革后地主、富农积极劳动因而发财者,政府一律予以保护,并保障人民的借贷自由"④。中原解放区为激励农民春耕时期积极生产,要求"在已分土地地区,在春耕前应确定地权,双减区已减租者,应重订租约"。⑤ 1949年5月,张闻天通过对东北地区的调查研究,指出"凡有利于社会分工分业发展的土地租佃、买卖不应反对"。⑥

上述中共在各大解放区鼓励农民土地产权交易和雇工自由、借贷自由的相关措施促进了土地买卖和租佃关系、雇佣关系的恢复和发展,如表1-1、表1-2、表1-3所示,辽东省凤城县黄旗村、黑龙江省海伦县第16区永安村、辽南的4个村土地买卖、租佃关系均有所发展。辽西省黑山县二区崔家屯村1949年共有15户(雇农1户、贫农12户、中农2户)卖地53.2亩。1950年20户(雇2、贫12、中4、富2)卖地88.5亩⑦。松江省呼兰县孟井村土地出租数

① 《深入宣传确定地权房权　北岳具体指示颁发所有证》,《人民日报》1948年10月12日第一版。
② 《颁发土地证中应注意的几个问题》,《人民日报》1948年10月21日第一版。
③ 《中共北岳三地委对塔河、梁家铺、黄安坨三村发土地证工作的简结(1949年1月29日)》,载《河北土地改革档案史料选编》。
④ 《察哈尔省人民政府为完成土地证颁发工作的指示(1949年2月21日)》,载《河北土地改革档案史料选编》。
⑤ 《中原临时人民政府关于恢复和发展农业生产的指示(1949年3月)》,载王礼琦:《中原解放区财政经济史资料选编》,中国财政经济出版社1995年版,第318页。
⑥ 张闻天:《张闻天选集》,人民出版社,1985年。
⑦ 《辽西省黑山县二区崔家屯村经济发展情况调查(1951年)》,载《1950—1952年东北农村调查汇集》,第99页。

量除1949年少于1948年外，是逐年增加的。1948年出租数为18.22垧，1949年为16.5垧，1950年为41.98垧，1951年为72.52垧，1951年出租土地数占全村耕地面积的10%强①。多数典型调查村租入土地户数要多于出租户，有的地方出现"出租地户只要一透出口气，租地者即蜂拥而来"的现象，甚至有的导致"租额随着争夺租地逐年提高了"。永安村、西安村1948年租额一般是几斗谷，有些甚至不要租，代交公粮即可；1949年一般是6斗到1石租，代交公粮现象没有了；1950年普遍涨到1石到1石2斗租②。

表1-1　1949—1950年辽东省凤城县黄旗村土地买卖、租佃关系统计表

（单位：亩）

年份	卖地		买地		出租		租入	
	户数	土地数	户数	土地数	户数	土地数	户数	土地数
1949	5	15.5	6	18.9	44	211.8	71	306.5
1950	6	32	8	34.9	50	409.8	80	379.1

资料来源：《辽东省凤城县黄旗村经济调查（1950年）》，载《1950—1952年东北农村调查汇集》，第32页。

表1-2　1948—1951年黑龙江省海伦县永安村土地租佃关系统计表

年份	户数	租入户	占租入总户数%	租入地数（垧）	租出户	占租出总户数%	租出地数（垧）
1948	225	15	6.6	21.1	28	12.4	50.38
1949	225	41	18.2	94.6	20	8.8	33.56
1950	230	62	27	122.94	25	10.87	45.83
1951	233	89	38.2	163.96	39	16.74	79.13

资料来源：《黑龙江省海伦县第16区永安村、西安村经济调查1951年》，载《1950—1952年东北农村调查汇集》，第58页。

① 《松江省呼兰县孟井村经济调查（1951年）》，载《1950—1952年东北农村调查汇集》，第79页。
② 《黑龙江省海伦县第16区永安村、西安村经济调查（1951年）》，载《1950—1952年东北农村调查汇集》，第59页。

表 1-3　1948—1950 年辽南典型调查村土地买卖关系统计表

村别	年份	卖地户数、亩数										买地户数、亩数					
		雇农		贫农		中农		富农		总计		贫农		中农		总计	
		户	亩	户	亩	户	亩	户	亩	户	亩	户	亩	户	亩	户	亩
双台子	1948	1	3.01			3	8.93			4	11.94	1	3.05	4	8.89	5	11.94
	1949	3	12.2			6	23.45			9	35.65	4	15.07	5	20.58	9	35.65
	1950	3	21.78	3	27.13	6	20.16			12	69.07	5	35.91	8	33.16	13	69.07
驼龙寨	1948					2	7.7			2	7.7	1	3.2	1	4.5	2	7.7
	1949							1	2.13	1	2.13					1	2.13
	1950					1	4	2	8	3	12	1	4	1	5	3	12

资料来源:《辽南 4 个村阶级关系变化的调查(1951 年)》,载《1950—1952 年东北农村调查汇集》,第113 页。

　　与土改前相比,东北老区典型调查村发生的土地买卖、典当、租佃关系发生了很大变化。

　　一是从地权交易主体上来看,主要发生在中农和贫雇农等普通劳动群众之间,地主、富农买地、出租现象很少,所占比重较低。如辽东省凤城县黄旗村1949 年 5 户卖地者中包括雇农 1 户、贫农 2 户、中农 2 户,6 户买地者中包括贫农 5 户、中农 1 户;1950 年 6 户卖地者中包括贫农 2 户、中农 4 户,8 户买地者中包括贫农 4 户、中农 4 户。该村 1949 年出租土地者包括雇农 6 户、贫农22 户、中农 10 户、富农 3 户、地主 3 户,租入土地者包括雇农 7 户、贫农 40 户、中农 22 户、富农 2 户,1950 年出租土地者包括雇农 6 户、贫农 27 户、中农 9户、富农 4 户、地主 4 户。租入土地者包括雇农 10 户、贫农 44 户、中农 23 户、富农 2 户、地主 1 户①。永安村中农租入地数占总租入土地数的 84.7%,西安村中农租入土地数占 86%。出租土地者多是贫雇农②。

　　二是从土地买卖、典当和租佃发生的原因来看,主要是缺乏劳动力、从事

---

①　《辽东省凤城县黄旗村经济调查(1950 年)》,载《1950—1952 年东北农村调查汇集》,第32 页。
②　《黑龙江省海伦县第 16 区永安村、西安村经济调查 1951 年》,载《1950—1952 年东北农村调查汇集》,第 59 页。

其他职业、调剂土地远近等,属于农民间土地和劳动力等生产要素的良性调剂。如黄旗村部分群众因迁移、丧失劳动力而出卖土地,并且逐年增加。出租土地户中因迁移、地离家太远不便经营者 10 户,因分地远,把远的出租,再在附近租入耕种或者开荒者 22 户,因无劳动力或者劳动力从事其他职业者 9 户,地租给种烟户以获得高租额的 4 户,因人口多(小孩多)、劳动力少、分地太薄、面积大而出租者 5 户①。辽南 3 个典型调查村 1949 年 43 户出租户中,无劳力者 19 户,经济困难者 5 户,兼营他业者 3 户,入工厂者 13 户,调剂土地者 1 户,当干部公务员者 2 户;1950 年 78 户出租户中,无劳力者 27 户,经济困难者 8 户,懒惰者 2 户,兼营他业者 4 户,入工厂者 33 户,调剂土地者 2 户,当干部公务员者 2 户,其中因无力耕种而出租者逐年增加,1949—1950 年增加了 42.11%②。

二、新中国成立初期土改政策的进一步完善

(一)保护农民土地产权和允许农民地权交易

土地证是分地农民获得土地产权的重要法律依据,新中国成立初期新区的土地改革中,为了使分得土地的农民没有后顾之忧,《中华人民共和国土地改革法》第 30 条规定:"土地改革完成后,由人民政府发给土地所有证……土地制度改革以前的土地契约,一律作废。"③随后,1950 年 11 月 25 日内务部发布了《关于填发土地房产所有证的指示》④,对土地改革后土地房产证的填发作了统一部署。1951 年 2 月 2 日,政务院《关于 1951 年农林生产的决定》对三类地区的土地处理办法均作了明确规定:土地改革已经完成的老解放区,切实保护人民已得的土地财产,不受侵犯;新解放区在土地改革完成后,立即确

---

① 《辽东省凤城县黄旗村经济调查(1950 年)》,载《1950—1952 年东北农村调查汇集》,第 32 页。
② 《辽南 4 个村阶级关系变化的调查(1951 年)》,载《1950—1952 年东北农村调查汇集》,第 113 页。
③ 《中华人民共和国土地改革法》,载人民出版社编辑部编:《土地改革重要文献汇集》,人民出版社,1951 年,第 9 页。
④ 《山西省人民政府为转内务部对颁发土地证指示的通知》,载《山西政报》1951 年第 2 期,第 117—118 页。

定地权,颁发土地证;在尚未进行土地改革而只实行减租的地区,切实保障谁种谁收和农民的佃耕权①。各大行政区或省从稳定农村秩序和提高农民生产积极性的角度出发,依照《指示》制定了本地区颁发土地房产所有证暂行办法,并对各自行政区的土地房产所有证填发作出了较为详细的规定。其中一项非常重要的内容即是保护农民的土地产权以及普通群众之间的土地买卖、土地典当、土地租佃、借贷和雇佣关系。

关于颁发土地房产所有证工作及结合颁证进行整理土地与定产工作,中央人民政府内务部、华东、中南等军政委员会均有制定和出台了相关决定、指示和办法,各省也根据各自具体情况分别作了相关指示。华东军政委会对老区和新区颁发土地证作了不同的批示:凡已结束土改、分配土地并颁发土地证的老区,可维持原状,不再变动。凡土改典型实验乡(村)所发之临时土地证或确定地权证明书,一律换领正式土地证。并规定土地房产所有权之确定归县(市)以上人民政府,土地证颁发后,如有子、女结婚,分家或买卖赠送等事情而转移土地房产所有权时,均须向县(市)人民政府换领土地证②。中南军政委员会为保障土地改革后各阶层的土地、房产所有权,制定了《中南区颁发土地房产所有证办法》宣传解释土地证与合法保护产权之关系,并规定土地房产证经过发动群众查实田亩、群众申报登记、农民代表会评议、乡人民政府审查、区人民政府批准等环节后呈报县人民政府备案③。

在土改结束地区,各省结合当地中心工作,确定地权并颁发土地证。山西省人民政府指出,土地证颁发后,“不论公私土地房产,一律以新证依法取得所有权,受法律保护”④。河南省人民政府指出:“颁发土地证的目的,是为了确定地权、产权,保障农民已得土地的所有权。”⑤福建省人民政府指出,颁发

① 中共中央文献研究室:《建国以来重要文献选编》(第二册),中央文献出版社,1992 年,第30 页。

② 《华东区颁发土地房屋所有证暂行办法》(华东军政委员会 1950 年 11 月 21 日第三十六次行政会议通过),中共山东省委党史研究室:《封建土地制的覆灭:新中国成立初期山东的土地改革》,中国大地出版社,1999 年,第 101 页。

③ 《中南军政委员会发布中南区颁发土地房产所有证办法》(中南军政委员会 1951 年 8 月 14日以会办民字第 3621 号令颁行),载《河南省人民政府公报》1951 年第 8 期。

④ 《山西省人民政府关于颁发土地证的指示(民地字第 53 号)》,载《山西政报》1950 年第 4 期,第57—58 页。

⑤ 《河南省人民政府关于颁发土地房产所有证的指示(民社字第 83 号)》,载《河南政报》1950年第 9 期,第 97—99 页。

土地证的目的,是为了将群众反封建土地所有制斗争的果实(土地、房产)以法律的形式(土地证)确定下来,促进生产恢复和发展①。

除了土地登记、发证等保护和鼓励农民土地私有产权外,中央政府通过征收契税对农民的土地产权和产权流动进行管理。1950年4月3日政务院公布《契税暂行条例》,规定"凡土地房屋的买卖、典当、赠与或交换,均应凭土地房屋所有证,并由承受人依照规定完纳契税"②。1951年3月14日,中央人民政府政务院发布《关于土地房产所有证收费的决定》,要求"凡已领有土地证的土地房产,如有买卖、典当、赠与、交换等转移事情,概按契税条例办理领契完税手续"。并要求各大行政区人民政府(军政委员会)及中央直属省市人民政府根据本决定参照当地具体情况,制定实施办法,报请中央人民政府财政部备案③。

各地政府也颁布了一些管理法规,如1950年10月17日东北人民政府颁布《土地暂行条例》、1951年5月山西省人民政府颁发《关于开荒及修滩所有权与使用权的规定》、1952年2月西南军政委员会颁发《鼓励荒山荒地造林暂行办法》、1950年11月热河省人民政府颁发《关于解决农村中土地问题的指示》等④。中南区要求"凡已领有土地证之土地、房产,如有买卖、赠与、嫁娶、分家、交换等转换事项。按税契条例办理,不再补发土地证,也不再收取土地证费。"⑤山西省人民政府规定,所有证领发后,产权如有变动时,买卖双方应将买卖房地的数量、日期、买主卖主的姓名写一清单,连同双方所有证一并交村政府送县审核。经县审核无误,即可分别填证,买主在原证上另贴纸填写好,加盖县印,并办理税契手续;卖主则在原证备考栏内加以注明。县与村在

---

① 《福建省人民政府关于颁发土地房产所有证及定产工作的指示(府财农字第006236号)》,载《福建政报》第3卷第3期,第28页。

② 《当代中国》丛书编辑委员会:《当代中国土地管理(上)》,当代中国出版社,1998年,第35—36页。

③ 《中央人民政府政务院发布关于土地房产所有证收费的决定》,《人民日报》1951年3月14日第二版。

④ 《当代中国》丛书编辑委员会:《当代中国土地管理(上)》,当代中国出版社,1998年,第37页。

⑤ 《中南军政委员会发布中南区颁发土地房产所有证办法》,载《河南省人民政府公报》1951年第8期。

双方所有证存根上亦分别加以注明①。江西省要求:"土地证颁发后,如有买卖、赠与、嫁娶、分家、交换等转移事情,除依照中南区办法第十五条之规定,按税契条例办理领契完税手续外,并应向乡(镇)人民政府申报,由乡(镇)人民政府在登记册及双方土地证内注明转移情况,并报由县(市)人民政府、在双方土地证存根内同样注明分别加盖印章。"②苏南区规定,土地买卖经过税契后在法律上方始有效,人民政府保障其土地所有权③。

新中国成立初期,因《土地改革法》"承认一切土地所有者自由经营、买卖及出租其土地的权利"。因此,土改后各地农民间土地产权流动的现象普遍存在,中央政府主要通过土改复查、土地登记、发证确权、征收农业税、征收土地房产契税等方式对农村的土地进行产权管理,这种管理体制可谓"市场配置"下的土地管理体制④。

(二)采取各种措施提倡鼓励农民交易自由

土改和土改结束后,各大区中央局和军政委员会审时度势,根据各地实际土改进展情况,将土地改革和发展生产结合起来,先后颁发布告和指示,宣传农业生产十大政策,允许农村实行土地买卖和租佃自由。1951 年初,为发展农业生产,保护农民在土改中的果实,华东区颁布了发展农业生产十大政策,其中有几条是这样规定的:一是保护农民已分得的土地及财产,不得侵犯。二是保护农民的劳动所得及合法利益,不得侵犯。六是借贷自由,有借有还,利息由双方自行议定。七是允许富农经营发展,劳动雇佣自由,工资待遇应根据两利原则和政府法令双方协议。十是在土地改革尚未实行地区,仍继续贯彻减租,保障佃权及谁种谁收等既定的生产政策⑤。对华东局请示中提出的"劳动雇佣自由,工资待遇应根据两利原则,双方协议"。中央回复中指出,"开始

---

① 《山西省人民政府关于颁发土地证的指示(民地字第 53 号 1950 年 2 月 7 日)》,载《山西政报》,第 58 页。

② 《江西省颁发土地房产所有证补充实施办法(1952 年 9 月 10 日省府第 136 次行政会议通过)》,载《江西政报》1952 年第 9 期。

③ 中共苏南区委员会农村工作委员会:《土地改革后土地买卖办法》(1951 年 11 月 2 日),江苏省档案馆,3006-永-146。

④ 《当代中国土地管理(上)》,第 54 页。

⑤ 中国社会科学院、中央档案馆:《1949—1952 年中华人民共和国经济档案资料选编·农村经济体制卷》,第 456—457 页。

应加一句'允许富农经济发展',下接'劳动雇佣自由……'"这表明了当时中央政府和华东局此时对农民间的土地、劳力和资金等生产要素的产权流动采取积极的保护和鼓励政策①。

自 1950—1952 年三年时间内,中南军政委员会连续颁发发展春耕生产十大政策。1950 年 4 月 18 日,中南区结合各地的土地改革进程指出,"保证谁种谁收,即今春谁种、秋间谁收。将来土改时,所有劳动农民的自耕土地,不分贫富,一律不动"。保证雇工自由"工资多少,由双方面议,政府农会不加限制"、借贷自由"有借有还,有本有利,利息由双方面议,禁止强迫借粮借款"、保障产权佃权"地主依法减租,农民依法交租。地主不得借故夺佃,不得变卖土地,农民不得抗交租粮"②。1951 年 4 月 1 日,中南区颁发《关于春耕生产工作的指示》,重点强调中共土地政策是鼓励人民发家致富,保护中农利益,保存富农经济。允许"人民雇工自由,敢于贷出多余粮款,敢于出租耕牛",还特别指出"不准地主租牛雇工耕田,无例外地不准地主出租土地"是不对的③。1953 年,中南区大部分地区已结束土改,进一步指出"保护各阶层人民的土地、财产私有权利及其劳动所得。凡农民在土地改革中已经分得的一切财产,一律归所得者个人私有,本人有经营、处理之自由权,任何人不得进行干涉或侵犯,违者依法惩办"。同时,"允许自由雇工,工资多少由双方面议。因劳动力缺乏而出租少量土地者,亦应保证其地租所得"④。

西北区根据新区群众情绪动荡不安的情况,及时颁布了"谁种谁收""自由雇工""自由借贷""合理负担"等奖励生产、提倡劳动的政策法令⑤。西南地区于 1953 年初完成土改,为鼓励农民的生产积极性,发出指示明确提出,"应着重宣传保护农民土地私有制的政策,巩固地团结中农的政策,允许富农

---

① 《华东局发展农业生产十大政策》,载中共中央文献研究室:《建国以来重要文献选编》(第二册),中央文献出版社,1992 年。

② 中南军政委员会:《关于发展春耕生产十大政策的布告(1950 年 4 月 18 日)》,载中南军政委员会土地改革委员会编印:《土地改革重要文献与经验汇编(上册)》,第 260 页。

③ 中南军政委员会、中共中央中南局:《关于春耕生产工作的指示(1951 年 4 月 1 日)》,载中国社会科学院、中央档案馆:《1949—1952 中华人民共和国经济档案资料选编·农村经济体制卷》,社会科学文献出版社,1992 年,第 454—460 页。

④ 中南行政委员会布告:《关于开展农业爱国增产运动的十项措施(1953 年 3 月 6 日)》,载中共中央中南局农村工作部编:《中南区农村工作资料汇编》,1954 年 10 月。

⑤ 西北农林部:《西北区 1950 年农业生产工作总结及 1951 年的展望(1952 年 2 月)》,载《1949—1952 中华人民共和国经济档案资料选编·农村经济体制卷》,第 461 页。

存在和在一定限度内发展的政策"①。

　　各地方政府根据各大区的政策精神,相继出台了更为具体的保护农民私有产权的实施细则,更加强调对农民的土地产权流动加以保护。1951年4月,河南省人民政府公布《农林生产十大政策》,提出保护地权产权,保证谁种谁收。已经完成土改地区,要确定地权产权,农民的土地财产,"政府一律予以保护,不受侵犯";土改尚未完成地区,继续贯彻减租退押政策,保障农民佃耕权,保证谁种税谁收,提倡农民间的临时雇佣短工。并规定"如原耕户愿意将既种之田地移交新得地户接种者,新得地户也应酌补原耕户所下的种子、肥料、人工、牛工等费用",实际上是承认了农民之间正常的租佃关系②。中共中央山东分局指出,"土改后新成立之典当关系,应承认其合法存在,不应与土改前之典当关系混同"③。1951年,山东省对土改后农民间的土地买卖、租佃和雇佣关系进一步作了更为详细的解读:凡实行土地改革的地区,"保护一切土地所有者自由出租其土地的权利",以照顾缺乏劳动力和从事其他职业者的土地经营。在业佃双方互利的基础上,租额由双方"自行议定"。倡导鼓励实行定租制并签订较长的租约,以保证农业生产的连续性。此外,对富农、地主出租土地也有特殊规定:富农出租的小量土地,"凡在土地改革中未予没收者,允许其继续出租",地主因劳动力不足或无劳动力者,经农民协会讨论,"允许其雇工耕种或出租其分得的土地一部或全部";规定"雇工自由,废除苛刻的待遇,……保障雇工的政治地位"④。

　　土改后,各阶层农民存在着不同程度的思想顾虑,如中农阶层对"谁种谁收"认识不足,富农怕劳动增产后提高成分,怕挨斗。针对此种情况各地要求大力宣传各大区发展生产十大政策,鼓励农民发家致富,如江西省要求各区乡

---

① 《当代中国》丛书编辑委员会:《当代中国的农业合作制(上)》,当代中国出版社,2002年,第191页。
② 《河南省人民政府公布农林生产十大政策(府农政字第7号)》,载《河南政报》1951年第4期,第32—33页。
③ 《关于土地改革中若干具体政策问题的意见》,载《封建土地制的覆灭:新中国成立初期山东的土地改革》,第144页。
④ 中共中央山东分局:《关于土地改革后农村土地租佃、买卖、雇佣关系办法的意见》(1951年10月25日),山东省档案馆,A001-01-42。

在代表会上宣传十大政策时应着重说明"雇工自由，借贷自由"。① 苏北老区强调：凡已确定地权，发放土地所有证之地区，"土地买卖应认为合法"。即是尚未确定地权之地区，因土地改革时间较长，"一般的买卖亦认为有效"②。作为新区，苏南区对农民间的土地买卖、租佃和雇佣关系均作了更为详细的规定，指出，农民之间因方便耕种而自愿调整的土地，应予承认，"不受任何限制"。除地主外，贫雇农、中农、富农及其他劳动人民所有的土地可以自由买卖。为保护佃户的权益，特别指出"出租土地出卖时，原佃户有买田的优先权，如为非原佃户买进者，买主应有履行原契约之义务，不得随便退佃"。为了防止大规模的土地买卖，要求"凡买卖土地在20亩以上者，不论属何阶层，均须经乡农民学会说明，呈报县以上人民政府批准，始得买卖土地"；关于农民间的雇佣关系，允许"凡从事农业生产的人们均有自由雇佣或出卖劳动之权利，由双方雇佣自由写上应否签订合同工资"，根据雇工之劳动强度与技能，并参照以往习惯，由双方协商合理的实物或货币工价，支付日期由双方议定。允许"雇工雇主均有解雇退约之自由，但须事先提出协商，如有劳动合同者，得依合同行事，在协议未妥前，任何一方不得藉故影响生产"③。针对土改后农民间的正常租佃关系停滞，退佃的甚至超过新建立的租佃关系的情况，苏州地委除了深入宣传中共中央和华东区相关政策外，对乡村干部进行教育，提高其认识④。

土改后各地由于十大政策贯彻不够，农民尤其是富农和富裕中农存在思想上的顾虑，怕雇工算剥削而提升成分，怕雇工不听自己指挥，因此不敢雇工，加上有的地方副业尚未打开销路，劳动力无出路，导致各地雇工工资下降。如常熟沙洲地区，过去忙工每工工资六七升米（老升），土改后仅三四升米（市升）。吴县等地工价虽仍然维持原价，但雇工的农户少了，因此有剩余劳动力

---

① 柯克明：《对土改工作与生产工作结合上的几点意见（1951年4月11日）》，载《1949—1952中华人民共和国经济档案资料选编·农村经济体制卷》，第463—464页。

② 苏北人民行政公署：《关于老区与曾经分配过土地的恢复区结束土地改革具体实施办法（1950年10月20日）》，载《1949—1952中华人民共和国经济档案资料选编·农村经济体制卷》，第239—240页。

③ 中共苏南区委员会农村工作委员会：《土地改革后土地买卖、雇佣办法》《土地改革后农村劳动雇佣关系暂行办法（1951年11月2日）》，江苏省档案馆，3006-永-146。

④ 中共苏州地委、农委：《关于土地改革后农村土地租佃关系的情况及意见》（1951年10月5日），江苏省档案馆，3006-永-149。

的贫雇农提出"要求政府检查富农土地耕种是否合格,希望政府动员他们雇工或动员他们出租"。为解决剩余劳动力出路问题,苏州地委一方面深入宣传华东区发展生产十大政策;另一方面,教育雇工搞好生产、提高耕作技术,并采用奖励制以鼓励雇工积极生产①。

　　上述各级政府鼓励地权交易和流动的措施某种程度上打消了各阶层农民的生产顾虑,使得农民敢于买地、出租和雇工经营,各地土地买卖、租佃关系有了恢复和发展。如安徽土改结束后(1951年),就开始发生个别买卖土地的现象,但当时大部是属于调换土地性质的。到1952年,随着"四大自由"言论的流行,自发的资本主义倾向有了市场,土地买卖的也日渐增多。群众反映说:"准许买田,有钱谁不买呀!"因此,当时只要有人卖田就抢着买。1953年贯彻了总路线以后,互助合作发展较好的村庄,土地买卖的现象基本上制止了②。尤其是阶级成分好的贫雇农对买地更无顾虑,河南襄县草寺乡在土地改革前买卖土地为数甚少,至1951年春,贯彻四大自由政策后,土地买卖现象急剧增多。

　　中南区湖南零陵地区廉勇乡中农反映:"过去听说共产党爱穷人,怕富了共产党看不上,这次见了十大政策,不是那样子,人人都可以发财","过去时怕土改动我的土地,如照十大政策分,我就安心了。"③湘阴绍梓乡经过宣传政策后,中农周宗铭说:"我从前相信谣言,有谷不敢借贷,怕说剥削,这一下就明白了,不怕了。"第二天就借出两担谷给贫农④。江西南昌县小蓝乡利用各种会议,深入广泛宣传中南区春耕生产十大政策,打破了农民的思想顾虑,"敲开了借贷、雇工之门"。全乡共有5户中农借出28担谷,解决了36户贫雇农缺种的困难。5户中农雇了长工,如中农罗富生请长工1个,中农罗三岩请

① 苏州地委、农委:《关于土改后农村雇佣关系的情况及意见》(1951年9月5日),江苏省档案馆,3006-短-364。

② 中共安徽省委农村工作部调查组:《肥西县竹西乡竹西、姚公两个选区的调查(1955年12月)》,中共安徽省委农村工作部办公室:《安徽省农村典型调查(1955年)》,第134页。

③ 中南局:《零陵各阶层对十大政策反映报告(1950年5月24日)》,载《1949—1952中华人民共和国经济档案资料选编·农村经济体制卷》,第460页。

④ 湖南省土地改革委员会:《一周工作汇报(1951年4月18日)》,载《1949—1952中华人民共和国经济档案资料选编·农村经济体制卷》,第460页。

长工2个①。尤其是"阶级成分好"的贫雇农对买地更无顾虑，河南襄县草寺乡在土地改革前买卖土地为数甚少，至1951年春贯彻四大自由政策后，土地买卖现象急剧增多。雇农王天宝原有地6亩（系地主在解放时送给他的），解放后不久（土地改革前）又买进6亩，土地改革后又接连买地9亩，他打算买到30亩，他认为："只要我不偷人家的，我买地看能吓着！"②当然，由于政策宣传多数是教条性的，群众仍或多或少地存在着"怕冒尖""怕负担重"等问题，真正毫无顾虑地买地、出租和雇工的农民尤其是富裕农民仍是少数。

三、土地产权私有—公有：合作化运动中的土地制度变迁

新中国成立初期，伴随着重工业优先发展战略的提出、农村生产力的恢复和中共意识形态中"社会主义"价值和"计划经济"思潮逐渐成为主流，党的指导思想和政策基础开始转向关注农民个体经济的不稳定性和两极分化。中共中央对农民个体经济的政策逐渐由强调保护和鼓励其积极性逐渐转变为重点防止农村"自发资本主义"倾向，因此对农民间的土地买卖、典当、租佃和雇佣关系的政策逐渐发生变化。随着过渡时期总路线的正式提出和合作化运动的快速推进，以毛泽东为首的中共领导人开始对以鼓励农民发展个体经济、发家致富为主旨的"四大自由"的范围进行限制和批判。伴随着农业集体化高潮的到来，农民的土地和劳动力等私有财产权逐渐残缺并最终通过加入高级社和人民公社，彻底否定和消除了农民间的地权交易③。

土地改革后，以农民土地产权私有为特征的个体经济逐渐占居农村主导地位，其基本运行格局是以家庭为基本生产单元，运用个体占有的土地等生产

---

① 《南昌县小蓝乡的农村经济情况》，载中南军政委员会土地改革委员会调查研究处：《中南区一百个乡调查资料选集（生产部分）》，编者刊，1953年，第156页。

② 《曹寺乡土地改革后农村经济情况》，载《中南区一百个乡调查资料选集（生产部分）》，第27页。

③ 关于新中国成立初期的农业合作化运动，学界研究可谓成绩斐然，主要围绕合作化运动的历史动因、中共领导人之间围绕合作化的三次争论、农民心态、退社风潮和合作化绩效等问题展开研究。见叶扬兵：《农业合作化运动研究述评》，《当代中国史研究》2008年第1期；佘君：《近十年来关于农业合作化运动的研究综述》，《毛泽东思想研究》2003年第1期；王雅馨：《建国初期农业合作化运动研究述评》，《理论月刊》2013年第10期。

要素进行农副业生产。土改后以一家一户为生产单位的个体农民拥有的土地、劳动力等生产资料更加分散,难以依靠各自成套。部分翻身农民缺乏农具、耕畜等生产资料,部分无劳力或丧失劳动力的贫弱孤寡户靠自身力量无法解决在农业生产尤其是农忙季节中的困难。在党和国家的大力提倡下,有着悠久历史传统的"插犋""换工"等生产互助形式逐步在全国展开。其中东北、华北等革命老区互助合作运动发展比较快,1949 年秋,老区半老区参加互助组的农户占总户数的 50% 左右。自愿互利原则下的互助组某种程度上可以解决个体农民单家独户难以克服的生产困难,在提高农民劳动效率、改进耕作技术、改善生产条件、扩展农民生产领域和进一步增加农民收入等方面均有比较优势,因而受到农民群众的欢迎。据 1950 年统计,全国入组户数占农户总数的 11%,1951 年参加互助组的农户占农户总数的 18%,其中大部分分布于老区,如东北区为 57.3%,华北区为 38.6%,西北区为 20.5%,华东区为 11.6%(其中山东省为 35%)、中南区为 13.1%(其中河南省为 34.5%)①。

随着农民个体经济普遍上升,东北、华北等老区普遍出现了农民"要求向上发展"的各种不同的表现:如中农在农村中开始成为多数,部分贫困农民失去牲畜和土地,部分农民因从事其他职业而出卖、出租土地。部分农民上升为富裕中农甚至成为新富农。部分经济上升快的农民"单干"思想浓厚,导致老区互助组呈现涣散、萎缩状态。因此,中共对农民间土地、劳动力等要素流转的政策变化首先从这些地区开始。1950 年初,党内领导人之间围绕东北和山西老区如何对待农民个体经济展开两次论争,毛泽东主张发展各种以私有财产为基础的农业生产互助合作组织,以防止老区农村出现"两极分化"和"资本主义自发趋势"。毛泽东倡议的 1951 年秋第一次全国性的互助合作会议就是在此形势下召开的,会议起草的《中共中央关于农业生产互助合作的决议(草案)》重申了《共同纲领》"保护农民已得土地的所有权"的规定,指出不能忽视和挫伤农民发展个体经济和劳动互助的积极性,同时也规定"片面地提出'发家致富'的口号,是错误的",关于部分地区存在的互助合作组织内雇工问题,《决议》指出在农业互助组和农业生产合作社内部,"不允许组员或社员雇长工入组入社,不允许互助组和合作社雇长工耕种土地。允许为生产需要,

---

① 《当代中国的农业合作制(上册)》,第 99—100、105 页。

雇请短工、牧工和技术人员"①。此时,由于广大新区的土改或正在进行或刚刚结束,中共中央在宏观政策上依然以鼓励个体农民间土地买卖、典当、租佃自由为主导方向,但在互助合作组织内开始逐步限制农民间的土地产权流动,如不允许小土地出租者参加互助组②。

过渡时期总路线提出前后到集体化高潮前,中共中央和各级政府始终宣布在法律上允许土地买卖、租佃和雇佣关系合法存在,但却更加强调通过开展互助合作运动及办合作社加以限制。前述有关"四个自由"的政策,从1951年春正式颁布起直到1953年春,中共在政策层面均允许其合法存在。如1953年3月中共中央《关于春耕生产给各级党委的指示》中明确提出"在农村中取消雇佣自由、借贷自由"的提法既不符合农村现实也对恢复和发展生产不利③。4月,在全国第一次农村工作会议上,中共领导人对"四大自由"的态度开始发生变化。时任中共中央农村工作部部长邓子恢在总结报告中虽然不禁止"四大自由",如他认为对缺乏劳力的农户出租土地或雇请短工、劳动人民之间互助互利的借贷、互通有无的交易等不可采取绝对否定的态度,但却更加强调自由的范围很小。9月,东北地区辽西绥中县在王宝山村、新立村调研中指出,由于党的政策宣传"借贷:双方自愿,利息不限制;雇佣:劳动不过来,随便雇人;土地租佃:双方面议,租额不限制;土地买卖:除地主、富农以外,买卖都不限制",从而引起了小农经济的自发趋势,因此对农村中的借贷、雇佣等应"有所限制",尤其是对土地租佃、买卖"应有所控制"。中共中央农村工作部的批示是"报告很好",并进一步指出通过宣传、组织互助合作运动来"防止这种偏向"④。同年10月,毛泽东在关于合作化问题的谈话中表示,通过合作社来阻止农民卖地,"要合作社,要大合作社才行"。在11月的谈话中,进一步指出"私有制要逐步变为不合法"⑤。毛泽东关于合作化运动的两次谈话

---

① 国家农业委员会办公厅:《农业集体化重要文件汇编(上册)》,第10—12、37—44页;薄一波:《若干重大决策与事件的回顾(上卷)》,人民出版社,1997年,第205、191—198页。
② 1952年7月16日西南局上报中央的文件中提出:"小土地出租者无论有劳动力或无劳动力,只要不从事农业劳动,而仅以土地参加互助组,原则上不应允许其参加互助组。"中共中央批转对西南局的回复中,肯定上述西南局的意见,并把此决定转发于中南、华东、西北各局参考。见《农业集体化重要文件汇编(上册)》,第43、61—62页。
③ 《农业集体化重要文件汇编(上册)》,第122页。
④ 《农业集体化重要文件汇编(上册)》,第172—181页。
⑤ 《农业集体化重要文件汇编(上册)》,第198、202页。

内容成为 1953 年底召开的第三次互助合作会议的基本原则,会后合作化运动由以互助组为中心转为以农业生产合作社为中心,全国掀起了大办农业生产合作社的高潮。

此时,各级政府对于个体农民间的土地买卖现象,虽然不做法律上的禁止,但在实际工作中却更倾向于通过合作化运动和税契等方式加以限制。1953 年底,党内通讯社关于西北区农民写信询问"是否允许土地自由买卖"的问题答复中,一方面坚持"目前法律上不禁止土地买卖,并且只要土地私有制存在,土地买卖也不会完全绝迹",同时又指出"要通过各种经济手段加以限制",而这种限制的"最基本最积极的方面",在于"积极开展互助合作运动,把农民组织到生产、供销、信贷等合作组织里边,发挥集体互助的作用,解决困难,避免剥削、发展生产、改善生活,这是防止农民破产卖地、改变小农的贫困状况、保证农民走向富裕生活的根本工作"。1953 年 12 月,西北局肯定党内通讯社上述意见的同时,进一步提出允许农民为了生产方便而相互调换远近土地和好坏土地。而对部分农民因为生活困难而出卖土地的现象,强调"应引起农村党组织和所有干部的注意,大力予以防止,不注意防止就是听任农村资本主义的滋长,是错误的"。1954 年 8 月,中共中央回复西北局来电中,肯定了西北局及党内通讯社对这一问题的意见①。

当然,直到 1954 年下半年,国家在宪法层面上依然承认农民土地产权私有,如《中华人民共和国宪法》第八条规定:"依照法律保护农民的土地所有权和其他生产资料所有权。"②同时,指示各级地方政府在处理土地买卖时要严格审批土地转移手续:首先报请乡人民委员会审核,转报区公所或区人民委员会批准,并出具区工所或区人民委员会的介绍信,始得办理契税手续③。对于合作社内部的雇工、出租、放债等行为也明确禁止,"农业生产合作社不许雇佣长工、出租土地、放债取利、进行商业剥削,也不许社员带雇工入社"④。

① 中共江苏省委办公厅:《中共中央关于"西北局关于目前是否允许土地自由买卖问题的意见"的指示》(1954 年 8 月 27 日),江苏省档案馆,3011-长-93。
② 第一届全国人民代表大会第一次会议通过《中华人民共和国宪法》(1954 年 9 月 20 日),载中国人民解放军国防大学党史党建政工教研室编:《中共党教学参考资料》,第 20 册,国防大学出版社 1986 年内部出版发行,第 378 页。
③ 中华人民共和国国务院:《关于农村土地的转移及契税工作的通知》(1955 年 5 月 7 日),浙江省档案馆,J123-18-40。
④ 《农业集体化重要文件汇编(上册)》,第 480 页。

1955年10月召开的党的七届六中全会上,毛泽东进一步对邓子恢"四大自由"的右倾提法进行批评,认为其是"是资产阶级性质的纲领,资本主义性质的纲领",对于雇工、贸易、信贷、租地不加限制的"四大自由"应改为"四小自由",要准备条件,把"这个小自由搞掉"①。1955年的"三个会议一部书"(15个省自治区书记会议、省市自治区书记联席会议、党的七届六中全会和《中国农村的社会主义高潮》)强调加快合作化的步伐,大力提倡高级社和大社。1956年1月,中共中央政治局《1956年到1967年全国农业发展纲要(草案)》规定在一两年内大部分地区都要实现高级合作化②。随后,农业合作化步伐大大加快。1955年底加入合作社的农户占全国农户总数的比重由年中的14.2%增加到63.3%(其中高级社农户占全国农户总数的比重由年中的0.033%增加到4%)。1956年3月,入社农户占总户数的比重一跃而为90%(初级形式的农业合作社基本实现,高级社社员占全国农户总数的55%,有的省市甚至超过85%)。4月底,中共中央宣布全国基本实现农业合作化。1956年底,高级社农户已占全国农户总数的88%,1957年元旦,中共中央正式宣布全国基本实现高级农业合作化③。

针对农民浓厚的土地私有传统,在推进合作化运动中,中共领导人一开始并不主张直接改变农民土地产权的方式。而是通过发展农业生产合作社逐步降低土地报酬,来限制和消除农民土地产权。1954年8月,中央农村工作部指出,对农民土地不宜采取直接改变所有权的方式,而是"随着生产的逐步发展而逐步降低以至最后废除土地报酬",此时"土地私人占有的作用与意义就根本上发生变化"④。此时,中共通过发展农业生产合作社来限制和消除农民土地产权私有的指向性更加明显。《农业生产合作社示范章程草案》第三章关于土地报酬专门有详细的规定,如"土地报酬低于农业劳动报酬""土地报酬由合作社议定固定的数量,不随着全社会生产的发展而增加"。土地报酬固定数量而不固定比例,长时段内,随着农业生产的逐步增长,土地报酬固定数量而不固定比例,土地报酬在分配中所占的实际比重会逐渐降低,同时逐渐

① 《当代中国的农业合作制(上)》,第348—349页。
② 《若干重大决策与事件的回顾(上)》,第399—400、529页。
③ 《当代中国的农业合作制(上)》,第376、378、385页。
④ 《农业集体化重要文件汇编(上册)》,第256页。

降低社员对土地报酬的重视程度,由初级社渐进为高级社、取消土地报酬自然水到渠成,不会引起震动。但是《章程》的这一规定不久被迅猛发展的高级合作社所突破,过早地取消了土地报酬①。1956 年 6 月第一届全国人民代表大会通过的《高级农业生产合作社示范章程》进一步指出"社员的私有土地连同其他生产资料一起转为合作社集体所有,取消土地报酬"②。至此,通过高级社实现了土地公有化,进而彻底取消了农民间土地产权流动的合法性。

在快速推进的合作化运动中,入社土地报酬过低和过早取消土地报酬,引起了各地农民不满。根据湖北 23 个典型社的统计,土地报酬一般占常年应产量的 40%左右,占实产量的 30%左右。社员对土地报酬普遍思想顾虑是怕逐年降低,以致取消土地报酬。田地占有多的中农和家大口阔而缺乏劳动力的贫农思想顾虑更大,怕光凭劳动力的收入难以维持生活。有些社员误认为1957 年就到了社会主义,就取消土地报酬。群众说:"土地是 1955 年分红,1956 年减少,1957 年取消。"恩施山区由于旱地土地报酬偏低和粮食统购影响,以及山地请工耕作比较困难,群众献田、荒田的现象很多。恩施县滴水岩乡阳光社旱地报酬 15%,该社 3 户农民(中农 1 户、富裕中农 1 户、富农 1 户)共献田 54.13 亩,全乡有 18 户农民荒田 322.9 亩。在人多地少、劳力有剩余的丘陵地区,虽然土地报酬的比例并不算太低,但因社外剩余劳动力多,社外工资很低,特别是互助组工资更低,因此许多田地和劳力占有不平衡的社员入社以后减产很多,引起社内中农情绪动摇不稳。孝感县同心社 1954 年分配是按土地四八,劳力五二比例分红,结果全社 15 户社员(内中农 4 户)中,7 户减产,内有 5 户贫农,2 户中农。这些户都是土地占有超过全社劳力平均负担水平的 20%以上(全社平均每个劳力是 7.5 斗、他们均在 9 斗以上)③。人多田少地区的土地报酬偏低,纷纷引起入社农民的不满,如江西谢家乡黄星农业社,每亩土地只得报酬 122 斤,比当地租额低 13.3%。石门乡青峰农业社,社员程先海入社水田 5.74 亩,所得报酬除交公粮外只剩 180 斤谷子,因此曾一

① 《当代中国的农业合作制(上)》,第 356—357 页。
② 《农业集体化重要文件汇编(上册)》,第 567 页。取消土地报酬后,由于农业增收缓慢,部分地多劳力少的富裕中农增长缓慢,甚至收入减少,而部分老弱病残贫困户因不能从增长的收入中得到补偿,也不能从为数不多有限的公益金得到照顾,导致生活发生困难。
③ 《湖北省农村调查(1955 年)》,载《八个省土地改革结束后至 1954 年的农村典型调查》,第89 页。

度要求退社。石门乡青峰农业社一些老中农反映土地报酬不够交公粮，老中农胡昌大说："干脆我把土地送给社里，我不要土地报酬省得一件事。"①

四、农民间的土地产权流动变化趋势：
土改结束后至集体化高潮前

土改结束后，伴随着中共土地制度变迁由确保土地产权私有——鼓励产权交易自由——通过合作化限制、禁止农民产权流动的剧烈变迁，农民间的土地产权流动总体上呈现先增后减的趋势。

和土改结束时相比，山西省20个典型调查乡1952年买地户数和买入土地数分别增加了12.32倍和13.82倍，卖地户数和卖出土地数分别增加了11.67倍和12.09倍，买卖土地户数占总户数的比重分别增加了12.04个和8.5个百分点。而1954年和1952年相比，买卖土地户数绝对值和占总户数的比重均大幅下降，其中买地户数和买入土地数分别下降了57.06%和50.69%，卖地户数和卖出土地数分别减少了57.5%和60.24%。买卖土地户数和土地数占总调查户数和土地数的比重均减少60%以上②；作为革命老区，河北省12个典型调查村1950—1953年四个调查年度内，买卖户数和土地数均呈先增后减再增的趋势。和1950年相比，1951年买地户数和买入土地数分别增加了112%和222.53%，卖地户数和卖出土地数分别增加了95.83%和144.19%。1952年和1951年相比，买入户数和土地数分别减少了24.53%和45.98%，卖出户数和土地数分别减少了7.45%和30.37%。1953年土地买卖规模又开始增加③；1949—1954年四个调查年度内，热河省5个典型调查村买地户数呈先增后减再增趋势，卖地户数呈先减后增趋势，买卖土地户数分别增加了271.43%和233.33%，买卖土地数却均呈递减趋势，买卖土地分别减少

①　《江西省农村调查（1956年3月1日）》，载《八个省土地改革结束后至1954年的农村典型调查》，第167页。

②　中共山西省委农村工作部编：《土地改革结束时期·1952年·1954年山西省20个典型乡调查资料》（1956年8月），江西省档案馆，第6805号。

③　河北省财政厅编印：《河北省农村经济情况典型调查资料》（1955年10月），河北省档案馆，F327-2-C2。

了 67.37% 和 71.89%①;中南区的河南和湖南土地买卖关系均呈递增趋势,
1952—1953 年,河南省 9 个典型调查乡土地买卖关系呈递增趋势,买卖土地
户数分别增加了 76.92% 和 14.29%,买卖土地数分别增加了 89.98% 和
51.59%②。1952—1954 年,湖南省 9 个典型调查乡买卖土地户数分别增加了
25% 和 80%,买卖土地数分别增加了 81.13% 和 41.41%③。1952—1954 年江
西省 9 个典型调查乡土地买卖关系亦呈先增后减趋势。1954 年和 1952 年相
比,买入户数和土地数分别增加了 91.67% 和 152.05%,卖出户数和土地数分
别增加了 14.29% 和 59.43%。1955 年和 1954 年相比土地买卖关系开始下
降,买入户数和土地数分别减少了 43.48% 和 36.01%,卖出户数和土地数
别减少了 66.67% 和 62.33%④。广西省 10 个典型调查乡 1954 年比 1953 年
买入户数和土地数分别增加了 125.71% 和 192.96%,卖出户数和土地数分别
增加了 91.67% 和 97.1%⑤;华东区安徽省情况略有不同,10 个典型调查乡土
改结束后,1952 年、1954 年三个调查年度内,买入土地户数和土地数呈递增趋
势,卖出却呈先增后减趋势。其中买入户数和土地数分别增加了 22.75 倍和
34.59 倍,卖出户数和土地数分别增加了 26.33 倍和 53.21 倍⑥。

　　总体而言,土改结束后各省典型调查乡(村)土地买卖关系呈递增趋势,
除了河南、湖南、广西三省只有两个调查年度的数据显示增加趋势外,其余各
省均有三个或三个以上的调查年度数据,尽管变化趋势呈现先增后减,但多数
省最后调查年度(集体化高潮前一年)的买卖户数和土地数均比第一个调查
年度高,如山西省 1954 年买入户数和土地数比土改结束时分别增加了 5.29
倍和 6.81 倍,卖出户数和土地数分别增加了 4.96 倍和 4.81 倍。河北省 1953

①　中共热河省委农村工作部:《1954 年农村经济情况调查表》(1955 年 2 月 20 日),河北省档案
　　馆,684-7-46。
②　中共中央中南局农村工作部:《中南区 1953 年农村经济调查统计资料》(1954 年 7 月),湖北
　　省档案馆,SZ-J-517。
③　湖南省委农村工作部:《各乡 1952—1954 年经济情况调查分析表》(1955 年),146-1-204,
　　146-1-205,146-1-272,146-1-176,146-1-197,146-1-246,146-1-153,146-1-165 等卷宗
　　整理。
④　江西省委调研组:《关于全省(9 个典型乡)经济调查综合表》(1956 年),江西省档案馆,
　　X006-2-13。
⑤　《广西省农村调查》,载《八个省土地改革结束后至 1954 年的农村典型调查》,1958 年,第
　　263 页。
⑥　中共安徽省委农村工作部办公室:《安徽省农村典型调查(1955 年)》等档案资料数据汇总。

年比 1950 年买入户数和土地数分别增加 106% 和 153.23%,卖出户数和土地
数分别增加 110.42% 和 155.56%。有的省买入土地增加、但卖出土地减少,
如江西省 1955 年比 1952 年买入户数和土地数分别增加 8.33% 和 61.28%,卖
出户数和土地数分别减少 61.9% 和 39.94%(见表 1-4)。

表 1-4　各省典型调查乡(村)土地买卖、租佃关系变化表

省份		买地		卖出		出租		租入	
		户数	土地数	户数	土地数	户数	土地数	户数	土地数
山西	1954 年比土改结束增减%	5.29	6.81	4.96	4.81	182.86	173.81	535.71	555.01
河北	1953 年比 1952 年增减%	28.75	45.35	16.09	51.2				
	1953 年比 1950 年增减%	106	153.23	110.42	157.07				
热河	1954 年比 1949 年增减%	271.43	-67.37	233.33	-71.89				
河南	1953 年比 1952 年增减%	76.92	89.98	14.29	51.59				
湖北	1954 年比 1952 年增减%					17.57	1.7	35.55	39.57
湖南	1954 年比 1952 年增减%	25	81.13	80	41.41	54.84	17.73	22.8	-7.96
江西	1954 年比 1952 年增减%	91.67	152.05	14.29	59.43	16.24	22.91	32.63	15.55
	1955 年比 1954 年增减%	-43.48	-36.01	-66.67	-62.33	-33.05	-25.82	-46.12	-28.62
广西	1954 年比 1953 年增减%	125.71	192.96	91.67	97.1	14.84	24.76	12.45	21.88
广东	1953 年比 1952 年增减%					-1.95	-65.83	-42.03	-79.65
安徽	1954 年比土改结束时增减%	22.75	34.59	26.33	53.21	23.38	11.47	39.59	44.52
	1954 年比 1952 年增减%					2.52	-8.13	20.67	25.28
福建	1954 年比土改结束时增减%					70.33	64.27	123.59	146.44

　　土改结束至集体化高潮前各地典型调查乡(村)土地租佃关系亦多数呈增加趋势。如表 1-4 所示,土改结束后、1952 年、1954 年三个调查年度内,山西省典型调查乡土地租佃关系一直呈递增趋势,1954 年和土改结束时相比,出租户数和土地数分别增加 182.86% 和 173.81%,租入户数和土地数分别增加了 535.71% 和 555.01%,出租和租入户数占总户数的比重分别增加了 2.97个和 4.77 个百分点;1952 年、1954 年两个调查年度内,湖北省 12 个典型调查乡出租户数和土地数分别增加 17.57% 和 1.7%,租入户数和土地数分别增加了 35.55% 和 39.57%;1952 年、1954 年两个调查年度内,湖南省发生租佃关系的户数和出租土地数均有所增加,而租入土地数减少。其中出租户数和土地数分别增加了 54.84% 和 17.73%,租入户数增加了 22.8%、租入土地数减少了 7.96%;江西省 1952 年、1954 年、1955 年三个调查年度内土地租佃关系呈先增后减趋势,其中 1954 年比 1952 年出租土地户数和土地数分别增加了 16.24% 和 22.91%,租入土地户数和土地数分别增加了 32.63% 和 15.55%。1955 年比 1954 年出租土地户数和土地数分别减少了 33.05% 和 25.82%,租入土地户数和土地数分别减少了 46.12% 和 28.62%,1955 年和 1952 年相比,土地租佃率也是下降的;广西省典型调查乡 1953 年、1954 年两个调查年度内,出租土地户数和土地数分别增加了 14.84% 和 24.76%,租入户数和土地数分别增加了 12.45% 和 21.88%;广东省 12 个典型调查乡 1952 年、1953 年两个调查年度内,土地租佃关系呈递减趋势,出租户数和土地数分别减少了 1.95% 和 65.83%,租入户数和土地数分别减少了 42.03% 和 79.65%[①];安徽省调查乡土改结束后,1952 年、1954 年三个调查年度内,土地租佃关系总体呈递增趋势,其中 1954 年和土改结束相比,出租户数和土地数分别增加了 23.38% 和 11.47%,租入户数和土地数分别增加了 39.59% 和 44.52%。1954年和 1952 年相比,除了出租土地数减少 8.13% 外,发生租佃关系的户数和租入土地数均有所增加;福建省 8 个典型乡土改结束后,1954 年两个调查年度内,土地租佃关系也是呈递增趋势,出租户数和土地数分别增加了 70.33% 和 64.27%,租入户数和土地数分别增加了 123.59% 和 146.44%。可见,各省土

---

① 《12 个典型乡借贷、雇佣、租佃等关系及商业活动情况的调查》,载中共中央华南分局农村工作部:《广东省农村经济调查(第一部分)》,1954 年,广东省档案馆,204-5-68,第 33 页。

地租佃关系除了广东省呈递减和江西省呈先增后减趋势外,其余各省均呈递增趋势。

新中国成立初期的土地改革尽管确定了农民土地产权个人所有制,但在经济层面上没有从根本上改变传统的小农经营方式,也无力控制农村的各项生产要素和资源。因此随着农村经济的恢复与发展,不可避免出现所谓的"两极分化"和资本主义自发趋势现象。在中共革命逻辑的基础上,土改后的集体化运动便成为消除两极分化的重要途径。因此,在短短几年时间内,中共强制性土地制度变迁经历了从保护农民土地产权私有—采取各种措施提倡鼓励农民土地交易自由—合作化运动中逐渐限制直至禁止土地交易的剧烈变化。

国家层面的土地制度变迁最终决定了农民间土地产权交易的主体、方向、规模和终结时间。伴随着中共土地制度变迁的变化,农民间的土地产权流动总体上呈现先增后减并最终消亡的趋势。与此同时,从中共历史文献和各地农村调查资料中可以看出,强制性土地制度变迁中的农民并不是在"国家—社会"框架下单纯地采取"冲击—反应"式应对策略,而是基于乡村实践的具体情境开展各种地权交易。随着互助合作运动的快速推进,诸如河南、湖南、广西、福建等省典型调查乡的土地买卖、租佃关系并没有随着政策的限制而减少,反而一直呈递增趋势,这不能不说乡村实践中农民间的土地产权流动规模和发展趋势并不是完全受限于国家的强制性制度约束。其中一个非常重要的原因是,土改结束后农民土地产权私有基础上的互助组和初级合作社多数遵循自愿原则,由经济生产水平相近的农户自愿组合互助,无劳力或缺乏劳力的贫弱孤寡户以及缺乏农具、耕畜等生产工具的贫困农户多数被排除在互助组和初级社之外,这部分被排除在组、社外的农户因无劳力、缺乏劳力或不善经营等困难,不得不出租和卖出部分土地,相应的部分劳动力强和生产工具齐全、善于农业经营的农户买入和租入这部分土地。因此,土改结束后至集体化高潮前,各地农村普遍存在着一个广泛的地权交易市场。

第二章　自然人文生态环境与地权交易：
零细化与差异化

　　传统乡村社会中,特定的自然生态环境构成影响生产布局和农民生产方式的关键性因素。斯波义信在研究宋代江南经济史时引入"生态系"作为考察依据,他指出,经济史研究"在于探明经济活动及其在基层环境诸条件之间的复合的关联问题"[①]。近年来,越来越多的学者开始关注生态环境与地权分配、农民地权交易行为选择之间的内在关联性。国内学者如张佩国认为自然环境中地质、地形、气候、河流等因素"对于地权分配的影响甚为明显"[②]。夏明方通过对近代以来的自然灾害进行系统研究,认为由自然灾害引发的生态环境变迁对中国地权分配制度和地权转移产生了影响[③]。胡英泽梳理了学界关于灾荒与地权关系的"兼并说""分散说"等观点,通过梳理黄河滩地鱼鳞册,提出了灾害与地权分配关系的"停滞说"[④]。王福昌认为土地的生态类型与租佃关系有着紧密的联系[⑤]。学者还从不同的区域生态入手,提出各种地域模式,如"关中无地主""关中无租佃"的关中模式,土地租佃发达但佃主多为中小地主的苏南模式,而自耕农大量存在的华北地区和租佃土地多、公田多、分成租多、土地流转快的赣闽边地区也分别代表了两种不同的土地租佃模式[⑥]。

---

① ［日］斯波义信:《宋代江南经济史》,江苏人民出版社,2012 年,第 174 页。
② 张佩国:《地权分配·农家经济·村落社区:1900—1945 年的山东农村》,齐鲁书社,2000 年,第 3 页。
③ 夏明方:《对自然灾害与旧中国农村地权分配制度相互关系的再思考》,载《自然灾害与中国社会历史结构》,复旦大学出版社,2000 年;郑磊:《民国时期关中地区生态环境与社会经济结构变迁(1928—1949)》,《中国经济史研究》2001 年第 3 期。
④ 胡英泽:《灾荒与地权变化——清代至民国永济县小樊村黄河滩地册研究》,《中国社会经济史研究》2011 年第 1 期。
⑤ 王福昌、罗莉:《明清以来闽粤赣边租佃制度的激变及其生态根源》,《农业考古》2009 年第 1 期。
⑥ 秦晖:《田园诗与狂想曲——关中模式与前近代社会的再认识》,中央编译出版社,1996 年,第 48—56 页;曹幸穗:《旧中国苏南农家经济研究》,中央编译出版社,1996 年,第 224—226 页;黄宗智:《华北的小农经济与社会变迁》,中华书局,2000 年;温锐:《清末民初赣闽边地区土地租佃制度与农村社会经济》,《中国经济史研究》2002 年第 4 期。

上述研究主要集中在前近代和近代社会,对新中国成立初期自然人文生态因素与农村地权分配和地权交易关系方面的研究着墨较少。新中国成立初期的 20 世纪 50 年代,尽管当时中国的政权统治模式发生了更迭,但生态环境仍是影响农民地权交易行为的重要因素。本章以新中国成立初期大量的档案资料为基础,分析自然生态因素对农民家庭地权交易行为选择的重要影响路径。

一、零细化:新中国成立初期地权交易的自然生态特性

土地零细化是指发展中国家在农业现代化过程中普遍存在的户均耕地过少、土地支离破碎、条块分割、界垄繁冗的现象①。学界对历史上地权转移的高频率和零细化成因的解释较多,主要集中探讨诸如自然生态影响、人地关系、诸子均分制、商品经济发展、土地分割出售、小农经济普遍贫困等方面的成因②。但相关研究在时间段上多集中于古代和近代农村社会,对解放战争时期至集体化高潮前地权交易中的零细化现象较少涉及。

(一)近代以来农田的零细化现象

长期以来,中国传统农业土地制度中最重要的特点之一就是“农田的零星分割”。赵冈认为,农田零星分隔的现象,“至南宋时已明显出现”。明清时

---

① 关于传统农村土地的零细化问题,民国时期学者如卜凯、陈翰笙、李景汉(土地买卖规模小)、费孝通、杨懋春、张闻天等进行农村社会经济调查时,对此问题有所关注。见卜凯:《中国的土地利用》,金陵大学出版社,1937 年;陈翰笙:《现代中国的土地问题》,载《解放的中国农村》第二辑;李景汉:《定县社会概况调查》,上海人民出版社,2005 年;费孝通:《江村经济》,商务印书馆,2001 年;杨懋春:《一个中国村庄:山东台头》,江苏人民出版社,2001 年;张闻天:《张闻天晋陕调查文集》,中共党史出版社,1994 年。
② 赵冈:《传统农村社会的地权分散过程》,《南京农业大学学报》2003 年第 2 期;史志宏:《20 世纪三四十年代华北平原农村的土地分配及其变化》,《中国经济史研究》2002 年第 3 期;[美]费正清主编:《剑桥中华民国史》,上海人民出版社,1991 年,第 85—86 页;曹幸穗:《旧中国苏南农家经济研究》,中央编译出版社,1996 年,第 43—48 页;凌鹏:《近代华北农村经济商品化与地权分散》,《社会学研究》2007 年 5 月;胡钢:《明清时期土地市场化趋势的加速》,《古今农业》2005 年第 2 期;刘克祥:《永佃制下土地买卖的演变及其影响》,《近代史研究》2012 年第 4 期;李金铮:《相对分散与较为集中:从冀中定县看近代华北平原乡村土地分配关系的本相》,《中国经济史研究》2012 年第 3 期。

期,同一业主土地分散各乡甚至是分散在不同县境内的情形已成"定局"①。卜凯在 20 世纪 20—30 年代对中国 22 个省份的农村典型调查中发现,每一农场平均有五六个田段,这些田段不但互相不毗连,而且距离甚远②。据社会学家李景汉对定县调查,每个农户所种之地分为数块,甚至于十余块,散布于村之各方。地块距家之远近多在二里之内,亦有距三四里者。他于 1928 年在一村调查了 200 户农家,其中以有 6 块田地的为最多计 26 家,其次 9 块者计 25 家,有的农户田块分 20 块散布于各处。不仅每家田地块数很多,且每块之面积亦颇小。200 户农家共有田亩 1552 块,平均每块 4.2 亩。其中不满 5 亩一块者计 1070 块,占所有块数的 69%,且其中不满 1 亩者计 49 块,1—1.9 亩者计 233 块,2—2.9 亩者计 329 块,3—3.9 亩者计 250 块,4—4.9 亩者 209 块③。山东省的耕地长期以来也一直被分割成很多细小的碎块,"一个农民或一个家庭往往拥有的并不是一整块的农田,而是分散在很多地方的小块农田",农民从村庄的住处到其耕地要走长短不一的路,因此在田地里有众多的小路和小径。在夏季或收获季节,"田地看上去就像许多不同颜色的小邮票错落有致地排列在一起"④。

根据卜凯的研究,由于自然生态环境和作物耕作制度的差异,北方土地利用(或小麦区)平均规模是南方(即水稻区)的三倍以上,小麦区农场的平均田块数目是每农场有 8.5 块,水稻区每农场的田块数则高达 14 个。换言之,水稻区的田块面积要小得多。如长江中下游地区山区和丘陵地多开垦山坡地辟为梯田,每个田块相当于山坡上的一个台阶,面积自然不大。此外,梯田作为水稻田,在稻米的生长季节中水田中要蓄水,而且水的深度在整个田块中大体一致,这就需要田面要基本水平,而这在较大的田块中很难做到。吴江县开弦弓村每家都有 3—7 条相隔甚远的几条带状田地,"从一条地带到另一条地带,有时要乘船 20 分钟",这些分散的地带大多数"不超过 1—2 亩",极少有面积在 6 亩以上的⑤。

① 赵冈:《农地的零细化》,《中国农史》1999 年第 3 期。
② 赵冈:《历史上的土地制度与地权分配》,中国农业出版社,2003 年,第 63 页。
③ 李景汉:《定县社会概况调查》,上海人民出版社,2005 年,第 579—580 页。
④ 杨懋春:《一个中国村庄:山东台头(中译本)》,江苏人民出版社,2001 年,第 16—17 页。
⑤ 费孝通:《江村经济》,商务印书馆,2001 年,第 170—171 页。

中共领导下的革命根据地,土地零细化的现象依然存在。如张闻天主持调查的陕甘宁边区神府县,该县地处西北黄土高原,高山和深沟纵横交错。中共分别于 1933 年和 1936 年在此进行过两次土地革命,8 个典型调查村的土地种类、数量和区位分布极不平衡,除了靠近神木河的贺家川、孟家沟在河两旁有狭小的川地,其他村庄都在山上或山沟里。"为平均分配一切土地起见",在贾家沟等有少量的园地与平地的村子,土地分得比较散,块数也比较多。如贾家沟山地不够,从 15—25 里外的刘家宏、韩家园贾家新庄子等村共分进 379 垧地,户均 7 块土地。这种平均分配一切土地的办法,虽然是"农民们平均主义的最高理想之体现",但对于农民们的小生产说来,"也当然不很便利"[①]。为解决耕种上的困难(农民土改中分得的土地距离居住地较远且不同的地块之间分散较远),8 个典型村租佃关系有所发展,但和土改前的租佃关系相比有很大的区别:一是发生租佃关系的农户所占比重虽然很大,但租佃土地的面积却很小。299 户农家中有 33.44% 的户数发生租佃关系,租入、租出共 740 余垧,仅占总土地数 4359 垧的 16.98%;二是发生租佃关系的原因发生变化,主要是农户之间调剂远近。大部分农户因分得土地离本村太远、不便耕种而租出,租入土地的多是因为土地分得较远而就近租入,如贾家沟、贺家川、孟家沟租入的就较多;三是发生租佃关系的阶层发生变化。租入土地者以富裕中农、中农居多,出租者以贫农、贫民为主(见表 2-1)[②]。抗战结束后,随着阶级关系和土地占有关系的变化,晋西北兴县二区 14 个典型调查村土地租佃关系也呈现如上述特点的变化,致使土地使用亦"从过去的分散,向着更大的分散发展(富农、中农、贫农每户平均使用土地减少)"[③]。

---

① 张闻天:《陕甘宁边区神府县直属乡八个自然村的调查(1942 年 4 月 12 日)》,选自《张闻天晋陕调查文集》,中共党史出版社,1994 年。

② 张闻天:《陕甘宁边区神府县直属乡八个自然村的调查(1942 年 4 月 12 日)》,载《张闻天晋陕调查文集》,第 13—14、43—44 页。说明:神府县的土地以垧计算,1 垧相当于 3 亩左右,园地一般以亩、分计算。陕甘宁边区神府县地处西北黄土高原,中共分别于 1933 年和 1936 年在此县进行过两次土地革命。张闻天主持调查的 8 个典型村的土地种类、数量和区位分布极不平衡,除了靠近神木河的贺家川、孟家沟有狭小的川地外,其他村庄都分散在山上或山沟里。

③ 张闻天:《晋西北兴县二区十四个村土地问题研究》,载《张闻天晋陕调查文集》,第 108 页。

表 2-1　陕甘宁边区神府县 6 个典型调查村土地租佃关系统计表

村名、阶级、租入租出		租入				租出				备注
		户数	土地(垧)			户数	土地(垧)			
			山地	园地(亩)	平地		山地	园地(亩)	平地	
贾家沟	富裕中农	3	20			3	44.5			本村租出土地均在外村,租入者均在本村附近。
	中农					6	37.5			
	贫农	2	9			10	105			
	贫民	1		0.1		2			6	
贺家川	富农					1	5			本村租出土地均在崔家峁、路家南窊,租入者大部分在本村附近。
	富裕中农	2	12			1	5			
	中农	6	23							
	贫农	3	11			3	23.5			
	贫民					4	34.5			
	雇农					1	7			
	小商人					1	10.5			
	其他					2	31			
孟家沟	富裕中农									本村租出土地均在圪柳嘴,租入者均在本村附近。
	中农	1	3			3	26			
	小商人	1			0.5	4	33			
	贫农									
第四行政村	富裕中农	1	10							本村租入土地为贾家沟与温家川人所有。
	中农	9	54							
	贫农	6	34							
路家南窊	富裕中农	2	15			1	2			本村租入土地为贺家川人所有。
	中农	7	36.5							
	贫农	2	12							
崔家峁	富裕中农	1	7			1				本村租入土地为贺家川人所有。
	中农	4	27.5			1				
	贫农	5	34							
总计		56	308	0.1	0.5	44	364.5		6	

(二)新中国成立初期的农地使用零细化

土改后各地农民仍然面临地块零碎、分散而难以集中经营的困境。从笔者搜集到的各地现存的 20 世纪 50 年代土地房产证显示的土地面积、地段和位置等登记要素来看,多数农户不仅分得的土地被分割成远近不同、大小不一的很多块,分得房屋住处离各段农田距离亦是长短不一。如图 2-1 所示,华

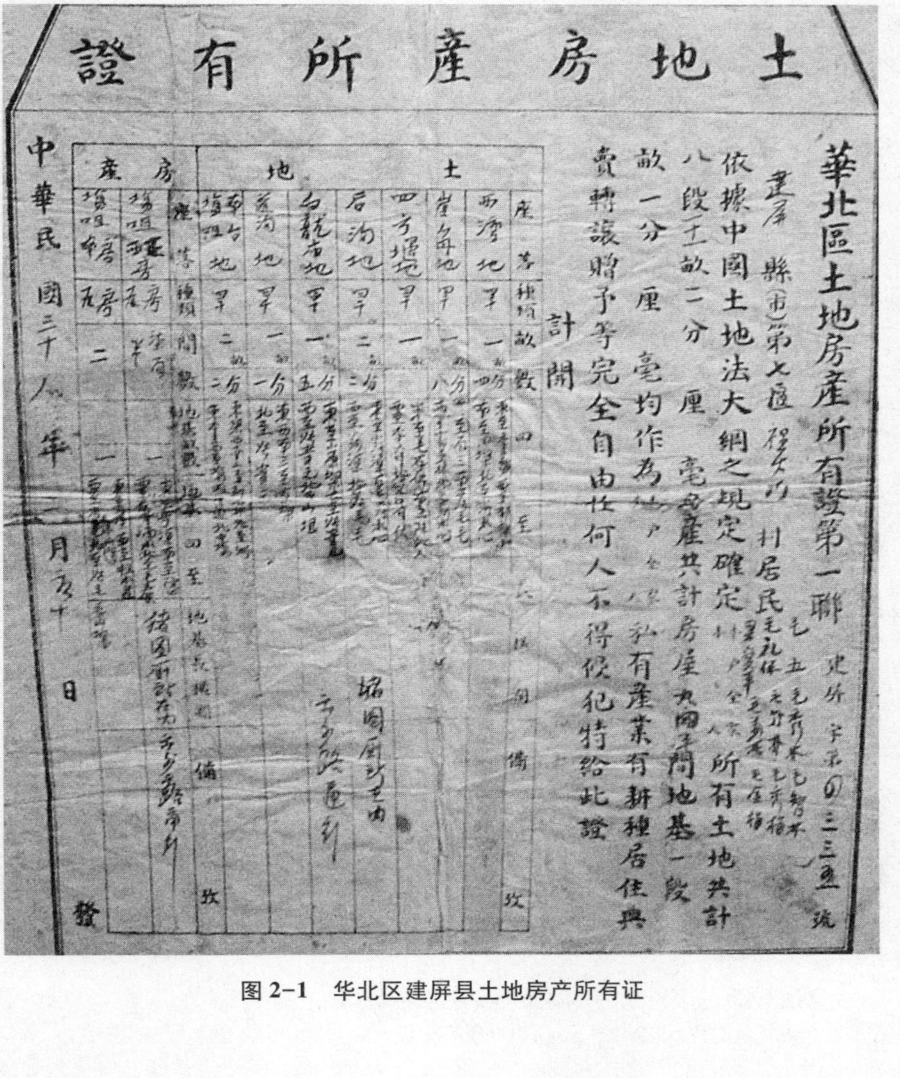
土地房產所有證

華北區土地房產所有證第一聯

建屏縣(市)第七區　村居民

依據中國土地法大綱之規定確定　所有土地共計

八段十二畝二分　厘　毫房產共計房屋　間地基一段

畝一分　厘　毫均作為　私有產業有耕種居住典

賣轉讓贈予等完全自由任何人不得侵犯特給此證

計開

中華民國三十八年　月　日

图 2-1　华北区建屏县土地房产所有证

北区建屏县某农户 9 人、分得土地 11.2 亩,共分为 8 块,其中最大的一块 2.2 亩,最小的仅 1 亩①。华北区长治县第一区张祖村村民杜×牛共分得 32 亩 6 分 1 里地,分别位于大东北、东北上、南岗上、西坡上、三里地、南岗上等 9 处不同的地方,最大的一块 12 亩,最小的一块不到 1 亩(见图 2-2)②。山东省淄博专区桓台县第三区睦和村(笔者搜集到该村保存的近 400 份土地房产所有证存根)地处华北平原地带,农户的农田规模较山地和丘陵地区面积大,但多数农民分得的土地在区位上也面临地块零碎、分散的困境。该村大部分农户

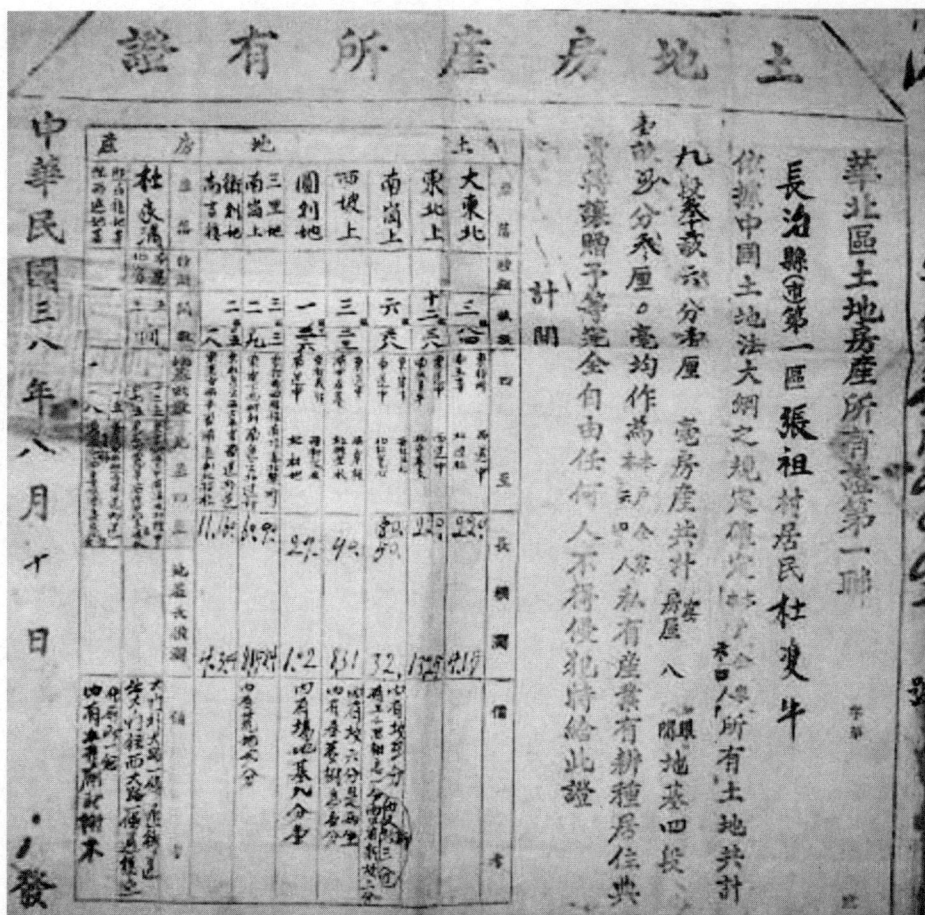

图 2-2　华北区长治县土地房产所有证

① 华北区建屏县土地房产所有证第 4335 号,1949 年 2 月。
② 华北区长治县土地房产所有证,1949 年 8 月 10 日。

分得可耕地(非耕地多为场园、湾和坟茔)平均分割为2—6块,最大一块不超过十五亩,一般都在三四亩之间,甚至小至几分。各段分布在村庄的不同位置,距离一里半里的田地较多(见表2-2)①。

表2-2　山东省淄博专区桓台县第三区××村土地证登记表

(单位:亩)

户主	成分	人口	土地			坐落	房屋坐落	房产证号
			可耕地		非耕地			
			地段、各地段耕地面积	总耕地数				
张×喜	贫农	7	5段,2.853、3.172、1.871、4.761、1.743	14.4	2.019	庄东北、庄西南、庄西南、庄西南、庄东北	十字街西路南	5707
张×经	贫农	6	2段,3.17、6.341	9.511	0.317	庄南、庄南		5708
张×氏	贫农	1	1段	4.597	0.317	庄西南	庄南东西大街	5709
张×贡	雇农	1	1段	3.169		庄西南	庄西南	5711
胡×德	地主	7	3段,6.494、2.472、1.966	10.932	0.767	全在庄北	北大街路东	5713
张×方	贫农	4	4段,1.839、0.408、2.219、1.585	6.051	0.317	全在庄南	庄南东西大街	5714
张×年	贫农	3	4段,1.903、2.114、1.497、1.585	7.099		庄东南、庄西南、庄南、庄西南	庄南东西大街	5716
张×方	贫农	6	2段,1.595、9.138(新增地)	10.733	0.317	庄西南、庄东南	南头路北	5718
张×哲	贫农	6	3段,2.828、6.122、1.319	10.269	0.317	庄西南、庄西南、宫家庄	南北大街中路东	5724
田×莱	贫农	5	4段,2.556、1.258、2.22、2.204	8.238	0.38	庄南、庄西、庄西南、庄西南	庄西	5727
胡×篆	贫农	5	3段,6.225、2.199、1.581	10.005	0.404	庄东北、庄东北、庄北	十字街北路东	5729
胡×忍	中农	5	6段,1.269、4.696、3.171、1.141、0.317、1.229	11.823	1.132	庄北、庄北、庄北、庄北、庄北、庄南	北大街路东	5732
胡×心	贫农	8	2段,8.765、4.122	12.887	0.464	庄北、庄北	北大街路东	5737
胡×民	贫农	4	4段,3.348、2.254、0.979、0.33	6.911		庄北、庄北、庄北、庄东北	北大街路西	5741

①　山东省桓台县土地房产所有证第5707—5792号。

续表

户主	成分	人口	土地			坐落	房屋坐落	房产证号
			可耕地		非耕地			
			地段、各地段耕地面积	总耕地数				
胡×凤		3	3段,1.033、5.681、0.538	7.252	0.634	庄北、庄北、庄西北	庄西北草房	5744
胡×傑	贫农	6	4段,1.582、3.043、2.506、1.104	8.235	0.476	庄西北、庄北、庄北、庄西北	北大街路西	5749
胡×经	贫农	6	3段,5.484、1.585、1.913	8.982	0.416	庄东北、庄东北、庄北	北大街路西	5751
胡×钵	中农	4	3段,1.91、1.266、4.671	7.847	0.538	庄西、庄西北、庄西	北大街路东	5752
胡×文	贫农	6	3段,3.173、4.137、2.197	9.507	0.575	庄北、庄东南、庄东南	北大街路东	5753
张×贤	中农	4	5段,2.293、1.086、0.192、 3.154、2.535	9.26	0.653	庄南、庄南、庄南、庄东、庄东北	庄东南	5771
张×瑚	中农	7	5段,3.114、3.749、1.53、 2.536、0.508	11.437	1.379	庄东南、庄东、庄东、庄东、庄东南	南北大街南头东西小巷路北	5774
张×奎	贫	6	4段,3.78、1.236、1.484、3.23	9.73		庄南、庄南、庄南、庄西南	东南大街湾东垱	5777
张×玉	贫农	7	5段,3.17、2.688、1.91、 3.923、0.951	12.642		庄西南、庄西南、庄西南、庄东南	东南南北街路西	5782
张×芳	中	6	5段,3.489、0.896、3.17、 1.268、0.477	9.3		庄南、庄西南、庄北、庄东、庄西	南北大街南西路	5788
张×辑	贫农	20	5段,3.785、10.147、2.6、7.19、6.974	30.696		庄南、庄南、庄南、庄西南、庄南	庄西南	5790
张×瑞	中	11	5段,6.315、3.361、1.306、 2.536、1.585	15.103	0.317	庄西南、庄南、庄东南、庄东、庄北、	庄东	5792

前述南方水稻区因地形高低不平,田地多成梯形和零星小块,如苏南句容县丁庄村全村土改后总使用土地共分割成3441块,最多的一户富农,其占有的36.11亩土地多达68块。每户占有的耕地面积最大一块9亩,一般都在一

两亩之间,小至几分。每户拥有的土地四散分布,距离一里半里的田地甚多,有的农户分得的 3 亩耕地远隔 4 里①。如图 2-3 所示,江西省临川县章舍乡章舍村某农户 3 口人,耕地 7.85 亩。由各地段的位置可以看出,这些耕地被

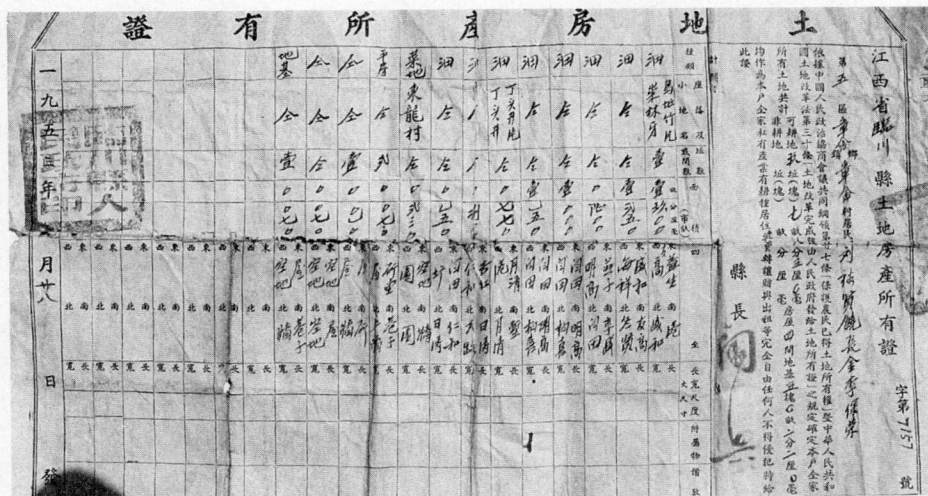

图 2-3　江西省临川县土地房产所有证

划分为互不相连的 9 段,最大的一块仅 1 亩 9 分,其中 5 块耕地面积均不足 1 亩②。湖北汉川县某农户分得耕地 15 亩,被分割为大小不一的 14 块,其中最大的一块 2 亩多,最小的一块仅 7 分,并且每块地各不相连,分散在不同位置(见图 2-4)③。湖南省衡山县园洲乡周祖忙互助组共有稻田 23 亩 9 分 8 厘 3 毫都是梯田,共有 26 坵④。南汇县典型村有的农户分得土地多达 12 块,个别耕地离住处距离远达三里路⑤。武进县鸣凤区徐×兴三口人,共分得田地 10 亩 4 分 5 厘(分为可耕地、非耕地),田地种类颇多,计有水旱田 4 块、湖田 1

---

① 中共苏南区委员会农村工作委员会:《句容县三区春城乡丁庄村调查工作总结》(1951 年 10 月 25 日),江苏省档案馆,3006-短-363。
② 江西省临川县土地房产所有证第 7157 号,1953 年 2 月 28 日。
③ 胡必亮、胡顺延:《中国乡村的企业组织与社区发展》,山西经济出版社,1996 年,第 56 页。
④ 湖南省人民政府农林厅:《周祖忙互助组创造梯田一季稻大面积丰产的经验》《长江日报》(1952 年 11 月 28 日),中国科学院经济研究所农业经济组编:《国民经济恢复时期农业生产合作资料汇编(下册)》,科学出版社,1957 年,第 1043 页。
⑤ 南汇县第三组调研科:《南汇县坦直乡富饶村调查汇报(1951 年 11 月 15 日)》,江苏省档案馆,3006-短-324。

块、菜园 1 块、芦滩 3 块等分别分布在 12 处不同的位置,只有 5 块超过 1 亩,其余七块为几分地,其中最大的一块 2 亩 8 分,最小的一块菜园仅 8 厘(见图 2-5)①。

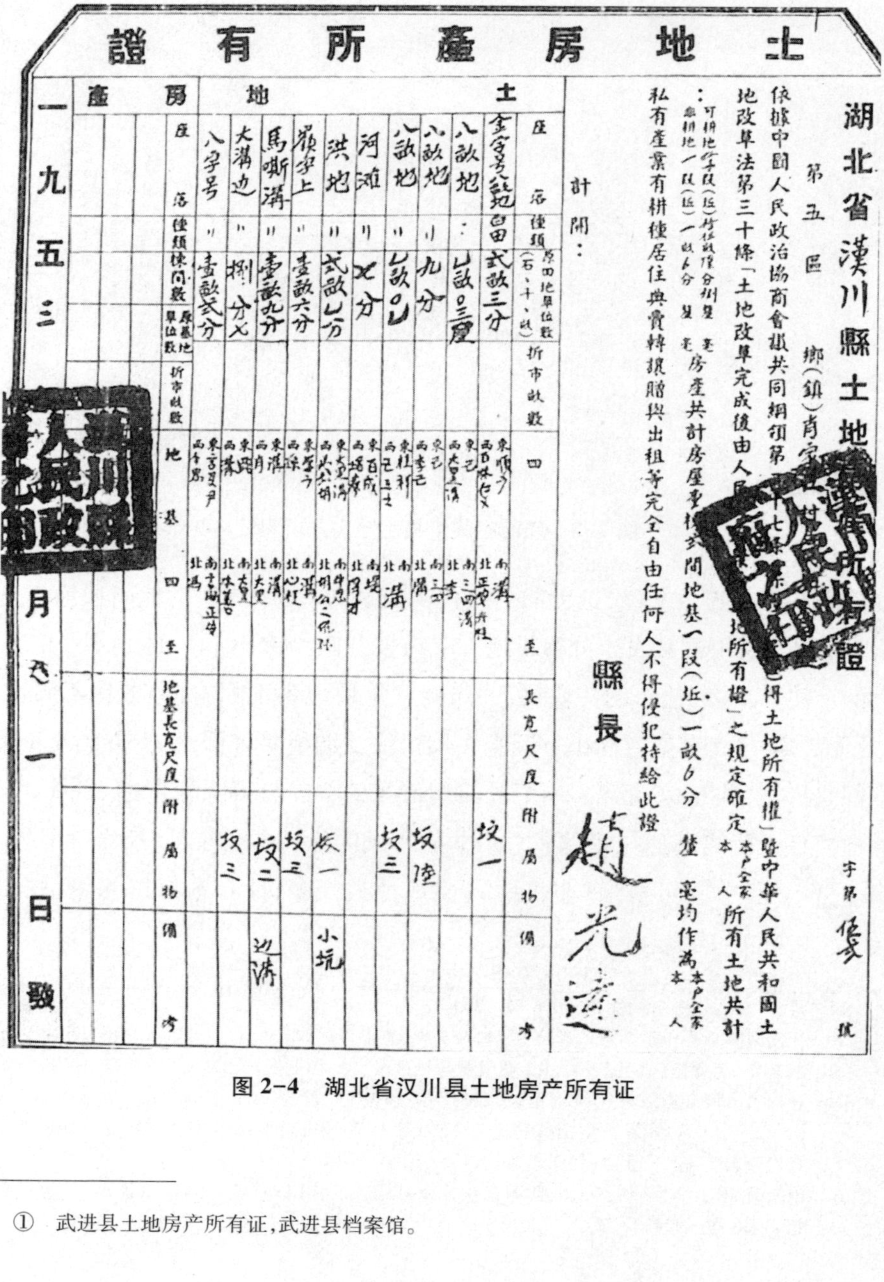

图 2-4　湖北省汉川县土地房产所有证

---

① 武进县土地房产所有证,武进县档案馆。

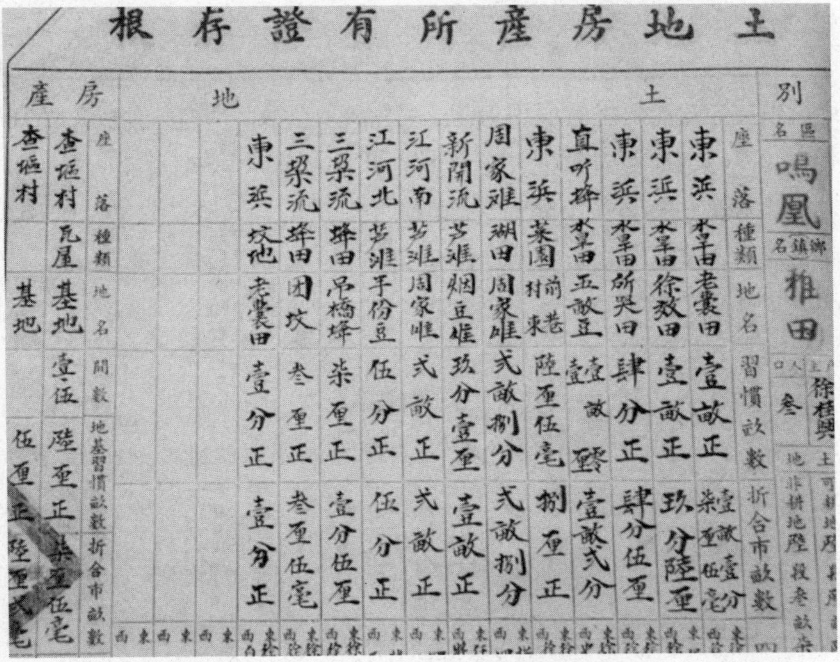

图 2-5　江苏省武进县土地房产所有证

农业生产不像工业可以连续不断地进行均衡生产,农作物的播种、施肥、灌溉和收获等不同环节都需要在一定的时间内集中完成,而且劳动强度极大。按各地的耕作习惯来看,占有土地较少且集中的农户在播种和收获的农忙季节经营他们的土地没有困难,但对于那些占有较多且分散土地的农民来说,"需要的劳动力比家庭能够供给的多"。农田零星分散使得农户在农忙季节要奔走于许多面积狭小、互不毗连、分散遥远的田块之间,浪费大量时间和体力。因此,除了自耕外,各地农民通过雇工经营、互助合作和土地租佃、买卖等经营方式应对土地零碎化耕作的困境。从各大区农村工作部的农村调查资料来看,东北、华北、中南、华东等地农村因土地远近调换、距离田远耕作不便等原因而进行土地买卖、租佃的农户在地权交易中占有一定的比重。如山西省阳高县 3 个乡因远地换近地、坏地换好地者占总卖地户数的 13.33%,为了调整土地而买地者占总买地户数的 7.9%[①]。河北省 10 个典型调查村因换地而

[①] 《山西省农村调查》,中共中央农村工作部办公室编印:《八个省土地改革结束后至1954年的农村典型调查》,1958 年,山西省档案馆,21-8-1-2,第 22 页。

(以好地换坏地或以坏地换好地)买地的 40 户,占总买地户数的 13.42%,因换地而卖地的户数 47 户,占总卖地户数的 16.2%①。辽东省凤城县黄旗村因分地远不便经营而出租的户数 22 户,占总出租户数的 44%②。黑龙江省海伦县第 16 区永安村、西安村因调剂土地而出租者占 12.9%③。江西省 5 个乡 1954 年因距离田远耕作不便而卖地的 2 户,占总卖地户数的 15.38%。因调剂而买地的 21 户,占总买地户数的 46.24%④。广西省 10 个典型调查乡因土地远近调换而卖地的 18 户,占总卖地户数的 39%;因此而买地的 9 户,占总买地户数的 11%⑤。

如表 2-3 所示,湖南省典型调查乡部分农民因田远耕作不便而出租土地和为便于耕作而租入土地,其中沅陵县肖家桥乡因田远耕作不便而出租的占总出租户数的达 52%。

表 2-3　湖南省典型调查乡出租、租入土地动因比例表

(单位:%)

调查乡	田远耕作不便而出租占总出租户数			为便于耕作而租入占总租入户数		
	1952	1953	1954	1952	1953	1954
安乡县竹林垸乡	33.3		8.1			6.2
沅陵县牧马溪乡	47.1		40	20		17.2
沅陵县蒙福乡	19	14.3	19			
湘潭县清溪乡	32.7	29.7	32.1	3.4	5.1	7.4
湘潭县长乐乡	19	16.9	14.5	18	20.2	23.5
沅陵县肖家桥乡	52	17.6				
长沙县卷塘乡	5.3	4		1.5		

资料来源:根据湖南省委农村工作部:《湖南典型乡 1952—1954 年经济情况调查分析表》(1955 年),146-1-205,146-1-272,146-1-176,146-1-197,146-1-246,146-1-153 等卷宗整理。

---

① 河北省财政厅编印:《河北省农村经济情况典型调查资料》,第 3 页。
② 《辽东省凤城县黄旗村经济调查》,中共中央东北局农村工作部编:《1950—1952 年东北农村调查汇集》,东北人民出版社,1954 年,第 32 页。
③ 《黑龙江省海伦县第 16 区永安村、西安村经济调查》,选自《1950—1952 年东北农村调查汇集》,第 59 页。
④ 《江西省农村调查》,选自《八个省土地改革结束后至 1954 年的农村典型调查》,第 206 页。
⑤ 《广西省农村调查》,选自《八个省土地改革结束后至 1954 年的农村典型调查》,第 264 页。

当然,有些"成分高"的农民,如富农怕二次土改、怕提升阶级成分,干脆献田或将土地撂荒。

(三)土改结束后至集体化高潮前地权交易的零细化

土改结束后,由于各阶层按人口都分进了一份土地,贫雇农、中农等普通劳动群众对土地的需求暂时得到了满足,各地的土地买卖数量也随之急剧下降。土改前后相比,各省各典型调查县、乡和村土地买卖多数处于停滞状态,即使有土地买卖的地区,所占的比重也很小且户均买卖土地的规模较小。山西省 20 个典型调查乡土改结束后土地买卖数量分别仅占总土地数的 0.25% 和 0.2%①。河北省 12 个典型村土改结束后买卖土地户数和买卖土地数所占的比重也较低,买卖土地数分别占总土地数的 0.42% 和 0.54%②。据热河省 5 个典型村土改前后的调查统计,1943 年买卖土地户数分别占总户数的 8.78% 和 1.57%,买卖土地数分别占总土地数的 1.36% 和 0.67%。土改结束后的土地买卖户数和土地数锐减,买卖土地户数占总户数的比重分别减少到 0.57% 和 0.49%,买卖土地数所占比重也仅为 0.4% 和 0.39%③。土改结束后苏北区的土地买卖现象也较少,14 个典型调查村中有 4 个村没有土地买卖现象,其余各村买卖土地占总土地的比重都较小④。苏南 9 个典型调查村 1952 年有 6 个村发生土地买卖,买卖土地 83.18 亩,占总土地数的 1.5%,其中第四村在各调查村中土地买卖较多,买卖土地数也仅占总土地数的 2.3% 和 3.7%,其余各村土地买卖的数量占总耕地亩数的比重更小⑤。

和土地买卖相比,土改结束后土地租佃关系普遍存在,但土地租佃率明显低于 1949 年之前。土改后,苏北 14 个典型调查村中有 4 个村中没有土地租

① 中共山西省委农村工作部编:《土地改革结束时期·1952 年·1954 年山西省 20 个典型乡调查资料》(1956 年 8 月),山西省档案馆,第 6805 号。
② 河北省财政厅编印:《河北省农村经济情况典型调查资料》(1955 年),河北省档案馆,F327-2-C2。
③ 中共热河省委农村工作部:《1954 年农村经济情况调查表》(1955 年 2 月 20 日),河北省档案馆,684-7-46。
④ 中共苏北区委员会农村工作委员会:《苏北 12 个地区 14 个典型村土改前后土地与阶级阶层关系变化调查资料》(1952 年),江苏省档案馆,3001-永-92。
⑤ 中共江苏省委农村工作委员会编:《江苏省农村经济情况调查资料》(1953 年 2 月 20 日),江苏省档案馆,3006-短-364。

佃现象,其他村租入和租出土地数量均减少 50% 以上,有的村如吴庄村、许桥村、新六村、六合村、合作村租入土地数量减少 95% 以上,吴庄村、新六村等出租土地数量减少 90% 以上①。苏南 9 个典型调查村土改后虽然都有土地租佃现象,但土地租佃数量锐减,除了胜东乡第四村外,各村租入土地数量均减少 80% 以上,有的村如奉贤县周家村租入土地减少 96.55%(见表 2-4、表 2-5)②。

表 2-4　苏北 14 个典型村土改前后土地租佃情况比较表

(单位:亩)

调查村	租入			租出		
	土改前	土改后	减少%	土改前	土改后	减少%
沭阳县朱庄乡三黄村	142.8	79.1	44.61	386.3	74.7	80.66
沭阳县华邦乡吴庄村	781.4	20.7	97.35	388.5	21.7	94.41
沭阳县刘集乡路东村	1800		100	2310		100
盐城县青中乡西徐村	549.5	123.4	77.54	447.6	64.1	85.68
南通县亭东乡光荣村	265.9		100	50		100
高邮县林阳乡荡楼村	652.3	274	57.99	677.6	161.7	76.14
江都县华阳乡第四村	2048.2	298.2	85.44	611.8	311.2	49.13
泰县许朱乡许桥村	257.1	3	98.83	655.5		100
射阳县张纲乡新六村	3715.1	154.8	95.83	3815.1	154.8	95.94
射阳县合东乡六合村	4326.6	33	99.24	80	34	57.5
南通县海晏乡团结村	118.7	30.7	74.14	14	23.3	66.43
南通县海晏乡合作村	1965.9	15.2	99.23	72.5	25.2	65.24
南通县海晏乡改新村	1987.4		100	1617.9		100
南通县永柳乡坚强村	101.3		100	93.4		100

---

① 中共苏北区委员会农村工作委员会:《苏北 12 个地区 14 个典型村土改前后土地与阶级阶层关系变化调查资料》(1952 年),江苏省档案馆,3001-永-92。
② 《9 个典型乡农村经济调查综合调查》,载《江苏省农村经济情况调查资料》。

表 2-5　苏南 9 个典型调查乡土改前后土地租佃情况比较表

（单位:亩）

代表地区	租入			租出		
	土改前	土改后	减少%	土改前	土改后	减少%
宜兴县前红乡良庄村	633.3	96.3	84.79	83	79.1	4.7
武进县胜东乡第四村	161.5	46.4	71.27	140.2	32.2	77.03
青浦县盈中乡南安村	553.2	65	88.25	124.3	61.7	50.36
句容县延福乡第三村	574.7	61.5	89.3	134.3	11.4	91.51
江宁县麒麟乡第三村	457.8	57	87.55	278.2	46.8	83.18
溧水县乌山乡徐母塘	176.4	28.1	84.07	180.8	18.4	89.82
太仓县新建乡大同村	344.8	21.4	93.79	797.4	27.1	96.6
常熟县扶海乡勝利村	62.8	5.3	91.56	31	3.4	89.03
奉贤县砂碛乡周家村	550.4	19	96.55	147.3	41.4	71.89

　　土改结束后至集体化高潮前,中共鼓励—限制—禁止的相关土地政策演变,使得土地买卖呈先增后减的趋势。如表 4 所示,除山西和河北省外,其余各省买卖土地数量占总土地数的比重均小于 1%。各省户均土地买卖规模,除山西省和河北省外,其余中南区和华东区所属的户均土地买卖数量都较小,多数低于 2 亩以下(见表 2-6)①。

---

① 表 2-10 根据中共山西省委农村工作部编:《土地改革结束时期·1952 年·1954 年山西省 20个典型乡调查资料》;河北省财政厅编印:《河北省农村经济情况典型调查资料》,附表一;中共热河省委农村工作部:《1954 年农村经济情况调查表》;湖北省农村工作部:《湖北省十二个典型乡调查统计表》;湖南省委农村工作部:《各乡 1952—1954 年经济情况调查分析表》(1955 年),146-1-204,146-1-205,146-1-272,146-1-176,146-1-197,146-1-246,146-1-153,146-1-165 等卷宗;江西省委调研组:《关于全省(9 个典型乡)经济调查综合表》(1956 年),江西省档案馆,X006-2-13;《广西省农村调查》,载《八个省土地改革结束后至1954 年的农村典型调查》,1958 年,第 263 页;中共中央中南局农村工作部:《中南区 1953 年农村经济调查统计资料》,1954 年 7 月,湖北省档案馆,SZ-J-517;中共安徽省委农村工作部办公室:《安徽省农村典型调查(1955 年)》等档案资料数据汇总。

表 2-6　土改结束后至集体化高潮前各省典型调查乡土地买卖关系统计表

(单位:亩)

典型调查乡		买地					卖地				
		户数	占总户数%	土地	占地亩数%	户均	户数	占总户数%	土地	占地亩数%	户均
山西省 20 个典型乡	土改结束后	69	3.61	418.31	0.25	6.06	48	1.81	341.27	0.2	7.11
	1952 年	850	15.65	5780.04	3.32	6.8	560	10.31	4126.64	2.35	7.37
	1954 年	365	5.88	2850.39	1.16	7.81	238	3.84	1640.69	0.93	6.89
河北 12 个典型村	1950 年	50	2.53	146.14	0.42	2.92	48	2.44	188.152	0.54	3.92
	1952 年	80	4.07	254.61	0.73	3.18	87	4.42	319.91	0.91	3.68
	1953 年	103	5.25	370.07	1.06	3.59	101	5.1	483.69	1.38	4.79
湖北(12 个典型乡)	1954 年	32	0.85	51.3	0.12	1.6	17	0.45	26.98	0.06	1.59
湖南(9 个典型乡)	1952 年	8	0.2	10.6	0.02	1.33	5	0.1	12.8	0.02	2.56
	1954 年	10	0.3	19.2	0.03	1.92	9	0.3	18.1	0.03	2.01
江西(9 个典型乡)	1952 年	24	0.66	28.82	0.06	1.2	21	0.58	30.32	0.06	1.44
	1954 年	46	1.26	72.64	0.15	1.58	24	0.66	48.34	0.1	2.01
	1955 年	26	0.71	46.48	0.1	1.79	8	0.22	18.21	0.04	2.28
广西(10 个典型乡)	1953 年	35	0.86	71	0.12	2.03	24	0.59	69	0.09	2.88
	1954 年	79	1.92	208	0.34	2.63	46	1.12	136	0.22	2.96
安徽(10 个典型乡)	土改结束后	4	0.1	5.4	0	1.35	3	0.1	3.9	0	1.3
	1952 年	56	2	131.4	0.3	2.35	91	3.3	255	0.6	2.8
	1954 年	91	3.1	186.8	0.5	2.05	79	2.7	207.5	0.5	2.63

　　从户均净买入土地的角度来看,土地买卖的规模也较小。根据表中的资料统计,湖北省 1954 年各阶层户均买地高于户均卖地 0.01 亩,其中贫农净买地 0.8 亩、新下中农净买地 0.2 亩、新上中农净买地 1.3 亩、老上中农净买地 0.3 亩。江西省 1952—1955 年户均卖地都高于户均买地亩数,1952 年,只有富裕中农户均净买地 0.5 亩。1954 年新富裕中农户均净买地 1.5 亩、老富裕中农户均净买地 1.8 亩。1955 年贫雇农户均净买地 0.2 亩、老富裕中农户均净买地 3.1 亩。湖南省 1952—1954 年户均卖地均高于户均买入土地数,1952

年没有净买入土地户,1954 年只有中农有净买入土地户。安徽省除土改结束时,各阶层户均净买入土地 0.1 亩,1952—1954 年户均卖出土地都高于买入土地。由于受国家政策的限制和当时地方政府舆论的影响,上述各典型调查乡、村地主和富农多数为净卖地户。

和土地买卖相比,各省土地租佃数量和规模较大。从土地租佃规模来看,各地户均租入土地面积均高于 2 亩以上(1953 年的广东省除外)。各调查年度内户均总出租土地数均高于户均租入,这主要是各地出租田中有一部分是土改中保留下来的公田和机动田(见表 2-7)①。

表 2-7　土改结束后至集体化高潮前各省土地租佃关系统计表

(单位:亩)

省份	年份	出租					租入				
		户数	占总户数%	土地	占总耕地数%	户均	户数	占总户数%	土地	占总耕地数%	户均
山西省 20 个乡	土改结束后	105	1.82	1047.67	0.63	9.98	56	0.97	442.46	0.26	7.9
	1952 年	259	4.3	2867.34	1.63	11.07	270	4.48	2425.12	1.38	8.98
	1954 年	297	4.79	2868.67	1.64	9.66	356	5.74	2898.14	1.66	8.14
河南 9 个乡	1952 年	37	4.2	221.14	1.67	5.98	88	9.2	357.64	2.71	4.06
	1953 年	32	3.59	178.22	1.35	5.57	88	9.8	420.52	3.19	4.78
湖北 12 个乡	1952 年	296	8.82	1190.98	3.18	4.02	346	10.31	898.34	2.4	2.6
	1954 年	348	9.27	1211.21	2.88	3.48	469	12.49	1253.79	2.98	2.67
湖南 9 个乡	1952 年	341	9.9	1300.4	2.4	3.81	715	20.7	2628.4	4.8	3.68
	1954 年	528	15.6	1531	2.7	2.9	878	26	2419.3	4.2	2.76
江西 9 个乡	1952 年	505	13.88	1696.05	3.54	3.36	757	20.81	2191.60	4.58	2.9
	1954 年	587	16.07	2084.65	5.98	3.55	1004	27.5	2532.43	7.26	2.52
	1955 年	393	13.72	1546.30	4.96	3.93	541	18.89	1807.67	5.79	3.34
广西 10 个乡	1953 年	337	8.28	933	1.55	2.77	546	13.42	1152	1.91	2.11
	1954 年	387	9.42	1164	1.88	3.01	614	14.95	1404	2.27	2.29

---

① 《福建省农村调查》,载《八个省土地改革结束后至 1954 年的农村典型调查》,第 234 页。其余省的资料来源同表 2-10。

续表

省份	年份	出租					租入				
		户数	占总户数%	土地	占总耕地数%	户均	户数	占总户数%	土地	占总耕地数%	户均
广东12个乡	1952 年	565	9.52	4258.69	9.77	7.54	2391	40.3	12667.9	29.06	5.3
	1953 年	554	9.18	1455.07	3.02	2.63	1386	22.66	2577.55	5.36	1.86
安徽10个乡	土改结束后	231	8.3	971.5	2.5	4.21	389	14	1290.2	3.3	3.32
	1952 年	278	10	1178.7	3	4.24	450	16.1	1488.4	3.8	3.31
	1954 年	285	9.9	1082.9	2.8	3.8	543	18.8	1864.6	4.8	3.43
福建8个乡	土改结束后	273	13.47	814.42	4.72	2.98	301	14.85	715.63	4.14	2.38
	1954 年	465	22.08	1337.86	7.64	2.88	673	31.95	1763.59	10.07	2.62

根据国家统计局统计资料,1954 年各省土地买卖数量分别仅占总土地数的 0.53% 和 0.34%,户均买卖土地规模均不到 1 亩。即便如户均占有、使用土地较多的黑龙江省土地买卖数量也仅占该省土地总量的 0.96% 和 0.48%,户均买卖土地仅为 0.56 亩和 0.28 亩。其他如浙江、湖北、湖南、江西、贵州、福建等人均占有耕地较少的长江以南省份户均买卖土地甚至不到 0.01 亩;各省的土地租佃数量和规模高于土地买卖,但占总土地数的比重也较低,各阶层租入和租出土地数分别占自有土地数的 5.61% 和 2.39%,户均租入和出租土地数为 1.17 亩和 0.5 亩。陕西、黑龙江、辽宁、吉林、青海等省的土地租佃规模较高,这和上述各省的户均占有土地较多有关(见表 2-8)[①]。

表 2-8　1954 年全国土地买卖、租佃关系统计表

(单位:亩)

省份	买入			卖出			租入			租出		
	土地	对自有土地%	户均	土地	对自有土地%	户均	土地	对自有土地%	户均	土地	对自有土地%	户均
总计	1708.9	0.53	0.11	1108.11	0.34	0.07	18074.25	5.61	1.17	7709.48	2.39	0.5

① 中华人民共和国国家统计局编:《1954 年我国农家收支调查报告》,统计出版社,1957 年,第 46—47 页;中华人民共和国国家统计局编:《1954 年全国农家收支调查资料》(1956 年 5 月),广东省档案馆,MA07-61·222。

续表

省份	买入			卖出			租入			租出		
	土地	对自有土地%	户均	土地	对自有土地%	户均	土地	对自有土地%	户均	土地	对自有土地%	户均
河北	47.71	0.27	0.05	94.81	0.53	0.09	311.63	1.75	0.31	193.48	1.08	0.19
山西	56	0.26	0.07	89	0.41	0.11	196	0.9	0.23	115	0.53	0.14
热河省	14	0.09	0.03	14.1	0.09	0.03	284.3	1.76	0.57	83	0.51	0.17
陕西	279.49	0.97	0.28	212.76	0.74	0.21	1769.73	6.14	1.77	1343	4.66	1.34
山东	58.44	0.39	0.06	48.89	0.32	0.05	107.42	0.71	0.1	110.02	0.73	0.1
河南省	1.3	0.01	0	33.24	0.2	0.03	558.3	3.33	0.56	330.06	1.97	0.33
辽宁	83	0.55	0.17	37.2	0.25	0.07	1240	8.23	2.48	739	4.91	1.48
吉林省	415.95	1.74	0.77	35.85	0.15	0.07	1632.45	6.83	3.04	525	2.2	0.98
黑龙江省	392	0.96	0.56	194	0.48	0.28	3688	9.04	5.28	1418	3.47	2.03
内蒙古自治区	146.53	0.83	0.53	151	0.85	0.54	865.91	4.88	3.11	335.8	1.89	1.21
甘肃	72.71	0.33	0.12	64.35	0.29	0.11	788.11	3.56	1.31	142.8	0.65	0.24
青海	60.35	0.94	0.3	13.6	0.21	0.07	1873.73	29.21	9.37	49.01	0.76	0.25
江苏省	14.69	0.25	0.03	5.02	0.08	0.01	381.09	6.42	0.76	123.3	2.08	0.25
安徽省	5.98	0.04	0.01	14.45	0.1	0.01	461.15	3.32	0.47	278.74	2.01	0.28
浙江省	0.76	0.01		0.94	0.02		449.59	8.7	0.7	185.98	3.6	0.29
湖北省	2.77	0.27		2.13	0.21		314.47	31.01	0.45	204.82	20.19	0.29
湖南省	2.37	0.03		0.29			425.7	5.27	0.61	228.16	2.82	0.33
江西省	3.25	0.04	0.01				695.19	9.5	1.16	332.58	4.55	0.56
四川省				2	0.02		591	4.72	0.52	222	1.77	0.19
广东省	0.05			6.3	0.08	0.01	285	3.45	0.35	116.5	1.41	0.14
新疆自治区	46.9	0.93	0.34	86	1.71	0.61	122.8	2.45	0.88	225.6	4.5	1.61
贵州	2.32	0.03		0.34			420.32	6.14	0.84	193.14	2.82	0.39
福建	2.33	0.04		1.84	0.03		612.36	10.7	1.23	214.49	3.75	0.43

　　土改结束后的几年时间内,普通劳动群众纷纷卷入土地买卖和租佃关系中。根据国家统计局的调查资料,如表2-9、表2-10所示,社员户(阶级成分大多数为贫雇农和中农),作为个体户的贫雇农和中农阶层买地、卖地均占总买卖土地数90%以上,有的省如陕西、辽宁、吉林、黑龙江、安徽等有富农、地

主买地现象,但所占比重极低。各省中农在土地买卖中占主导地位,如河南、湖北、湖南、江西、广东、贵州、福建等省买地户全为中农,湖北、四川、贵州 3 个省卖地户均为中农;社员户、贫雇农、中农在租佃关系中也处于主导地位,两个阶层租入、租出土地数分别占总租佃关系的 95% 和 85% 以上,其中中农所占比重分别为 66.9% 和 59.27%。和土地买卖相比,各省富农、地主在土地租佃关系中虽有一定比重,但所占比重较低,有的省如山西、青海甚至没有富农和地主出租、租入土地现象①。

表 2-9　1954 年各省各阶层土地买卖比例统计表

省份	买入						卖出					
	社员户%	贫雇农%	中农%	富农%	地主%	各阶层%	社员户%	贫雇农%	中农%	富农%	地主%	各阶层%
河北	6.29	19.49	74.22			100	15.82	18.75	65.43			100
山西		5.36	94.64			100	50.56	3.37	46.07			100
热河		35.71	64.29			100	10.64	2.13	68.09		19.14	100
陕西		29.71	69.57		0.72	100		15.5	80.7	3.8		100
山东		21.95	78.05			100	1.23	32.93	65.84			100
河南			100			100		32.28	67.72			100
辽宁			95.18	3.62	1.2	100		8.6	91.4			100
吉林	0.3	20.8	67.1	10.9	0.9	100		24.27	75.73			100
黑龙江	11.22	27.04	50.26	11.48		100		27.84	72.16			100
内蒙古自治区		23.22	76.78			100		40.93	59.07			100
甘肃省		3.16	96.84			100		1.55	98.45			100
青海			92.31		7.69	100		4.78	3.31	91.91		100
江苏省		25.12	74.88			100		39.84	60.16			100
安徽省	8.36	52.51	32.44	3.34	3.35	100	58.06	0.42	41.52			100
浙江省		6.58	93.42			100		6.38	93.62			100
湖北省			100			100			100			100
湖南省			100			100		34.48	65.52			100

①　中华人民共和国国家统计局编:《1954 年我国农家收支调查报告》,统计出版社,1957 年,第 46—47 页;中华人民共和国国家统计局编:《1954 年全国农家收支调查资料》(1956 年 5 月),广东省档案馆,MA07-61·222。

续表

省份	买入						卖出					
	社员户%	贫雇农%	中农%	富农%	地主%	各阶层%	社员户%	贫雇农%	中农%	富农%	地主%	各阶层%
江西省			100			100						
四川									100			100
广东			100			100	31.75		23.02	45.23		100
新疆自治区		4.26	95.74			100		1.74	98.26			100
贵州			100			100			100			100
福建			100			100		88.04	11.96			100
总计	2.86	20.54	70.45	5.47	0.68	100	5.78	20.21	71.11	2.66	0.24	100

表 2-10　1954 年各省各阶层土地租佃比例统计表

省份	租入						出租					
	社员户%	贫雇农%	中农%	富农%	地主%	各阶层%	社员户%	贫雇农%	中农%	富农%	地主%	各阶层%
河北	3.34	24.86	68.56	3.24		100		11.43	84.32		4.25	100
山西	8.67	2.55	88.78			100		17.39	82.61			100
热河	0.11	12.31	80.9		6.68	100		30.12	31.33	38.55		100
陕西	1.79	28.03	68.79	0.96	0.43	100.01	2.31	12.71	64.38	14.5	6.1	100
山东		29.69	60.36	5.96	3.99	100		29.91	53.36	12.82	3.91	100
河南		14.55	74.07		11.38	99.99	4.31	29.19	53.38	8.09	5.03	100
辽宁		18.95	78.15		2.9	100	2.17	28.42	61.71	4.33	3.37	100
吉林	0.96	36.47	58.46	0.38	3.73	100		30	56.17	9.06	4.77	100
黑龙江	0.54	45.34	49.51	0.52	4.09	100		42.6	51.2	1.13	5.07	100
内蒙古自治区	0.35	47.12	50.14		2.39	100		33.2	52.5	14.3	0	100
甘肃省		11.34	79.46	2.03	7.17	100		13.28	57.17	27.79	1.76	100
青海		20.36	79.64			100.16		28.42	71.58			100
江苏省		15.91	81.32	2.42	0.35	100		18.05	46.81	34.66	0.48	100
安徽省		38.45	56	2.39	3.16	100.01	1.36	23.58	58	12.31	4.75	100
浙江省		21.64	71.02	2.5	4.84	100	1.08	25.65	56.34	14.31	2.62	100

续表

省份	租入						出租					
	社员户 %	贫雇农 %	中农 %	富农 %	地主 %	各阶层 %	社员户 %	贫雇农 %	中农 %	富农 %	地主 %	各阶层 %
湖北省	0.05	21.6	72.57	1.89	3.89	100		25.2	63.6	7.4	3.8	100
湖南省		12.68	80.67	3.31	3.34	100.01		13.62	59.84	21.6	4.94	100
江西省	0.64	20	78.04	1.32		100.01		26.19	63.77	10.04		100
四川		18.44	77.5	2.37	1.69	100		28.83	60.36	4.05	6.76	100
广东	0.7	35.09	61.75	2.46		100	0.26	35.25	59.33	5.16		100
新疆自治区		32.57	65.39		2.04	100		7.36	56.74	35.9		100
贵州	1.16	20.1	76.02		2.72	100.01		23.68	72.5		3.82	100
福建	0.97	22.66	71.99	3.5	0.88	100	0.47	25.65	66.03	1.98	5.87	100
总计	0.64	28.64	66.9	0.98	2.84	100	0.89	26.08	59.27	9.76	4	100

　　上述土改结束后至集体化高潮前,随着各阶层土地买卖、租佃数量的大幅减少和地权交易主体发生变化(土地买卖、租佃主要集中在贫雇农和中农阶层,这部分农户占农村总户数的比重很高,但其经济地位和行为特征决定了他们之间的土地买卖和租佃规模均很小),造成了地权交易中的零细化现象。

　　新中国成立初期,土地不仅承载着作为农民最基本生产要素的功能,还承载着作为农民社会保障的功能,农民非到万不得已时是不会把农田出卖的,即使出卖,也要"通过转弯抹角的形式来完成"[1]。同时,土改中刚分到土地的贫雇农和中农等普通群众多数认为"没有正当理论卖田是不光荣的"[2]。因此,卖地通常是零打碎敲,如河北省井陉县窦王墓村 1951—1953 年仅 6 户卖地4.8 亩,阜平县白河村 3 年来 12 户卖地 7.2 亩[3]。湖北监利县吴桥乡 2 户中农卖田 1 亩 9 分 5 厘,3 户贫农卖田 2 亩 1 分 7 厘[4]。光化县白莲寺乡有 2 户

---

① 费孝通:《江村经济》,商务印书馆,2001 年,第 161 页。
② 苏南农村工作团:《土改后农村土地买卖问题的调查研究》(1951 年),江苏省档案馆,3006-永-146。
③ 河北省财政厅编印:《河北省农村经济情况典型调查资料》,第 3 页。
④ 监利县委调研组:《监利县余埠区吴桥乡农村典型调查材料》(1952 年 12 月 31 日),湖北省档案馆,SZ18-1-7。

共卖地 1.36 亩①。江阴县夏港乡土改后发生土地买卖关系 11 件,其中小土地出租者卖掉 1 亩田,富农卖掉 7 分田,2 户中农卖掉 1.5 亩,6 户贫农卖掉 1.5 亩②。土地购买者要想得到较大面积的整块土地,也不是一件轻而易举的事情,这就导致了一个土地交易现象:"一个家庭从邻居那里买下的往往是小片土地,很少是整块土地。"③如江苏无锡三蠡乡第三村土改后全村 4 户中农共买进土地 6 分 5 厘,3 户贫农买进土地 5 分 6 厘,1 户小土地出租者买进土地 1 分 8 厘④。安徽省典型调查户中,4 户下中农共买入土地 2.23 市亩⑤。

　　安徽休宁县北山乡八个自然村 112 户次出卖土地,其中因耕种不便而出卖的 37 户次,占 33.04%。石岭头村 1953—1954 年共有 14 户次卖出土地 14.661 亩,内有 12 户次是因为耕种不便而出卖土地。如该村中农吴兆椿因耕种不便分 5 次共卖田 7.763 市亩,又从北山、龙源村分别买进 0.977 亩和 0.970 亩。部分农民将农田切割成小块,前后分批卖出,或是卖出若干块再根据距离远近或价格等因素分批次买进小块土地。如邱家村中农邱五九,分 7 次卖田 7.732 市亩,龙源村赵观金分 3 次卖田 2.885 亩,最少的一次仅卖田 0.485 亩。北山村陶祯福卖田 0.490 亩,又分别分 4 次从该村其他农户中买进土地 5.039 亩。山脚村贫农李玉美因管业不便 3 次卖山 2.1 亩,又从 3 里外的余家坦村买山 0.762 亩⑥。

　　针对占有和使用土地分散零碎的情况,部分农户还采取"交换土地"的形式来调剂远近便于耕作。江苏省此种情况较多,如南汇县石西村土地交换情况发生较多,其中该村与村外交换的 4 起,本村与本村交换的 3 起。中农与贫农交换的 2 起、贫农与贫农交换的 3 起、贫农与富农交换的 1 起。交换的时间大都在本村土地分配后,个别也有在发土地证前交换的。共交换土地 12 块、

① 光化县委调研组:《光化县白莲寺乡土改后农村经济调查报告》(1953 年 1 月),湖北省档案馆,SZ18-1-47。
② 苏南区委员会农村工作委员会五队调研组:《江阴县夏港乡关于土地改革前后农村阶级经济情况变化的调查总结》(1951 年 10 月 18 日),江苏省档案馆,3006-短-333。
③ 杨懋春:《一个中国村庄:山东台头(中译本)》,江苏人民出版社,2001 年,第 17 页。
④ 苏南农协会调研科:《无锡三蠡乡第三村典型调查材料》(1952 年 11 月 25 日),江苏省档案馆,3006-短-289。
⑤ 安徽省统计局:《1955 年农家收支调查分析报告》(1956 年 1 月),安徽省档案馆,J63-1-609。
⑥ 汪柏树:《徽州休宁北山乡土改后的土地买卖考察》,《徽州社会科学》2005 年第 12 期。本书借助于汪柏树教授的整理数据进行分析。

44.36 亩,其中大部分是分进的土地,自耕土地只占 5.67 亩。交换的均为面积大体相等的整块土地,交换土地最多的 5.43 亩,最少的也有 2 亩。其中土地数量有相差一两分的,但在双方自愿互利的情形下均不计较。交换后的耕地一般近 2 里左右,最多的可近 4 里,这样更便于互换双方耕作。交换的大都是耕作土地,个别也有用耕地交换屋基地的①。丹徒县上党区里墅乡里墅村交换的 2 户,根据肥瘦和面积分别换进耕地 0.75 亩和 0.6 亩,没有贴钱。姚墅村交换的 2 户,分别换进换出 0.9 亩和 0.6 亩②。句容县丁庄村土改后也曾发生土地互换的情况,换田户团四银土改中分得一块田 3.07 亩,离家 3 里路,劳力弱耕种困难,但与赵见仁却只隔半里路,而赵见仁有 2.89 亩田离家 1里,与团四银家只半里路,于是双方商量换地,因两块田相差无几,土质也差不多,"就无条件的交换了,并立有互换契据"。值得注意的是,乡村干部对农户间的这种出于调剂目的的互换,采取了默认、支持的态度,上述 3 例交换土地均是通过村干部进行的,丁庄村的农民交换土地甚至"请干部做中人以照信用"③。当然,类似农民之间的换地往往带有很大的地域性特征,因为农户间拥有的地块面积、肥瘦匹配度和相邻的概率都非常低,导致农地互换交易成本远远超过地块的规模经济。

二、差异化:土改结束后至集体化高潮前
地权交易的区域性特征

中国幅员辽阔,各地生态环境千差万别,社会历史和文化背景各不相同,经济发展亦不均衡,因而不同地域之间社会经济差异明显,"在中国南方观察到的可能完全不同与中国北方。即使在同一省份,不同地区的经济和社会差异也极大"④。关于如何划分区域经济史的"区域",学界分别从不同的学科

---

① 中共南汇县委员会:《南汇县泥城区北窑乡石西村情况调查报告》《1952 年 8 月 28 日》,江苏省档案馆,3006-短-324。
② 苏南农村工作团:《丹徒县上党区里墅乡情况调查报告》(1951 年 12 月),江苏省档案馆,3006-短-331。
③ 中共苏南区委员会农村工作委员会:《句容县三区春城乡丁庄村调查工作总结》(1951 年 10月 25 日),江苏省档案馆,3006-短-363。
④ 杨懋春:《一个中国村庄:山东台头(中译本)》,南京:江苏人民出版社,2001 年,第 9 页。

领域和研究视角提出了不同的标准,可归纳概括为行政区划、经济区域、自然生态环境、行政区划和自然生态相结合等几种标准①。李金铮进一步指出,所谓内在联系紧密的社会经济综合体,是指在自然生态环境、经济环境、人文环境以及政治环境等方面一致或相近的地理空间内,人们从事社会经济活动所逐渐形成的特定区域②。本节无意在此争论划分区域的标准(事实上,完全符合所有划分标准的区域是不多见的),而是将分析重点放在自然人文生态因素对地权交易的影响。土改结束至集体化高潮前,由于自然生态环境及社会经济条件不同,各地的地权交易方式呈现多样化的区域性特征。即使在同一个省内甚至在同一个专区内,由于自然人文生态条件的差异,导致各典型调查乡(村)地权交易规模、主体、价格等情况也差别很大。

(一)华北区:以河北省典型调查村为例

1954 年河北省开展农村经济调查,所调查的 13 个村代表着河北省不同类型的地区:咸安县南刘庄是旱地产棉区,晋县西石村是水地产棉区,深县南庄是一般产粮区,黄骅县小六间是沿海窊碱产粮区,康保县李先生地村是地多人少产粮区,阜平县白河村是贫困山区,井县窦王墓村是一般山区,县龚庄是产花生地区,定县小寨屯村是产薯类地区,怀来县南水泉村始产果木地区,宁河县大田庄是产稻地区,石家庄市北杜村和唐山市华岩新庄村均是工业市郊区。

传统观点认为,在工作基础好、互助合作运动开展顺利的地区,农民土地买卖、租佃关系较少。但从梳理各典型调查村的材料来看,乡村中的实际情况不尽如此。如定县小寨屯人均耕地 2.13 亩,参加互助合作的 104 户,占全村户数的 61%(属于互助合作运动开展较好的村)。1951—1953 年买地户数和土地数分别占全村总户数和总土地数的 22.5% 和 5.07%,卖地户数和土地数分别占全村总户数和总土地数的 21.88% 和 6.63%;成安县南刘庄村是旱地

---

① 见杨国桢:《清代社会经济区域划分和研究构架的探索》,从翰香:《从区域经济的角度看清末民初华北平原冀鲁豫三省的农村》,载叶显恩:《清代区域社会经济研究》,中华书局,1992年;李伯重:《理论、方法、发展趋势:中国经济史研究新探》,清华大学出版社,2002 年;吴承明:《市场·近代化·经济史论》,云南大学出版社,1996 年。
② 李金铮:《区域路径:近代中国乡村社会经济史研究方法论》,《河北学刊》2007 年第 5 期。

产棉区,棉田面积占总耕地 70% 左右,人均耕地 4.3 亩。3 年来买地户数和土地数分别占该村总户数和总土地数的 19.61% 和 4.4%,卖地户数和土地数分别占该村总户数和总土地数的 16.99% 和 4.74%。可见,在互助合作运动开展较好的小寨屯买卖土地的户数和占该村总户数的比重均高于南刘庄村,主要是因为小寨屯人均耕地面积小于南刘庄村,同时也导致该村户均买卖土地规模少于南刘庄村。从出租土地来看,调查年度内小寨屯村没有土地出租现象,南刘庄村户均出租土地 8.88 亩,主要是因为人少地多,缺乏劳动力。当然,从年度变化上来看,互助合作运动开展比较顺利的村土地买卖数逐年呈递减趋势,小寨屯 1951 年 20 户买地,1952 年 12 户买地,1953 年只有 7 户买地。而在工作基础薄弱、互助合作运动较差的村土地买卖是逐年增加,成安县南刘庄村 1953 年买地户相当于 1951 年买地户的 3 倍,1953 年卖地户相当于 1951 年的 5 倍多。

在土地多人口少而又富裕的村土地买卖数量较大,如南水泉村。南水泉村位于怀来县城东南 8 里,京包线左侧,交通便利,是一个产果木的山区。全村计有旱地 3434 亩,其中能靠山水灌溉的 1000 余亩,另有荒地 5068 亩,适宜培植果树。由于人少地多,人均耕地 4.5 亩,每个劳动力经营土地 40 余亩。全村共有果园 7645 亩,过去耕种十分粗放,对垦种荒地不重视。土改后,耕作方法与技术上有很大的改进,在种植习惯上逐年有很大转变,过去以种谷子、高粱和其他粮食作物为主,占总面积的 73% 多。后经政府号召,种植经济作物者逐渐增多,粮食作物相对减少。1953 年种植花生、葵花、白麻占总面积的 50%,粮食作物占 40%,薯类占 10%。在土地产粮上估算,1953 年比 1948 年增加 487%。该村对果园经营方面也有很大的改进,过去果树连年遭受虫害,结果很少,一般是挂枝一年歇枝一年,而且产量无保障。现在果园每年耕两次,有的果园内开始施肥、清堂、剪枝、用药和喷雾器杀虫,果品产量连年丰收。1953 年产果品 338000 余斤,比 1948 年增加 2 倍。同时由于各种果品出售价格提高及销路畅旺,果农收入大大增加。随着果木产量逐年增加,村中部分富裕农民渐渐有了积蓄,便投向副业活动。南水泉村富裕户首先是发展胶皮车搞运输业,而不是"买大量的土地雇人耕种向农业方面发展",甚至有些户反而出卖一部分坏地去买胶皮车。据统计,1951 年 4 户卖地,其中 3 户卖地为装备胶皮车。11 户买地,其中 3 户都有胶皮车、生活富裕,8 户系劳动力强地少不够种，以积余粮款买地。因地多人少，地价比较低，地价一般是 7—8 斗谷子，仅达到定产，每亩菜园才 3—5 石谷。和其他村相比，该村雇佣关系最发达，1953 年全村雇短工者 33 户（占总户数 21%），共雇短工 2378 个，其中雇工用于土地经营的 1455 个，占总雇工数的 61.2%，用于赶车运输等副业生产的 923 个，占总雇工数的 38.8%，短工除本村贫困农民出卖 2175 个外，其余均从外村雇入。

南水泉村代表了地多人少、农业种植条件较好、农民比较富裕的果木区，此类村农民富裕后将多余资金投向运输业，即使买卖土地、出租和雇工等行为也主要围绕发展运输业等副业进行，这主要是因为胶皮车运输业"比种地利润大，纳税轻，来得快"。据统计，1948 年该村仅有 7 户有胶皮车 6 辆，1952 年发展到 17 户有胶皮车 14 辆，1953 年就达到 43 户（占总户数的 27%）有胶皮车 36 辆。胶皮车每年营业时间一般在 5 个月左右，每天单套车收入五六万元，双套车收入八九万元。据 1953 年 41 户统计，纯利 71250 元，折谷 774 石，占各该户全年农业应产量的 83.46%。农民从事胶皮车运输不仅能从运输业上获得丰厚收入，即使在农业生产方面亦可用车工换人工，收入亦不低。有的农民自己没有劳动力，全凭用大车工换人工耕种土地，自己腾出更多时间从事运输业。

有的村农副业收入较高，农民生活富裕，但由于土地属于国有、农民重富轻农，土地买卖、租佃关系比较少。宁河县大田庄村水浇地较多（占耕地的 80%），是典型的稻田区。该村土地多为国有地，占总耕地的 54.7%，私有地占 45.3%，人均耕地 2.87 亩（包括国有土地）。稻田单位面积产量较高，每亩产量在 500 斤以上。和其他粮食价格比，水稻高 36%，每 100 斤稻能换 150 斤玉米。同时，该村从事副业条件较好，副业较普遍，全村有 114 户从事副业经营，占总户数的 61.9%，副业收入占经营户全年农业应产量的比重为 36.8%（低于南水泉村）。此外，该村工人多，收入高，人民生活富裕。由于工资收入与副业收入大，群众产生重副轻农的思想，如说："工人 1 年收六七百万，比在家'务农'强得多。"因该村土地多系国有，农民只有土地使用权，故对土地"不像其他地区农民那样重视"。因此，该村土改后几年内土地变动不大，1951 年没有土地买卖，1952—1953 年买卖土地仅占总耕地的 0.66%。从表 2-15 中也可以看出，该村土地出租和雇工情况也比较少，这和农民副业收入大、农民重副轻农有关。和其他村相比,该村民间借贷比较发达,因为稻田投资大、产量高,农民从历史上就有借、贷投资习惯。1950年相互发生借贷关系的农户占总户数的比重达60%以上。土改后有借贷关系的134户,占全村总户数的72.8%。从放贷户款项来源,有农业剩余的39户,副业积累的15户,工资收入17户,其他6户(卖房、卖牲口)。

土地买卖和租佃关系的多寡也与各村土地占有关系有着直接的关系。康保县李先生地村地多人少,人均耕地面积13.5亩(在12个村中面积最大),1950—1954年买卖土地分别为430.95亩和541.24亩。户均买卖规模也最大,分别为28.73亩和31.84亩,该村发生雇佣关系的户数也仅次于副业较发达的南水泉村,雇工户数占该村总户数的16.22%;白河村地处山区交通困难,人均耕地仅1.3亩,副业收入较低,仅12户卖地7.2亩;窦王墓村3年来仅6户卖地4.8亩,4户买地14.7亩;从土地买卖的款项来源看,位于市郊区及副业条件好的地区,从事副业的户数多,因经营副业而买卖土地的也较多,如石家庄市北杜村副业户户均收入69.9石谷(此项比其他村都高),该村买地款项来源最大的一项即是副业收入,因副业收入增加而买地的户数和土地数占该村总买地户数和土地数的61.11%和70.9%[1]。

表2-11　1950—1953年河北省12个典型村土地买卖、租佃调查统计表[2]

调查村	买地					卖地					出租					雇工	
	户数	占总户数%	亩数	占总亩数%	户均	户数	占总户数%	亩数	占总亩数%	户均	户数	占总户数	土地	占总%	户均	户数	占总户数%
滦县龚庄村	7	4.96	34.82	0.95	4.97	8	5.67	26.07	0.71	3.26	1	0.71	14.5	0.4	14.5	7	4.96
成安南刘庄村	30	19.61	122.8	4.41	4.09	26	16.99	132	4.74	5.08	8	5.23	71	2.55	8.88	1	0.65
定县小寨屯村	36	22.5	86.74	5.07	2.41	35	21.88	113.48	6.63	3.24		0		0		7	4.38
晋县西石村	69	32.7	141.69	5.62	2.05	48	22.75	148.1	5.87	3.09	12	5.69	76.1	3.02	6.34	3	1.42
阜平县白河村	10	14.71	54.604	13.94	5.46	12	17.65	7.174	1.83	0.6		0		0			0

---

① 《河北省农村经济情况典型调查资料》,第1、51—54、58—60、40—42、46—49、6—7页。说明:文中有关河北省典型调查村土地买卖、出租和雇工的数据见表2-15。
② 《河北省农村经济情况典型调查资料》附表二、表三、表四、表十一、表十二。

| 调查村 | 买地 | | | | | 卖地 | | | | | 出租 | | | | | 雇工 | |
	户数	占总户数%	亩数	占总亩数%	户均	户数	占总户数%	亩数	占总亩数%	户均	户数	占总户数%	土地	占总%	户均	户数	占总户数%
怀来县南水泉村	11	6.92	78	2.39	7.09	6	3.77	78	2.39	13	5	3.14	72	2.21	14.4	33	20.75
石家庄市北杜村	54	19.42	95.769	5.43	1.77	51	18.35	99.184	5.62	1.94	0		0			3	1.08
井陉县窦王墓村	4	3.7	14.738	1.54	3.68	6	5.56	4.8	0.5	0.8	6	5.56	18	1.88	3		0
黄骅县小六间房村	28	20.59	103.58	2.94	3.7	22	16.18	81.835	2.32	3.72	0		0			5	3.68
宁河县大田庄村	13	7.07	19.242	0.71	1.48	8	4.35	19.17	0.71	2.4	0		0				0
康保县李先生地村	15	10.14	430.95	4.66	28.73	17	11.49	541.24	5.85	31.84	0		0			24	16.22
唐山市华岩新庄村	21	9.72	59.233	2.41	2.82	50	23.15	198.13	8.05	3.96	18	8.33	72.9	2.96	4.05		0

（二）中南区：以广东省典型调查乡（村）为例

广东 12 个乡按自然地理条件分为平原、山地、丘陵三类，各类地区又按其经济特点加以区分，如平原区又分为粮产区、经济作物两类：南海县夏南乡、中山县榄边乡地处珠江三角洲，靠近墟镇，交通方便，属于非农业人口较多的乡村。顺德县海尾村主要农产是甘蔗、蚕桑、塘鱼，属经济作物区。中山县外沙乡属于沙田地区，新会县北洋乡属于稻作区；韩江三角洲：揭阳县南河乡、潮安县莲芸乡均是土地肥沃、产量较高的稻作区；丘陵平原区：海丰县月池乡虽属于稻作区，但滨海又靠近矿山，农民副业多，土地耕作粗放。清远县金门乡土地较差，单造田和旱地多，产量低，副业发展快；廉江县深水洞乡代表粤西的丘陵地区，该乡土地贫瘠，产量较低，农民生活较困苦；山区：曲江县共和乡代表一般较宽阔的山区盆地，属稻作区，靠近粤汉铁路，交通发达；梅县双竹乡代表较闭塞的山区，交通不便，副业的比重很大。12 个乡的一般特点是：多数乡人多地少，劳动力过剩（除曲江共和乡、清远金门乡、中山外沙 3 个乡人均占有耕地 3 亩以上，廉江深水垌乡人均占有 2.45 亩，其余 8 个乡人均占有耕地在

1—1.6 亩），交通方便（除梅县双竹乡），商品经济较发达（除梅县双竹乡离城较远外，其他乡村附近均有墟镇），故各乡有一部分人口外出从事工商业或出卖劳动力，农村的副业生产和活动门路较多，占农民和各阶层收入比重较大，副业和其他收入占总收入的 30%（最少的共和乡为 18%，最高的双竹乡占 62%）

从工作基础来看，1952 年春前完成土改的有南河乡、共和乡，1951 年冬前完成土改的有外沙乡，1952 年夏前完成的有莲芸乡、夏南乡、深水洞乡，1952 年秋前完成土改的有北洋乡、双竹乡，1952 年冬完成的有月池乡、金门乡、海尾村。土改中分得的斗争果实较满足的有海尾村、外沙乡、莲芸乡、榄边乡、共和乡，不很满足的有北洋乡、月池乡、深水洞乡，不满足的有南河乡、金门乡、双竹乡；在互助合作基础方面，金门乡、深水洞乡、双竹乡、月池乡、共和乡、海尾村等 6 个乡全无互助组织，其余 6 个乡除莲芸乡占 46.37%、南河乡占 25.47%外，外沙乡只占 1.04%，北洋乡占 3.87%。已经建立信贷合作社的只有北洋乡，其他 11 个乡尚未建社；属于党委重点乡是莲芸乡，属于县委重点乡的是共和乡、北洋乡，属于区委重点乡的是海尾村、南河乡。

从阶级分化来看，上升较快、两极分化不明显的有外沙乡、海尾村、夏南乡、莲芸乡、北洋乡等 5 个乡，上升较快、两极分化明显的只有共和乡，上升较慢、两极分化明显的有南河乡、月池乡和榄边乡 3 个乡，上升较慢两极分化不明显的有深水洞乡、双竹乡和金门乡 3 个乡。

据统计，1953 年出租土地户数最多的是中山县榄边乡，全乡共有 95 户出租土地，占该乡总户数的 26.69%，出租土地占该乡总土地数的 11.37%；一般的（出租户占本乡总户数的 5%—10%）有新会县北洋乡（占 9.09%）、揭阳南河乡（占 9.26%）、顺德县海尾村（占 6.23%）、曲江县共和乡（占 5.09%）、潮安县莲云乡（占 5.04%）等 5 个乡。最少的是中山县外沙乡（户数占 1.3%，土地占 0.22%）、梅县双竹乡（户数占 2.46%，土地占 0.41%）两个乡。

各乡农民为增加收入而出租土地的比重不大，揭阳县南河乡、潮安县莲云乡、梅县双竹乡 3 个乡没有出现这种情况。其他 7 个乡比重较大的是清远县金门乡，该乡属于这种类型的出租户占全乡总户数的 2.2%，占本阶层出租户数的 23.64%，户均出租 3.68 亩；其次是新会县北洋乡，此类出租户占全乡总户数的 1.55%，占出租总户数的 23.1%，户均出租土地 2.06 亩；最少的是顺德县海尾村、海丰县岳池乡、曲江县共和乡,属于这种出租户数各1户。

从出租土地两年来的发展情况看,根据5个乡的调查:出租户数增加的有3个乡,减少的2个乡。中山县外沙乡出租户数1953年比1952年增加4倍,海丰县月池乡出租户数增加45户,梅县双竹乡增加2户。减少的有南海夏南乡和揭阳县南河乡(见表2-12)。

表 2-12　1953 年 10 个乡出租情况比较表

(单位:市亩)①

调查乡	总户数	合计			解决生产困难性质					地租剥削性质				
		出租户数	占总户数%	出租土地	出租户数	占总户数%	占出租总户数%	出租土地	户均	出租户数	占总户数%	占出租总户数%	出租土地	户均
总计	4420	265	6	489.02	233	5.27	87.92	401.53	1.72	32	0.72	12.08	87.49	2.73
潮安莲雲乡	349	9	2.58	13.56	9	2.58	100	13.56	1.51					
揭阳南河乡	411	29	7.06	31.35	29	7.06	100	31.35	1.08					
海丰月池乡	509	54	10.61	66.04	53	10.41	98.15	65.2	1.23	1	0.2	1.95	0.84	0.84
新会北洋乡	837	57	6.81	103.69	44	5.26	77.19	76.9	1.75	13	1.55	23.1	26.79	2.06
清远金门乡	591	55	9.31	148.26	42	7.11	76.36	100.41	2.39	13	2.2	23.64	47.85	3.68
南海夏南乡	474	17	3.59	23.82	14	2.95	82.35	18.8	1.34	3	0.63	17.65	5.02	1.67
中山外沙乡	370	4	1.08	11.18	4	1.08	100	11.18	2.79					
顺德海尾村	346	21	6.07	41.62	20	5.78	95.24	39.63	1.98	1	0.29	4.76	1.99	1.99
梅县双竹乡	233	5	2.15	3.99	5	2.15	100	3.99	0.8					
曲江共和乡	300	14	4.67	45.51	13	4.33	92.86	40.51	3.12	1	0.33	7.14	5	5

---

① 中共中央华南分局农村工作部编:《广东省农村经济调查(第一部分)》,1954年4月,第37—38页。

根据调查资料显示,10个乡雇工户数712户,占总户数的17.52%。雇工比较发达的(雇工户数占总户数的在25%—34%之间)有外沙乡(占34.32%)、海尾村(占32.08%)、南河乡(占26.76%)、榄边乡(占25.53%)等4个乡;雇工一般的(雇工户数占总户数的15%—18%)有月池乡(占18.07%)、金门乡(占15.9%)、夏南乡(占15.82%)等3个乡;雇工较少的有莲云乡,雇工户仅占总户数的2.29%,深水洞乡雇工户仅占总户数的2.94%,双竹乡占8.15%。

从雇工性质看:10个乡为增加收入而雇工的268户,占本阶层总户数的6.6%,占本阶层雇入总户数的37.64%,雇入日工5264个,每户平均雇入20个日工。以海尾村最多,雇工户数占雇入总户数的62.16%,户均雇入25个工。榄边乡占15.74%,户均雇入20个工。月池乡占12.38%,最少的是潮安县莲芸乡,占1.15%。为解决生产困难而雇工的户数444户,占本阶层总户数的10.93%,占本阶层雇入总户数的62.36%,雇入日工5389个,户均雇入12个日工。以揭阳县南河乡最多,此种性质的雇工户数占本阶层雇工总户数的94.55%(见表2-13)。

表2-13　1953年10个乡雇工情况统计表

乡别	农民阶层总户数	合计				解决生产困难					为了增加收入				
		雇入户数	占本阶层总户数%	日工数		雇入户数	占本阶层总户数%	占雇入总户数%	日工数	户均	雇入户数	占本阶层总户数%	占雇入总户数%	日工数	户均
总计	4063	712	17.52	10653		444	10.93	62.36	5389	12	268	6.6	37.64	5264	20
潮安县莲芸乡	349	8	2.29	122		4	1.15	50	54	14	4	1.15	50	68	17
揭阳县南河乡	411	110	26.76	853		104	25.3	94.55	804	8	6	1.46	5.45	49	8
海丰县月池乡	509	92	18.07	1214		29	5.7	31.52	389	13	63	12.38	68.48	825	13
清远县金门乡	591	94	15.9	2215		62	10.49	65.96	1346	22	32	5.41	34.04	869	27
南海县夏南乡	474	75	15.82	1313		57	12.03	76	918	16	18	3.8	26	395	22
中山县外沙乡	370	127	34.32	1214		104	28.11	81.89	752	7	23	6.22	18.11	462	20

续表

乡别	农民阶层总户数	合计			解决生产困难					为了增加收入				
		雇入户数	占本阶层总户数%	日工数	雇入户数	占本阶层总户数%	占雇入总户数%	日工数	户均	雇入户数	占本阶层总户数%	占雇入总户数%	日工数	户均
顺德县海尾村	346	111	32.08	2118	42	12.14	37.84	382	9	69	19.94	62.16	1736	25
中山县榄边乡	235	60	25.53	1162	23	9.79	38.33	431	19	37	15.74	61.67	731	20
梅县双竹乡	233	19	8.15	323	11	4.72	57.89	194	18	8	3.43	42.11	129	16
廉江深水洞乡	545	16	2.94	119	8	1.47	50	119	15	8	1.47	50		

资料来源：同表 2-12。

　　靠近墟镇、人多地少的平原粮食作物区因租佃关系发达进而带动雇佣关系的普遍化。榄边乡位于中山县南部的民田区，是珠江三角洲的丘陵性平原，北面背山、西北部有水源，靠近榄边墟。土壤是沙质壤土与黏质土各一半，耕地大部分是垌田，小部分是山坑田，表土浅，底土层黏硬，深耕较困难，土质不如沙田地区肥沃。农作物种植以水稻为主，种植面积占所有耕地的 92.28%。该乡人均占有耕地 1.51 亩。经济作物甚少，因而经济作物收入较低。该乡最主要的副业是养猪，该乡贫农上升户养猪收入占其总收入的 26.1%。由于土地少、生产工具充足、劳动力强的农户到外乡佃耕沙田的很多。1952 年各阶层佃耕土地的共有 103 户，佃入土地 346.3 亩。1953 年增加到 118 户，佃入土地 529.53 亩。因佃耕的人多而出租的土地少，出现"互相争佃"的现象；土改后两年全乡出租情况逐年增加，户数增加 7 户，土地亩数增加 26 亩，增加 13.8%。1953 年出租增加的原因主要是一些农民因转移劳动力做其他职业或者到外乡佃耕沙田，家里小部分田出租。

　　值得注意的是，与传统观点认为的"佃耕土地越多越受剥削而导致经济地位下降"不同的是，中山县榄边乡部分农户因佃耕土地越多反而上升越快。据该乡西江里村 9 户上升户统计，有 8 户佃耕土地 42.74 亩，占 8 户全部耕地面积（自耕与佃耕）的 44.1%，佃入土地的稻谷收入（除交租）15735 斤，每人平均 562 斤，佃耕收入占全部稻谷收入的 34.7%，占总收入的 20.2%，有的农户佃耕收入占总收入比重高达 54.4%;特别是劳动力较强、佃耕土地多、副业收入较大的中农"一二年内可以上升到富裕中农"。由中农上升到富裕中农的 7 户典型户中,有 4 户佃耕田 56.35 亩,佃耕田面积甚至比自有田还多(自有田 22.9 亩)。4 户佃耕收入 14800 斤谷,占该 4 户总收入的 41%。1953 年24 户富裕中农(有 3 户佃耕沙田的未统计)共佃耕 171.81 亩,占租入土地总数的 32.45%,佃耕土地增加了 27.71%。因此,多数贫农"很羡慕"佃耕沙田多、收入多的中农。随着佃入户土地经营规模的扩大,该乡雇工发展也较快,1953 年富裕中农雇入日工比 1952 年增加 39.5%,一般中农雇入日工数增加30.61%,雇入日工多的都是佃耕田多的农户。富裕中农雇工主要是因佃耕很多土地而雇工,一般中农雇入较多是为了解决生产上的困难。

随着富裕中农佃耕土地增加,稻谷收入和稻谷商品化程度均有所增加,1952 年佃耕田和自耕共收入稻谷 187359 斤,占本阶层总收入的 61.26%;1953 年佃耕与自耕稻谷收入 191040 斤,比 1952 年多收入 3681 斤。特别是多佃了田的农户,粮食增加的比较多。如中农上升户林计洪 1952 年佃耕沙田21 亩,1953 年佃耕 27 亩,比 1952 年多佃沙田 6 亩多,因此多收入稻谷 1853斤。据 4 个富裕中农典型户统计,1953 年可提供商品粮 11125 斤,占全年总收入粮食的 43.8%;1952 年可提供商品粮 8957 斤,占全年粮食收入的36.84%。由此可说明,随着佃入土地和土地经营规模的扩大,稻谷商品化程度提高而且逐年增加。

经济作物和副业较发达地区的土地租佃和雇佣关系也比较发达,如顺德县海尾村。该村位于珠江三角洲冲积平原上,主要农产品是甘蔗和鱼,还有少部分的稻谷和桑蚕,是典型的经济作物区。该乡水陆交通均发达,距离容奇镇(顺德县最大的工商业城镇)仅 10 里,广中公路横贯期间,到大良(县城)、广州、中山均很方便。全乡河流交错,水上交通尤为方便,农民用艇可运销农产品到广州、中山等地。国营顺德糖厂、建国糖厂及公私合营建德公司(专门收购及推销鱼)和收茧站均在容奇或容奇附近。该乡甘蔗收入所占比重较高,占总收入的 42.48%,捕鱼占总收入的 20.2%,稻谷仅占总收入的 6.91%,副业收入主要是养猪,占总收入的 9.26%。其他收入主要是工薪收入(附近糖厂或丝厂做工),占总收入 5.77%。因此,该村农民收入水平较高。从该村出租土地的原因来看,95.24%的出租户是为了解决生产困难而出租。该村雇佣关系较为发达,1953 年雇入户数 111 户,占该村总户数的 32.08%,雇入日工 2118 个。出雇户数 101 户,占总户数的 27.75%。顺德农业工资较高,一般工价 8000 元到 20000 元。对于中农来说,主要是有劳动力剩余、为增加收入改善生活而出雇。如富裕中农出雇的 8 户中,6 户是因为劳动力有剩余、为增加收入,1 户是出雇犁田工。中农 56 户出雇,其中劳动力有剩余为增加收入而出雇的 30 户,占 53.57%,1/3 以上农户人均收入在 2000 斤谷以上。

在人少田多和劳动力不足的乡土地租佃和雇佣关系发展较快。中山县外沙乡位于珠江下游支流的出海口,在中山县的东南隅,东离石歧市约 28 公里,南距澳门约 25 公里。该乡境内无山、一片平原,村与村间有涌相隔,交通不便。该乡土质肥沃,是冲积层油泥,但地势是全区最低的,常被水灾。机动田和新开荒田较多,尚有数百亩荒田未耕种。该乡是纯产稻区,水稻田占全乡耕地的 99.7%,一年两造,但耕作方法粗放,除部分秧田外,完全不施肥,且因田低不适宜用牛犁田。主要收入是农业收入,占总收入的 78.52%(其中主要是稻谷,杂粮仅占农业收入的 0.82%,经济作物仅占 0.21%),副业收入占总收入的 19.34%(主要是养鸭、猪、鸡和捕鱼虾)。12 个调查乡中,该乡人均占有土地最多,人均占有耕地 3.96 亩,平均每个劳动力负担 8.53 亩。虽然出租户和出租土地数所占比重较小,但发展最快,1953 年出租户数比 1952 年增加 4 倍(1952 年 1 户、1953 年 5 户),从出租土地的原因来看,缺乏劳动力的 3 户,残疾的 1 户,田地离住宅太远耕作不方便的 1 户,均为解决生产困难。该乡土地租佃关系不发达的其中一个重要原因是借出、借入土地较多。1953 年全乡借入土地的有 141 户,占全乡总户数的 36.6%,借入土地 480.69 亩(其中机动田 395.62 亩)。借出户 42 户,占全乡总户数的 10.91%,借出土地 171.64 亩,占全乡耕地面积的 2.6%。借出土地有以下几个方面的原因:一是由于缺乏劳动力,自己耕种不了,将多余的土地借给别人耕种,除由借耕户交公粮外,不要租谷。二是分得水田不大好而借给别人,另去开荒。三是想少交公粮,将自己占有的一部分田借出,另去开荒。此外,作为沙田地区,地多劳力少,且沙田农事的季节性大,到夏、秋农忙时,大部分农民感到劳力不足需要雇短工,附近季节较早的乡有许多农民在该乡农忙时来打工。加上 1953 年稻谷生长较好且全部倒伏,增加了收割的困难。因此,雇工现象普遍增加。1952 年全乡 47 户雇入,雇工 384 个工。1953 年增至 127 户,雇入 1214 个工(牛工不计在内）。和其他调查乡相比,该乡雇入户数占总户数的比重最高①。

表 2-14　1953 年 12 个乡农民收入来源统计表

地区性质及县乡别			各项收入比重%					
			粮食收入	经济作物收入	商业收入	手工业收入	其他副业收入	其他收入
平原区	一般粮产区	潮安县莲雲乡	55.11	11.42	0.8	1.87	25.6	5.2
		揭阳县南河乡	73.05	5.56	1.43	1.91	11.12	6.93
		海丰县月池乡	72.72	5.57	3.01	0.76	13.67	4.27
		新会县北洋乡	71.93	2.02	1.46	0.7	10.49	13.4
		清远县金门乡	66.55	6.84	0.02	0.66	21.2	4.73
	近墟镇	南海县夏南乡	39.46		17.68	5.35	24.93	12.58
		中山县榄边乡	58.2	0.09	4.4	1.09	20.56	15.66
	沙田区	中山县外沙乡	78.37	0.17	1.03	0.07	18.22	2.14
	经作区	顺德县海尾村	7.27	42.48	0.09	0.14	34.85	15.17
山地丘陵区	山区	梅县双竹乡	37.28	0.44	0.25	16.18	17.72	28.13
		曲江县共和乡	80.25	1.42	0.16	0.52	12.4	5.25
	丘陵区	廉江县深水垌乡	58.63	3.29	1.88	3.96	15.93	16.31

资料来源:《广东省农村经济调查(第一部分)》,第 78 页。

(三)华东区:以安徽省典型调查乡(村)为例

　　从分布的区位和经济条件来看:安徽省 10 个典型乡包括淮北平原地区两个乡,阜阳河东乡系主产麦、豆的粮食作物区。肖县杨阁乡系主产棉花、麦子次之的经济作物区;丘陵地区 4 个乡,嘉山县明北乡系主产稻、麦的粮食作物区。淮南市胡圩乡系主产麦、稻的粮食作物区,并有部分蔬菜生产。合肥市四合乡、肥西县竹西乡均系主产水稻的粮食作物区;山区 3 个乡,霍山大化坪乡系主产水稻、玉米,林木次之的粮食作物区。潜山骑龙乡系主产稻、麦的粮食

---

① 《广东省农村经济调查(第一部分)》,第 1、5、25、37—38 页;《广东省农村经济调查(第二部分)》,第 73、91、128—132、36—38、71—72、1—2、32—33 页。说明:正文中有关广东省土地租佃、雇佣、人均耕地和各项收入比等数据参考表 2-16、表 2-17、表 2-18。

作物区。歙县山岔乡系主产茶叶、粮食,林木次之的经济作物区;圩区一个乡,芜湖马塘乡,系主产水稻的粮食作物区。根据当时工作基础不同的类型分为:先进乡4个,包括阜阳河东乡、合肥市四河乡、芜湖马塘乡、歙县山岔乡;一般乡5个,包括萧县杨阁乡、霍山大化坪乡、淮南市胡圩乡和潜山骑龙乡;薄弱乡1个,即嘉山明北乡村。

经济作物比重高、副业发达和农民富裕的乡土地买卖、典当数量较大,而农业生态条件较差,农民收入较低的乡土地买卖、典当则较少。如平原地区的萧县杨阁乡土改结束时没有土地买卖现象,25户典出土地91.3亩,17户典入土地43.2亩。1952年11户卖地48.3亩,14户买地44.8亩,26户典出土地82.7亩,15户典入土地30.4亩。1954年12户卖地26.6亩,4户买入12.3亩。24户典出79.4亩,17户典入34.1亩。从土地租佃关系来看,3个山区乡和丘陵地区的胡圩乡土地租佃率都较高。淮南市胡圩乡土改结束后有36户租入土地171.8亩,46户租出土地294亩。1952年54户租入土地243.2亩,65户租出土地272.1亩,1954年86户租入田537.9亩,71户租出田432.2亩。大部分出租户主要是因无劳力或劳力从事其他职业无法耕种而出租。人多地少的山区虽然土地买卖和典当较少,但土地租佃和雇佣比较普遍。大化坪乡土地租佃率年年递增,土改结束时51户出租土地120亩,66户租入土地149.05亩,1952年64户出租土地148.05亩,79户租入155.96亩,1954年78户租出153.69亩,104户租入184.19亩(见表2-15、表2-16)。

即使在同属平原区、丘陵区或山区的典型调查乡,经济作物占比高、农副业收入高的乡比粮食作物区的乡地权交易规模大、地权交易频率也高。如同为淮北平原区,作为经济作物区的萧县杨阁乡土地买卖、典当和租佃率均高于粮食作物区——阜阳县河东乡。河东乡和杨阁乡在自然生态环境上相似,都地处平原,且交通便利,靠近沙河,土地肥沃。河东乡位于阜阳县城东郊,西邻沙河,阜蒙公路横贯其中,水陆交通比较便利,地势比较平坦。该乡土地较为肥沃,主产小麦、大豆及部分经济作物。萧县杨阁乡位于陇海铁路的黄口车站,南靠沙河,交通便利。该乡西部和西南部土质多为泡沙,宜植花生;东部和东南部为白碱土,宜植棉花;中部为青沙土,适合种植粮食作物。全乡在种植作物的比重上,粮食种植面积虽占50%以上,但在收获比重上,经济作物(棉花)却占总收入的60%以上,属于经济作物区。如表2-21所示,杨阁乡经

表2-15　安徽省1954年10个乡土地买卖、典当情况统计表

(单位:亩)

调查乡	卖出					买入					典出					典入				
	户数	占总户数%	土地	占总地数%	户均	户数	占总户数%	土地	占总地数%	户均	户数	占总户数%	土地	占总地数%	户均	户数	占总户数%	土地	占总地数%	户均
阜阳县河东乡	2	0.64	4.8	0.14	2.4	5	1.61	7.4	0.21	1.48	9	2.89	18.7	0.54	2.08	18	5.79	35.2	1.02	1.96
肖县杨窝乡	12	4.98	26.6	0.9	2.22	4	1.66	12.3	0.42	3.08	24	9.96	79.4	2.69	3.31	17	7.05	34.1	1.16	2.01
嘉山县明北乡		0	0	0			0	0	0		5	1.83	20.1	0.34	4.02	1	0.37	14	0.24	14
淮南市胡圩乡	9	2.91	90.8	2.47	10.09		0	0	0		2	0.65	5.6	0.15	2.8	12	3.88	22.4	0.61	1.87
合肥市四河乡	2	0.85	6.51	0.17	3.26	1	0.43	1.9	0.05	1.9		0	0	0			0		0	
肥西县竹西乡	36	15.65	62	2.13	1.72	27	11.74	88	3.02	3.26	4	0.87	2	0.07		4	1.74	7	0.24	1.75
霍山县大化坪乡	7	1.47	9.37	0.1	1.34	5	1.05	2.8	0.03	0.56	9	1.89	11.63	0.12	1.29	9	1.89	17.1	0.18	1.9
潜山县骑龙乡	8	2.67	5.7	0.3	0.71	30	10	39.4	2.08	1.31	1	0	0	0		1	0.33	1.56	0.08	1.56
歙县山岔乡	3	1.36	1.7	0.07	0.57	9	4.07	21.2	0.84	2.36	2	0.9	86.4	3.43	43.2	3	1.36	86.4	3.43	28.8
芜湖县马塘乡	1	0.34	0	0	0	10	3.36	13.75	0.6	1.38	1	0.34	0.6	0.03	0.6	1	0.34	0.3	0.01	0.3

资料来源:中共安徽省委农村工作部:《安徽省农村典型调查》,1956年。根据10个典型调查乡的资料汇总而得。

表2-16　安徽省1954年10个乡土地租佃、雇佣关系统计表

乡	租出 户数	租出 占总户数%	租出 土地(亩)	租出 占总土地数%	租出 户均	租入 户数	租入 占总户数%	租入 土地(亩)	租入 占总土地数%	租入 户均	出雇 户数	出雇 占总户数%	出雇 长工 户数	出雇 长工 工数	出雇 短工 户数	出雇 短工 工数	雇入 户数	雇入 占总户数%	雇入 长工 户数	雇入 长工 工数	雇入 短工 户数	雇入 短工 工数
阜阳县河东乡						28	9	140.1	4.05	5		0					5	1.61			5	170
肖县杨阁乡	20	8.3	90.84	3.08	4.54	22	9.13	76.1	2.58	3.46	1	0.41			1	20	9	3.73			9	423
嘉山县明北乡	15	5.49	124	2.09	8.27	34	12.45	232	3.92	6.82	25	9.16	22	24	3	233	98	35.9	95	61	3	162
淮南市胡圩乡	71	22.98	432.2	11.74	6.09	86	27.83	537.9	14.61	6.25	10	3.24	5	3	5	487	102	33.01	68	60.3	34	1172
合肥市四河乡	5	2.13	28.4	0.75	5.68	44	18.72	132.3	3.47	3.01	8	3.4	1	0.5	7	195	36	15.32	13	9.5	23	887
肥西县竹西乡	4	1.74	7	0.24	1.75	28	12.17	53	1.82	1.89	51	22.17	13		51	789	68	29.57	2	22	66	1890
霍山县大化坪乡	78	16.42	153.69	1.6	1.97	104	21.89	184.19	1.92	1.77	111	23.37	98	12.5	98	3068	115	24.21	2	9.5	106	2664
潜山县畸龙乡	27	9	65.4	3.45	2.42	79	26.33	154.5	8.15	1.96	71	23.67	2	720	69	1306	109	36.33	2	720	107	2333.5
歙县山岔乡	56	25.34	161.76	6.42	2.89	93	42.08	310.49	12.33	3.34	50	22.62	2	2	50	1321	150	67.87	1	2	149	985
芜湖县马塘乡	9	3.02	19.61	0.86	2.1	25	8.39	44.08	1.93	1.76	37	12.42	2	2	35	610	34	11.41	3	1.75	31	431

资料来源:同表2-15。

济作物种植比重和副业收入在总收入的比重均高于河东乡,杨阁乡人均收入比河东乡高 2.47 倍。河东乡虽然中农化程度高于杨阁乡,但是富裕中农在总户数所占比重却低于杨阁乡(河东乡和杨阁乡富裕中农户数占总户数比重分别 11.9%和 17.43%)。从土地买卖、典当和租佃关系来看,1954 年阜阳县河东乡买卖土地户数共 7 户,占总调查户数 311 户的 2.25%,买卖土地占全部耕地的 0.34%。土地典当户数稍多,占总户数的 8.68%,土地典当率为 1.5%。属于土地使用权流转的租佃关系户共 28 户,土地租佃率为 3.89%。而同期的肖县杨阁乡土地买卖户 16 户,占总调查户数 241 户的 6.64%,买卖土地 38.9亩,占该乡总耕地的 1.4%。发生土地典当的户数 41 户,占总户数的 17.15%,典当土地 113.5 亩,占 3.93%。土地租佃户数 42 户,占 17.4%,土地租佃率为5.8%。可见,在土地所有权和经营权的流转规模上,杨阁乡不管是绝对数还是相对值上都显著高于河东乡。2 个乡在土地所有权和经营权流进流出比例上也各不相同,河东乡在买入典入户数和耕地数上均高于本阶层的卖出和典出,该乡没有出租土地现象,而杨阁乡的情况正好相反,这主要是因为该乡人均占有土地和每个劳动力负担的土地较多,因而买入、典入和租入土地的数量较小①。

表 2-17　阜阳县河东乡与萧县杨阁乡调查统计表

(单位:折粮斤)

调查乡	人均占有土地	人均收入	农业收入占总收入%	副业收入占总收入%	粮食作物占农业收入%	技术作物和园艺作物占农业收入%	中农占总户数比重%	组织起来户数占总户数%
河东乡	2.52	466.7	90.7	1.1	94.1	5.9	63.34	85.7
杨阁乡	2.55	1151	78.88	11.86	55.8	44.2	52.28	76.15

　　肥西县竹西乡因副业收入和工资收入高,其土地买卖、典当率高于同为丘陵区的嘉山县明北乡。嘉山县明北乡位于津浦路以东,西北靠池河,地势南北倾斜,西南都是丘陵岗地,西面和北面是湖田。土质多为黄白黏土,少数是漏风土。湖田均是淤积的砂质土壤,适宜种植水稻、小麦以及玉米、高粱、豆类等作物。其中湖田土质较肥,小麦每亩可收 250 斤。但因地势低洼,雨大即淹,

① 《安徽省农村典型调查》,第 19—20 页。

不保收。同时岗田水利条件差,易受旱。当地谚语:"种湖田,贩私盐,碰到一年是一年。"该乡 1951 年全乡卖出土地的 1 户(贫农),买入土地的 1 户(新中农)。1952—1954 年没有发现土地买卖现象;竹西乡距合肥仅 5 公里,系产稻麦的丘陵地区。土地有冲田、旱地。土质中最好的是白土与黑沙土,占耕地面积的 20%,一般的白土占 60%,最差的黄白土占 20%。农业生产主产水稻,其收获量占总产量的 73%,麦类占 18%,豆类、山芋、菜籽、花生、棉花等占 9%。新中国成立前该乡有"重副业轻农业"的传统,几乎家家做贩卖性的副业,如贩米、布、菜、酒、生姜、水果等,还有织布、打鱼、摸虾等。群众说,"不到外面去抓几个现的,生活就不够来"。土改后,副业生产以养猪、养鸭为主。同时随着城市建设的发展,到合肥做临时工的人日渐增多,工资收入较高。肥西县竹西乡土改结束时仅 1 户卖地 3 亩,1 户买地 1 亩,3 户典入土地 7 亩。1952年 11 户卖地 19 亩,10 户买地 18.29 亩,4 户典出土地 14 亩,7 户典入土地 35亩。1954 年典当关系急剧下降,但土地买卖继续激增,共 36 户卖地 62 亩,27户买地 88 亩。

　　同为山区的潜山县骑龙乡和歙县山岔乡土地买卖和典当率均不高,但是由于山岔乡种植茶叶等园艺作物比重高、收入大,该乡的土地租佃率和雇佣率均高于骑龙乡。潜山县骑龙乡位于安(庆)潜(山)公路以西,大别山脉以东。全乡有大小山河 5 条,小型沟渠 12 道,堰塥 13 座,大小塘 178 口,每年春夏季节一个月不雨可以保收。该乡系两山夹一板的主产水稻地区,面浆土约占全乡耕地面积的 40%,乌沙土占 25%,黄泥土占 35%。土质较肥沃,气候也较温和,适宜于水稻和大小麦生长,水田面积占 90% 以上;山岔乡也属于山区,地势呈三角形,西北靠黄山,境内 3 条河汇经河东、杨家坪流往太平。该乡以山地为主,其中荒山占 78.5%,其次为林山和茶山,水田、旱地等农作物种植区仅占很小的比重。该乡农业生产除以茶农林为主外,还兼营竹笋和油茶等多种经济作物。茶叶、林业生产具有较高的技术性,兼具季节性和突击性的特点。同时,该乡自然村居住比较分散,最集中的一个村子只有 42 户,10—20户的共 6 个村,其余都是一二户的村庄,各个村庄之间距离一二里至三四里,远的有七八里,最远的有 20 多里。因此,该乡在农忙季节往往出现劳动力不足的现象。

　　从 2 个乡的各项数据对比来看,人均占有土地面积、农副业收入分别占总收入的比重都不相上下。差异较大的是,山岔乡人均收入比骑龙乡高 1.78 倍。从两个乡中农化的程度来看,也可印证伴随着农民收入水平的提高,农民出现的是中农化趋势而非两极分化。山岔乡虽然农业收入所占的比重较高,但茶叶等技术和园艺作物在农业收入中所占的比重高达 70.25%,而骑龙乡技术和园艺作物收入仅占农业收入的 7.88%。可见,为农业收入作出贡献的主要是技术、园艺作物种植而非粮食种植。

表 2-18   潜山县骑龙乡和歙县山岔乡调查统计表

(单位:折粮斤)

调查乡	人均占有土地	人均收入	农业收入占总收入%	副业收入占总收入%	粮食作物占农业收入%	技术作物和园艺作物占农业收入%	中农占总户数比重%
骑龙乡	1.45	998	70.2	1.3	92.12	7.88	59.67
山岔乡	1.7	1776	80.56	2.4	29.75	70.25	73.3

2 个乡的土地买卖、典当等现象都较少,1951 年骑龙乡只有 1 户买地 0.4 亩,1 户卖地 0.7 亩,1 户典出土地 2.112 亩;山岔乡没有土地买卖现象,土地典当规模较大,2 户典出土地 105.9 亩,3 户典入 105.9 亩。1952 年骑龙乡 15 户出卖土地 24.8 亩,5 户买入土地 6.6 亩,没有土地典当现象;山岔乡只有 1 户卖地 1.3 亩,2 户买地 2.82 亩。2 户典出土地 105.9 亩,3 户典入 105 亩。1954 年,骑龙乡 8 户卖地 5.7 亩,30 户买地 39.4 亩,只有 1 户典入土地 1.56 亩;山岔乡 3 户卖地 1.7 亩,9 户买地 21.2 亩,2 户典出土地 86.4 亩,3 户典入土地 86.4 亩。山岔乡土地买卖少于骑龙乡,但典当土地数量和规模却高于后者。

两个乡由于地处山区,土地占有和使用比较分散,农业生产极不方便,两个乡的土地租佃率都比较高。相比而言,山岔乡租佃户数和土地数不论是绝对值还是占总户数、土地数的比重方面都高于骑龙乡,户均租佃规模也高于骑龙乡。再加上山区生产特点,特别是茶叶、林业等生产具有强烈的季节性和突击性,和其他调查乡相比,骑龙乡和山岔乡在雇佣关系方面比较普遍(见表 2-22)①。可见,土改后人均占有土地较少的山区农民适应山区农业生产的特

———————————

① 《安徽省农村典型调查》,第 175、201 页。

点,基于经济理性考量,通过土地租佃和发展雇佣关系来调剂农业劳动力、土地等生产要素,以实现茶叶等园艺作物的适度规模经营进而实现利润最大化。

土改结束后,各地农民仍面临地块零碎的局面和土地利用分散的情况。除了通过自耕、雇工经营和互助合作等方式来克服土地经营中的零细化困境外,农民更多的是通过买卖、租佃等地权交易方式来调剂土地和劳动力等生产要素,而地权交易中诸如零星买卖、普通群众成为交易主体等特征反过来进一步加剧了农田"细碎化"。

土改结束至集体化高潮前,由于自然生态环境及社会经济条件不同,各地的地权交易方式呈现多样化的区域性特征。即使在同一个省内、同一个县甚至是同一个乡内,由于自然人文生态条件的差异,导致各典型调查乡(村)地权交易规模、主体、价格等情况也差别很大。当然,各地的地权交易规模和形式受各地土地改革时间早晚和互助合作化运动推进速度等政治因素的影响。如在互助合作基础较好的地区,农民组织起来后,很大程度上解决了生产生活上的困难,土地买卖、典当、租佃和雇佣、借贷等生产要素流转数量也随之大大减少。在互助合作基础较差的地区,部分个体农民在劳动力、土地、资金等方面存在较大困难,借高利贷、出卖土地、出租土地的也较多。但总体而言,合作化运动对土地买卖、典当和租佃关系的影响并不是决定性的,农民主要依托各地的自然生态环境来选择相适应的经营方式。

第三章　作为地权交易主体的中农：
安于现状抑或单干致富

　　作为特定时代背景下的社会阶层,中农在乡村社会有其独特的阶级地位和社会身份。在 20 世纪中期剧烈的强制性土地制度变迁中,根据革命发展阶段和政治经济发展需要,中共的农村阶级政策发生了数次调整,而每次调整必然绕不开如何依靠和团结中农这个核心问题:土地改革时期,作为政治动员的主要对象和农村生产力恢复的中坚力量,中农作为一个阶级整体,被划入依靠和保护的阶层范畴。土改结束后的几年内,伴随着"中农化"社会结构的显现和互助合作运动的开展,中共逐步对中农阶层进行细化、分层,中农阶层中不同的细分对象先后被贴上了"依靠、团结对象"和"孤立、打击对象"的标签。伴随着中农政策的调整、变化,中农的心理和行为均发生了变化。

一、政策保护下屡受"侵犯":土地改革时期的中农

　　抗战胜利初期,经过减租减息的各解放区,不管在人口比例、土地、生产工具等生产资料的占有还是在中共发起的各项群众运动中,中农阶层都占有重要的地位。如晋察冀老解放区经过减租减息,中农比重激增,占总人口的60%—80%。华中解放区多数调查村中农占总人口的比重为 30%—50%。山东滨海、胶东、渤海 3 个解放区抗战前中农户数占总户数的 41.33%,减租减息后中农户数所占比重增加到 50.66%①。中农在农村社会构成中不仅占有相当程度的比重,而且是中共依赖的重要革命动力,其态度向背被认为是"决定当时农村革命成败的关键因素"。适应革命形势发展需要,中共非常重视中农在土地改革中的作用。解放战争时期,中共中农政策一再调整,力求最大限

---

① 《中国的土地改革》编辑部、中国社会科学院及经济研究所现代经济史组:《中国土地改革史料选编》,国防大学出版社,1988 年,第 298、305、264 页。

度地团结中农。《五四指示》明确规定"决不可侵犯中农土地"①，针对各解放
区出现的侵犯中农土地权益的现象，1947年初，中共中央要求土改复查中"如
有侵犯中农利益的事，必须赔礼道歉"②。

　　根据中央指示，各解放区也非常重视团结中农的作用，先后颁发了关于重
视中农作用、不侵犯中农利益的文件和指示，并对被侵犯的中农土地，设法退
还或赔偿。如华中分局多次发出指示强调："绝对不容许侵犯中农土地，……
侵犯土地退换，并向中农作适当解释，以取得中农的同情和拥护。"华东局在
关于土地改革的指示中也强调："中农不论在反封建斗争中及在生产建设中
都是基本群众。在土地改革运动中，决不能清算到中农身上。"③东北局指示：
"用一切方法使中农参加运动，并使其获得利益，决不可侵犯中农的土地。"④
晋绥分局在部署1946年冬季工作任务时指出："对中农利益不仅不能侵犯，而
且要广泛地吸收中农参加，对按其劳动能力尚缺乏土地的中农，亦应分给土
地，对不缺土地而缺少农具或耕畜的中农，亦应分给农具和耕畜之类。"⑤太岳
地委在1946年运动中强调团结中农并专门召开中农会议让中农诉苦，吸收中
农参加斗争，坚持"说理不动米"⑥。

　　《五四指示》颁发后，由于中共中央、各解放区对中农阶层土地权益的重
视和保护，各解放区在土改中都不同程度地满足了中农阶层对土地的要求，如
太行区抗战前中农分别占总人口和总土地数的40.78%和36.3%，执行"五
四"指示后，中农分别占总人口和总土地数的41.47%和43.75%。但是各地
在执行过程中，侵犯中农利益的现象仍时有发生，如华中解放区在土改中为片
面照顾贫雇农利益，要求出田户占总人口的25%—30%以上，而得田户却不超
过40%—50%。有的得田户只有42户，而出田户多至44户，这样不仅动了富
裕中农的土地，而且动了一般中农的自耕土地⑦。对中农财产权益尤其是土

①　《关于土地问题的指示》，《刘少奇文集(上卷)》，人民出版社，1981年，第378页。
②　毛泽东：《毛泽东选集》第四卷，人民出版社，1991年，第1216页。
③　《中国土地改革史料选编》，第254、305、303页。
④　《解决土地问题是深入群众运动的中心环节》，《东北日报》1946年5月21日。
⑤　《中国土地改革史料选编》，第319—320页。
⑥　《太岳四地委指示各县　深入小村贯彻复查确定地权准备生产》，《人民日报》1947年2月20日第二版。
⑦　《中国土地改革史料选编》，第333、367、305页。

地权益的侵犯，使中农对中共"不侵犯中农利益"的政策持怀疑态度，部分中农处于对自身地位和发展前景的恐慌和不安之中。

在 1947 年秋冬开始的老区土地改革中，部分中农的土地和生产资料被无偿抽动和挪用，晋绥解放区临县河曲、保德县的有些村子抽动中农的土地甚至达 80% 以上①。冀中安平县严疃村土地平分中，有的中农被定成富农，被抽动土地的 9 户中农，有 6 户抽去了自己全家所有土地的四分之一②，造成被抽地中农的生活、生产困难。有的地方干部在生产救灾时提出"非动中农才能度荒"不可，并且由此产生了一些偏向，如贷款时排挤中农或随意挪用中农牲畜、车辆等生产资料。元氏县城关区来厢村贫雇农讨论贷款时，不仅不叫中农参加，还把已到会的中农赶出去；四区使庄村用 3 户富裕中农的牲口、大车去运粮，赚的钱全部归贫雇农。对中农权益的侵犯致使有困难的中农户无法度荒，能维持生活的中农生产消极，影响整个群众性生产自救运动的开展③。这引起了中农的强烈不安和动摇。冀南清河二区邱家那村部分中农从 1947 年复查到确定地权始终没去掉"怕被斗"的心事，中农邱凤禄家有 6 口人、16 亩地，以前"弹花弓"，吓得也不弹了④。部分中农生产消极，曹寺乡中农王武臣在土地改革前生活节俭、劳动积极，土改后经常买菜、买鸡蛋吃，生产也不大积极，说"做得多了，也不能吃"，这种情况一直到 1951 年颁发土地证后才逐渐转变过来⑤。

针对平分土地中机械地按人口绝对平均主义而侵犯中农的偏向，中共中央和各解放区在政策上适时做了调整并采取各种措施加以修正，其中保护中农土地产权的具体政策越来越明确，如 1947 年 12 月会议规定："必须坚决地团结中农，不要损害中农的利益。"⑥晋绥分局于 1948 年 2 月发出指示，要求设法补偿一部分抽地过多之中农的土地，退还被错斗中农的财物⑦。1948 年

①　董志凯：《解放战争时期的土地改革》，北京大学出版社，1987 年，第 147 页。
②　千峰：《调查分析各村情况 确定工作着手步骤 安平整党与结束土改工作方法切合实际》，《人民日报》1948 年 11 月 30 日第一版。
③　展潮：《元氏生产救灾工作中的几个问题》，《人民日报》1948 年 7 月 10 日第二版。
④　《邱家那确定地权　各阶层去掉心病》，《人民日报》1948 年 12 月 31 日第二版。
⑤　《曹寺乡土地改革后农村经济情况》，载《中南区一百个乡调查资料选集（生产部分）》。
⑥　中共中央通过了毛泽东的《目前形势和我们的任务》。
⑦　《中共中央晋绥分局关于土改工作与整党工作基本总结提纲（1949 年 1 月 30 日）》，晋绥边区财政经济史编写组、山西省档案馆：《晋绥边区财政经济史资料选编（农业编）》，山西人民出版社，1986 年，第 513 页。

4月召开的晋绥干部会议上指出:"必须允许一部分中农保有比较一般贫农所得土地的平均水平为高的土地量。"1949年晋绥解放区进一步提出,在土改中对一切中农的土地不得抽动①。1948年12月,东北中共中央局要求在完成土改的地区,对于分配错了的中农的土地财产,进行补偿。已经补偿过的(即被斗中农已补偿至一般贫雇农平分后所有的标准),立即宣布地权、财权不再变动,未补偿的,号召贫雇农自愿帮助,合理解决,或由国家用减收公粮及其他办法加以解决,并要求在限定的时间内解决中农土地问题②。1949年初,冀中区要求必须紧紧地正确掌握贯彻结束土改各项政策,"对于错订成分的中农,必须改正;对于侵犯中农过重,所留土地数量太少质量太低以致影响其生产与生活的,必须毫不犹豫的坚决给以适当补偿"③。

虽然中共中央和一些地区对土改政策作了一些变通和补充说明,但由于《大纲》在提出平分土地政策的同时,没有制定出详细具体的阶级划分标准,各地土改中出现了根据土地和财产多寡、作风好坏等不同的划分标准,因而出现了乱划、错划阶级成分的现象,部分烈军工属和普通农民因缺乏劳力而出租土地也被算入剥削阶级,这对老区土改中和土改结束后的以中农阶层为主导的土地买卖、典当和租佃关系的发展带来了负面影响。以热河省为例,土改后土地买卖和典当关系大大减少,中农买入和典入土地户数、土地数分别减少了84.62%和73.6%,中农卖地和典出土地户数、土地数分别减少了66.67%和80.86%;土改前一般中农和富裕中农出租土地占总出租土地数的14.4%和38.24%,土改后富裕中农出租土地数减少了18.3倍,占总出租土地数的比重由38.24%降低到9.51%。一般中农出租土地所占比重虽然上升,但出租土地亩数减少了2.5倍(见表3-1)④。

---

① 《当代中国》丛书编辑委员会:《中国的土地改革》,1996年,第218页。
② 《关于东北今年农业生产的基本总结　明年农业生产任务的决定》,《人民日报》1948年12月18日第二版。
③ 《河北日报社论号召　克服单纯发土地证偏向适当解决各种遗留问题》,《人民日报》1949年1月25日第二版。
④ 中共热河省委农村工作部:《1954年农村经济情况调查表》(综合),1955年2月,河北省档案馆,684-7-46。

表 3-1　土改前后热河省 7 个村中农阶层土地买卖和出租情况调查统计表

年份	出租				卖地与典出				买地与典入			
	中农		富裕中农		中农				中农			
	亩数	%	亩数	%	户数	占%	亩数	占%	户数	占%	亩数	占%
1943	138.2	14.44	366	38.24	9	47.37	78.9	65.13	39	36.79	61.9	25.37
1949	54.26	25.81	20	9.51	3	50	15.1	20.11	6	85.71	16.34	21.4

新中国成立初期,为保证土地改革的顺利进行,切实贯彻团结中农的政策,在总结解放战争时期中农土地政策经验教训的基础上,明确提出"坚决不准动中农包括富裕中农的土地",进一步稳定了中农的生产情绪。安徽省 10 个典型乡土改结束时(1951 年)虽然仅有 2 户中农卖地 0.9 亩,但所占比重较高,分别占各阶层总卖地户数和卖地数的 66.7% 和 23.1%。1 户中农买入土地 1 亩,分别占总买入土地户数和土地数的 25% 和 18.5%。21 户中农典出土地 166.6 亩,分别占总典出土地户数和土地数的 43.8% 和 70.1%,17 户中农典入土地 92 亩,分别占总典入土地户数和土地数的 38.6% 和 46.4%。中农参与土地租佃的规模较大,10 个典型调查乡中,有 76 户中农共出租土地 289 亩,分别占总出租户数和总出租土地数的 32.9% 和 29.7%,145 户中农租入土地 586.6 亩,分别占总租入户数的 37.3% 和 45.5%①。

据江苏省 10 个县 16 个村的调查统计,土改结束后中农阶层买地户数占总买入户数的 51.92%,卖地户数占总卖地户数的 30.19%②。苏北区 14 个典型村土改后各阶层共买入土地 276.68 亩,其中中农买地 120.04 亩,占 43.39%。各阶层共卖出土地亩 317.45 亩,其中中农卖地 83.11 亩,占 26.18%;苏南 9 个典型调查村土改结束后各阶层共买入土地 37.5 亩,其中中农买入 8.04 亩,占 21.44%。各阶层共卖出土地 45.67 亩,中农卖出 19.027 亩,占 41.66%。从租佃关系来看,如表 3-2 所示,土改后苏南 12 个典型村中农阶层出租土地数和租入土地数均大量减少,但在各阶层中所占的比重却有

①　《安徽省农村典型调查》,根据 10 个典型调查乡的数据统计而得。

②　江苏省农村工作部:《江苏省农村经济概况》(1953 年 3 月 18 日),江苏省档案馆,3062-永-3。

所增加,尤其是出租土地所占比重增加了21.69个百分点;苏北14个典型村土改前后中农出租土地所占比重变化较大,土改前中农出租土地数仅占总出租土地数的1.59%,其中有6个典型村中农没有出租现象。土改后中农出租和租入土地现象大大增加,其中出租土地数增加了125.52%,有的村如射阳县合东乡六合村中农出租土地占总出租土地数的73.53%。中农租入土地占总出租土地数比重更高,有的村如盐城县青中乡西徐村和江都县华阳乡第四村中农租入土地所占比重高达90%以上①。

表3-2　土改前后苏南、苏北典型村中农阶层土地租佃关系比例表

典型村	土改前				土改后			
	出租		租入		出租		租入	
	土地	占总出租土地数%	土地	占总租入土地数%	土地	占总出租土地数%	土地	占总租入土地数%
苏南12个典型村	456.15	10.86	3980.42	53.81	323.23	32.55	655.35	59.76
苏北14个典型村	178.36	1.59	8038.81	42.96	402.23	46.2	720.54	69.75

当然,各地受信息、执行能力等因素的限制,在执行土改政策中仍会存在侵犯富裕中农甚至是一般中农的问题,如山西省颁发土地证的过程中面临的土改遗留问题,"以误斗中农问题为最多"②。这使得部分经济条件比较好的中农因怕被斗争而不敢大胆买地、出租。以中南区为例,土改前后相比,中农阶层出租户数占总出租户数的比重总体来说变化不大。从各省来看,江西省土改后中农阶层没有发生租佃关系,湖北、广西两省中农出租户数所占比重增加较多,中农出租土地占总出租土地数的比重变化较大,整个中南区增加了11.04个百分点,仍是以湖北、广西两省增加较多。从租入土地方面而言,除广东省外,土改后各省中农阶层租入土地数占总土地数的的比重均有所减少,

---

① 苏南区委员会农村工作委员会:《12个典型村土改后农村经济变化情况调查》(1951年12月30日),3006-永-148;中共苏北区委员会农村工作委员会:《苏北12个地区14个典型村土改前后土地与阶级阶层关系变化调查资料》(1952年),江苏省档案馆,3001-永-92。

② 《山西省人民政府关于颁发土地证中几个问题处理的指示(民地字第343号)》,载《山西政报》。

这主要是因为中农阶层在土改中都分得了相应数量的土地,满足了其耕种土地的需求(见表3-3)①。

表3-3　土改前后中南区中农阶层租佃关系比例表

(单位:%)

调查省	1948 年				土改后			
	出租		租入		出租		租入	
	户口	土地	户口	土地	户口	土地	户口	土地
中南区	23.43	4.01	34.36	41.73	23.16	15.05	35.99	39.06
河南省	23.29	4.85	33.65	42.66	23.45	16.01	34.69	39.89
湖北省	26.67	5.33	30.17	30.99	33.33	29.13	29.54	27.8
湖南省	26.95	3.29	41.37	54.41	27.39	10.64	44.19	50.48
江西省	21.91	3.96	32.33	36.99				
广东省	13.62	1.27	32.28	40.95	9.61	5.08	35.09	44.32
广西省	25.12	4.39	35.12	44.43	35	20.25	34.84	33.78

需要说明的是,上述中南区各省和苏北、苏南中农租入户数、土地数及所占比重之所以高于该阶层出租数和所占比重,主要是各地土改前都保存有大量的公田,土改后,各地虽没收征收了部分公田分给普通农民,但仍有留出一定数量的公田。如中南区解放前公田占总土地的 3.9%,土改后公田占0.33%,机动田占 1.63%。另根据华东区各省共 235 个县 6 个市 1722 个典型调查乡的统计,土改前公田占总土地数的 10.32%。据 370 个县 8 个市郊统计,土改后公田占总土地数的 1.51%。土改中,安徽、浙江、福建、南京等省市没收征收公田 13882977 亩,占总没收征收土地亩数的 26.76%,仅次于地主阶层被没收征收的土地数。留出公田 2218768 亩,占总分配土地数的 3.96%(见表3-4)②。土改后这部分公田、机动田、外乡业主田一般出租给村中的贫

---

① 根据《中南区 100 个乡调查统计表》(中南军政委员会土地改革委员会编印,1953 年)整理。附土改前中南区共 100 个调查乡发生租佃关系,1951 年土改结束后有 87 个乡发生土地租佃关系,其中湖北、湖南、江西三省土改前后发生租佃关系的调查乡数目不变,分别为 20 个乡、15 个乡、14 个乡,河南省、广东和广西发生租佃关系的调查乡数量均减少,广西省减少最多,由 22 个减为 14 个乡。
② 华东军政委员会土地改革委员会编:《华东土地改革成果统计》,1952 年。中南军政委员会土地改革委员会调查研究处编印:《中南区一百个乡调查资料选集(生产部分)》,1953 年 2 月。

雇农和中农阶层耕种,有的地方公田和机动田往往在出租田中所占的比重很大,甚至超过各阶级农户出租田。如广东惠阳县沥林乡土改后全乡出租341.45亩,其中机动田占总出租土地的95.6%①。因此,土改后有相当部分的中农租入公田和机动田耕种,进而出现了如上所述的租入土地规模、比重高于出租土地的现象。

表3-4　土改前后中南区、华东区公田统计表

行政区	土改前		土改后	
	调查省份	公田占总土地亩数%	调查省份	公田占总土地亩数%
中南区	河南(14个乡)	0.41	河南(12个乡)	0.07
	湖北(20个乡)	1.51	湖北(20个乡)	1.6(机动田)
	湖南(15个乡)	3.54	湖南(15个乡)	0.12
	江西(14个乡)	6.87	江西(14个乡)	1.45
	广东(15个乡)	11.44	广东(14个乡)	0.14
	广西(22个乡)	4.38	广西(14个乡)	0.36
华东区	苏北(10个乡)	1.88	苏北(10个乡)	1.6
	苏南(20个县)	5.9	苏南(27个乡)	0.11
	安徽(77个县)	4.17	安徽(77个县)	1.63
	浙江(76个县)	16.35	浙江(76个县)	1.75
	福建(66个县)	29.36	福建(66个县)	1.7
	南京(郊区)	8.58	南京(郊区)	3.38
	上海(郊区)	9.91	上海(郊区)	2.02

二、统计视角下的地权交易主体：
土改结束—集体化高潮前

土改结束后,农村经济得到迅速恢复和发展,与此相伴而生的是新中农的

① 《广东惠阳县沥林乡土改后的农村经济情况》,《中南区一百个乡调查资料选集(生产部分)》,第247页。

出现和农村社会阶层中的"普遍中农化"。随着农村阶级结构的中农化,中农逐渐在土地买卖和租佃关系中占居主导地位①。河北省在农村典型调查中将中农阶层细分为富裕中农、上中农、中农、下中农。根据 12 个典型调查村的统计,1950—1953 年间,包括富裕中农、上中农、中农、下中农在内的整个中农阶层买地户数和买入土地数分别占总买地户数和买入土地数的 90.27% 和81.28%,卖地户数和卖地数分别占总卖地户数和土地数的 80.28% 和74.44%。具体而言,富裕中农、上中农、中农、下中农买地户数占总买地户数的比重分别为 8.39%、20.81%、47.65%、13.42%,富裕中农、上中农、中农、下中农卖地户数占总卖地户数的比重分别为 6.57%、12.11%、40.14%、21.45%。可见,经济条件略优越的中农、富裕中农和上中农买地户数多于卖地户,下中农卖地户数多于买地户。从户均买卖土地规模来看,中农阶层中只有一般中农是净买入土地,其他如富裕中农、上中农、下中农户均卖地规模均高于户均买地规模。从买卖土地原因来看,富裕中农、上中农卖地主要是因发展副业或以坏地换好地,买地款项来源主要是劳动生产节余和副业、工资收入。下中农买地多数因为人多地少或以好地换坏地(见表3-5)②。

热河省将中农阶层细分为一般中农和富裕中农,该省中农阶层在土地买卖和典当关系中所占比重较高。1952—1954 年三个调查年度内中农阶层卖地和典出户数占总卖地、典出户数的比重分别为 75%、66.67%%和 55%,卖出和典出土地数占总卖地、典出地亩数的 99.67%、74.47%、57.32%。中农阶层买地、典入土地户数占总买地、典入户数的比重分别为 75%、70%%和57.69%,买地、典入亩数占总买地、典入土地数的 39.47%、62.55%、65.84%。1952 年和 1953 年两个年度内中农阶层买地、典入户数和买入、典入土地数均低于卖地、典出地户数和卖地、典出土地数。其中,富裕中农两个年度内均没

① 说明:中共对中农阶层的细化在解放战争时期的农村典型调查中即已出现。由于自然生态环境和阶层划分标准不同,各地对中农阶层称呼很不一样,甚至在同一行政区内不同村之间也有差异。如华北区 1947 年调查中,有的典型调查村只写富裕中农、中农,有的村写中农、中中农、下中农、降中农,有的村写新中农、旧中农、富裕中农等(见华北人民政府财政部编:《1947 年华北区农村经济调查》,1949 年 5 月,第 2 页)。新中国成立后,各地的农村经济调查多数是在 1953 年、1954 年、1955 年三个调查年度内开展。此时,中共根据经济地位和对待合作化运动的态度不同将整个中农阶层分为新上中农、老上中农、新下中农和老上中农。
② 河北省财政厅编印:《河北省农村经济情况典型调查资料》,1955 年,河北省档案馆,F327-2-C2,第 12 页。

表 3-5　1950—1953 年河北省 12 个典型村中农阶层土地买卖情况统计表

（单位：亩）

阶层	户数	耕地	买地					卖地				
			户数	占本阶层%	原有地	买地数	占原有地%	户均	户数	占本阶层%	原有地	卖地数	占原有地%	户均
富裕中农	146	4570	25	17.12	517.464	105.837	20.45	4.23	19	13.01	632.047	148.248	23.46	7.8
上中农	345	7940.7	62	17.97	967.586	214.989	22.22	3.47	35	10.14	862.602	145.811	16.9	4.17
中农	899	14722.9	142	15.79	2033.465	526.94	25.91	3.71	116	12.9	1875.714	349.063	18.61	3.01
下中农	382	5456.7	40	10.47	348.73	161.921	46.43	4.05	62	16.23	1150.673	435.67	37.86	7.03
中农阶层小计	1772	32690.3	269	15.18	3867.25	1009.69	26.11	3.75	232	13.09	4521.04	1078.79	23.86	4.65

有买地、典入土地现象,1954 年买地户数和买入土地数也仅占 7.69% 和 15.25%。可见,受党的政策限制,富裕中农对买地非常谨慎。在土地租佃关系中,中农阶层所占比重较低,1952—1954 年,中农阶层出租土地数占总出租土地数的比重先减后增,三个年度内一般中农出租土地分别占总出租土地数的 36.6%、24.8% 和 31.3%,富裕中农出租土地分别占总出租土地数的 6.4%、7.9% 和 4.1%(见表 3-6)①。

表 3-6　1952—1954 年热河省典型村中农阶层土地买卖、典当和出租情况统计表

年份	出租						卖地与典出地						买地与典入地					
	总计		中农		富裕中农		中农		富裕中农		合计		中农		富裕中农		合计	
	户数	土地亩数	亩数	%	亩数	%	户数	亩数	户数	亩数	户数	亩数	户数	亩数	户数	亩数	户数	亩数
1952	56	356.2	130.47	36.6	23	6.4	2	41.2	1	20	4	61.4	9	28.5			12	72.2
1953	77	430.93	106.9	24.8	34.2	7.9	6	44.05			9	59.15	7	37			10	59.15
1954	52	311.43	136.4	31.1	12.8	4.1	10	11.1	1	1	20	21.11	13	12.6	2	3.8	26	24.91

　　湖北省土改结束后的 1952 年调查中没有出现新中农,中农阶层细分为一般中农和富裕中农,中农阶层租入户数、土地数分别占总租入户数和土地数的 27.17% 和 32.01%,出租户数和土地数分别占总出租户数的 35.47% 和 42.32%。富裕中农在租佃关系中也占有一定的比重,富裕中农租入户数、租出户数分别占总租入、总租出户数的 6.36% 和 10.14%。1954 年随着新中农的出现,中农户数增加,中农阶层租入和租出户数分别增加了 246.81% 和 69.52%,租入和租出土地数分别增加了 206.68% 和 13.89%。在各阶层租佃关系中所占的比重也日益增加,其中租入户数和土地数占总租入户数和土地数的比重分别高达 69.51% 和 70.33%。1954 年,中农阶层中的富裕户(新、老上中农)在租佃关系中占有一定比重,其租入土地户数和土地数分别占总租入户数和土地数的 27.08% 和 29%,租出户数、土地数分别占总出租户数的 20.69% 和 23.61%。和老中农相比,新中农不管是租入户数还是土地数都较高,而在租出方面却相反。326 户中农阶层租入户中,新中农 176 户、老中农

---

① 中共热河省委农村工作部:《1954 年农村经济情况调查表》(综合),1955 年 2 月,河北省档案馆,684-7-46。

150 户,178 户租出户中,新中农 76 户、老中农 102 户。从户均租入规模来看,新上中农户均租入最高,户均 3.92 亩,说明多数由贫雇农上升而来的新中农因租入土地、扩大生产经营而增加收入,从而经济水平上升(见表 3-7)①。

表 3-7　1952—1954 年湖北省 11 个典型乡中农阶层土地租佃关系统计表

(单位:亩)

年份	租出					租入				
	户数	占租出总户数%	土地	占租出总土地%	户均	户数	占租入总户数%	土地	占租入总土地%	户均
1952	105	35.47	503.98	42.32	4.8	94	27.17	287.53	32.01	3.06
1954	178	51.15	573.99	47.39	3.22	326	69.51	881.8	70.33	2.7

湖南省农村典型调查中将中农阶层细分为新中农和老中农。1952 年 9 个典型调查乡买卖土地全为中农,1954 年中农阶层在土地买卖关系中所占比重虽然有所下降,但仍居主导地位,买入土地户数和买入土地数所占比重均在 80%以上,而且户均买地规模也有所增加,高于各阶层平均水平。两个调查年度内,中农阶层内的老中农不管是买卖户数还是土地数都高于新中农,1952 年老中农买入土地户数和土地数分别占总买入户数和土地数的 75%和 88.7%,卖出土地户数和土地数分别占总卖出户数和土地数的 80%和 70.3%。1954 年老中农在土地买卖中所占比重虽然有所下降,但仍高于新中农,且户均买卖土地规模也高于新中农。1954 老中农、新中农买入户数分别占总买入户数的 50%和 30%,卖出户数分别占总卖出户数的 44.4%和 22.2%。

1952—1954 年中农阶层租入、出租户数分别增加了 39.5%和 91.7%,这主要是新中农的增加。1952 年中农租入户 468 户,内有新中农 197 户、老中农 271 户,133 户中农租出户中,新中农 34 户、老中农 99 户。1954 年新中农租入、租出户数均超过了老中农,653 户中农租入户中,新中农 377 户、老中农 276 户,255 户中农出租户内有新中农 139 户、老中农 116 户。从中农阶层户均租入、租出规模来看,两个调查年度内呈下降趋势,主要是新中农虽然在租

---

① 湖北省农村工作部:《湖北省十二个典型乡调查统计表》(1955 年),湖北省档案馆,SZ18-1-154。

佃关系中所占比重越来越高,但户均租入、租出规模却低于老中农,并且低于中农阶层平均水平。如 1952 年新中农户均租入、租出土地分别为 3 亩、1.9亩,老中农户均租入、租出土地分别为 4.1 亩、3.7 亩。1954 新中农户均租入、租出土地分别为 2.3 亩、1.1 亩,老中农户均租入、租出土地分别为 3.4 亩、3.9 亩(见表 3-8、表 3-9)①。

表 3-8　1952—1954 年湖南省 9 个典型乡中农阶层土地买卖关系统计表

(单位:亩)

年份	卖出					买入				
	户数	占%	土地数	占%	户均	户数	占%	土地数	占%	户均
1952	5	100	12.8	100	2.6	8	100	10.6	100	1.3
1954	6	66.7	10.2	56.4	1.7	8	80	18.1	94.3	2.3

表 3-9　1952—1954 年湖南省 9 个典型乡中农阶层土地租佃关系统计表

(单位:亩)

年份	出租							租入						
	户数	占总出租户数%	占本阶层户数%	土地	占总出租土地%	占本阶层出租土地%	户均	户数	占总租入户数%	占本阶层户数%	土地	占总租入土地%	占本阶层租入土地%	户均
1952	133	39	14.5	429.5	33	2.4	3.2	468	65.5	53.4	1706.6	64.9	11.2	3.6
1954	255	48.3	24.1	598.2	39.1	3.2	2.3	653	74.4	61.7	1824.4	75.4	10.7	2.8

江西省 1952—1954 年典型调查乡中农土地买卖数量和规模呈增加趋势:1952 年由于刚刚土改结束,中农阶层在土地买卖关系中所占比重较低,中农阶层买卖土地户数分别占总买卖土地户数的 29.17% 和 14.29%。1954 年有31 户新中农参与土地买卖,整个中农阶层买卖土地户数所占比重分别增加到84.78% 和 41.67%,其中新中农买卖土地户数占总买卖土地户数的 58.7% 和

①　根据湖南省委农村工作部:《塞家渡乡、竹林坑乡、牧马溪乡、蒙福乡、清溪乡、长乐乡、肖家桥乡、卷塘乡、草塘乡 1952—1954 年经济情况调查分析表》(1955 年),湖南省档案馆,146-1-204,146-1-205,146-1-272,146-1-176,146-1-197,146-1-246,146-1-153,146-1-165等卷宗整理。

16.67%。在集体化高潮的 1955 年,中农买卖土地数量和比重有所下降,但户均买卖土地规模却有所上升,这主要富裕中农户均买入土地较多。有以下两点值得注意:一是 3 个调查年度内新中农买地数量激增。1952 年没有新中农买入土地,1954 年分别有 27 户新中农和 12 户老中农买入土地。1955 年有 19 户新中农买入土地,只有 2 户老中农买入土地;二是富裕中农买卖土地情况。1952 年有 2 户富裕中农买入土地 4.9 亩,分别占总买入土地的 8.33% 和 17%,1 户富裕中农卖地 2 亩,分别占总卖地户数和土地数的 4.76% 和 6.6%。1954 年、1955 年两个调查年度内中农阶层中的富裕中农只有买入土地现象,而无卖地现象。可见,土改结束后几年内,中农阶层尤其是富裕中农生产条件比较优越,有剩余的资本购入土地以扩大生产(见表 3-10)。

如表 3-11 所示,1952—1955 年 9 个典型调查乡中农阶层租入和租出都呈先增后减趋势,但 1955 年土地租佃规模仍高于 1952 年。1952 年没有新中农租入土地现象,1954 年和 1955 年随着新中农租入户的增加,中农阶层租入户数和土地数占总租入户数和土地数比重均在 70% 以上。需要指出的是,1954 年和 1955 年两个调查年度内,新中农出租户数虽然少于老中农,但新中农租入户数却高于老中农。1954 年中农租入户 779 户,其中新中农 541 户、老中农 238 户,1955 年 435 户中农租入户数中,新中农 292 户、老中农 143 户。可见,多数由贫雇农上升而来的新中农有较多的生产资料租入土地扩大生产经营,发家致富的意愿较强并且顾虑较少。新中农和老中农中均出现富裕中农租入、租出土地现象,但所占比重较低,如 1952 年、1954 年、1955 年老中农中的富裕中农租入土地户数占总租入户数的比重分别为 2.11%、6.57% 和6.84%%,出租土地户数占总出租户数的比重分别为 0.59%、6.3% 和 4.58%。1954 年、1955 年新中农中的富裕中农租入土地户数占总租入户数的 5.08% 和3.14%,出租土地户数占总出租户数的比重分别为 4.43% 和 1.27%,说明受政策限制,富裕中农在土地租佃关系中有所顾忌①。

---

① 江西省委调研组:《关于全省(9 个典型乡)经济调查综合表》(1956 年),江西省档案馆,X006-2-13。

表 3-10　1952—1954 年江西省 9 个典型乡中农阶层土地买卖关系统计表

(单位:亩)

阶层	卖出					买入				
	户数	总卖出户数%	土地	占卖地数%	户均	户数	占总买入户数%	土地	占总买地数%	户均
1952	3	14.29	4.48	14.78	1.49	7	29.17	10.16	35.25	1.45
1954	10	41.67	16.39	33.91	1.64	39	84.78	61.03	84.02	1.56
1955	3	37.5	9.31	51.13	3.1	21	80.77	36.55	78.64	1.74

说明:江西省 1952 年没有新中农,1955 年、1955 年中农阶层细分为新中农和老中农,新中农和老中农中又分别细分为上中农和下中农。

表 3-11　1952—1954 年江西省 9 个典型乡中农阶层土地租佃关系统计表

(单位:亩)

年份	租出					租入				
	户数	占总出租户数%	土地	占总出租土地数%	户均	户数	占总租入户数%	土地	占总租入土地数%	户均
1952 年	89	17.62	302.41	17.83	3.4	196	25.89	611.17	27.89	3.12
1954 年	204	34.75	612.04	29.36	3	779	77.59	2010.58	79.39	2.58
1955 年	102	25.95	352.15	22.77	3.45	435	80.41	1303.82	72.13	3

　　根据广东省 1953 年 10 个典型乡的调查,一般中农 2044 户,其中有 99 户出租土地 202.29 亩,分别占总出租户数和土地数的 23.3% 和 22%。富裕中农共 470 户,其中 26 户出租土地 71.15 亩,分别占总出租户数和土地数的 6.1% 和 7.7%。和一般中农相比,富裕中农出租户数和出租土地数都较少。从出租土地原因来看,一般中农因解决生产困难(如劳动力少、调换土地、劳动力转移等)而出租的 85 户,占 85.86%,户均出租 1.94 亩。因地租剥削性质(土地占有较多或生活富裕)而出租的 14 户,占 14.14%,户均出租 2.66 亩;富裕中农因解决生产困难而出租的 16 户,占 61.54%,户均 2.42 亩。因地租剥削性质而出租的 10 户,占 38.46%,户均 3.24 亩。可见,富裕中农和一般中农因土地和劳动力调剂性质而出租土地的所占比重较高。同时富裕中农中有相当

部分的户数由于土地和生产资料占有较多、劳动力较强，农副业收入较大，因生活较富裕而将土地出租①。

广西省将中农阶层细分为新中农和老中农，新中农和老中农又分别分为上中农和下中农。1953—1954 年中农阶层买卖土地户数激增，分别增加了3.5 倍和 4.56 倍，中农阶层在土地买卖中所占的比重也大大增加，两个调查年度内，中农阶层买地户数占总买地户数的比重分别为 25.71% 和 51.9%，卖地户数所占比重分别为 25% 和 45.65%。值得注意的是，老中农卖地激增，由1953 年的 6 户增到 1954 年的 15 户，其中 11 户都是老中农中的上中农，下中农只有 4 户。新中农卖出土地的都是下中农，多属缺乏劳力而出卖土地。1954 年，在买入土地的 16 户老中农中，老上中农占 13 户、老下中农只有 3 户。新中农 25 户，其中下中农 19 户、上中农只有 6 户。在土地租佃关系方面，1954 年比 1953 年增加约一成。各阶层以老中农最多，老中农出租户 147 户（上中农 123 户、下中农 24 户），占总出租户数的 19%，因土地多劳力不足和远近调剂而出租的占 87%，属资本主义自发倾向性质的仅占 13%。1954 租入以新中农最多，贫农、老中农次之。新中农租入户 208 户（上中农 48 户、下中农 160 户）占总租入户数的 34%，老中农租入户 170 户（上中农 127 户、下中农 43 户）占总租入户数的 28%，因土地少劳力多而增加收入的占总租入户数的86%，因生活困难的占 7%，因远近调剂的占 7%（见表 3-12）②。

表 3-12　1953—1954 年广西 10 个典型乡中农阶层土地买卖关系比例表

年份	阶层	卖出		买入	
		户数	占总卖出%	户数	占总买入%
1953	合计	24		35	
	中农小计	6	25	9	25.71
	新中农				
	老中农	6	25	9	25.71

---

① 《12 个典型乡借贷、雇佣、租佃等关系及商业活动情况的调查》，载《广东省农村经济调查（第一部分）》，第 34—35 页。

② 中共广西省委员会农村工作部：《广西省农村调查（1956 年 5 月）》，载《八个省土地改革结束后至 1954 年的农村典型调查》，第 262—263 页。

续表

年份	阶层	卖出		买入	
		户数	占总卖出%	户数	占总买入%
1954	合计	46		79	
	中农小计	21	45.65	41	51.9
	新中农	6	13.04	25	31.65
	老中农	15	32.61	16	20.25

　　安徽省将中农阶层细分为新中农和中农,1952 年整个中农阶层买地户数和买入土地数分别占总买地户数和土地数的 67.9%和 63.1%,卖地户数和卖地数分别占总数的 41.8%和 40.1%。1954 年中农阶层买卖土地户数和土地数不管绝对值还是所占比重都高于 1952 年。其中新中农 1952—1954 年卖地户数和土地数分别减少 6.3%和 19.6%,买入土地户数和土地数分别增加 94.4%和 74.8%。老中农 1952—1954 年卖地户数和土地数分别增加 13.6%和 42.2%,买入土地户数和土地数分别增加 95%和 90.5%。两个细分阶层相比,老中农占总买卖土地户数和土地数的比重均高于新中农。

　　在租佃关系方面,中农阶层亦居于主导地位。1952 年、1954 年两个调查年度内,中农在租佃关系中所占比重呈递增趋势,尤其是在租入方面,1954 和 1952 年相比,中农租入户数和土地数分别增加了 60.2%和 66.2%,在各阶层中租佃关系中所占比重也有所增加。需要指出的是,租佃关系中以老中农居多,1952 年 121 户出租户中,老中农 91 户、新中农 30 户,246 户租入户中老中农 154 户、新中农 92 户。1954 年老中农出租户数和出租土地数所占比重虽有所降低,但仍高于新中农。尤其是老中农户均租入土地规模均高于新中农。可见,老中农利用其优越的生产资料来租入土地扩大土地经营规模(见表 3-13、表 3-14)。

表 3-13 1952—1954 年安徽省 10 个调查乡中农阶层土地买卖关系统计表

(单位:亩)

年份	阶层	卖出					买入				
		户数	占卖出总户数%	土地	占总卖出土地数%	户均	户数	占买入总户数%	土地	占买入总土地数%	户均
1952	新中农	16	17.6	41.9	16.4	2.6	18	32.1	32.2	24.5	1.8
	老中农	22	24.2	60.4	23.7	2.7	20	35.7	50.7	38.6	2.5
	中农小计	38	41.8	102.3	40.1	2.7	38	67.9	82.9	63.1	2.2
1954	新中农	15	19	33.7	16.2	2.2	35	38.5	56.3	30.1	1.6
	老中农	25	31.6	85.9	41.4	3.4	39	42.9	96.6	51.7	2.5
	中农小计	40	50.6	119.6	57.6	3	74	81.3	152.9	81.9	2.1

资料来源:根据《安徽省农村典型调查》10 个乡资料汇总而得。

表 3-14 1952—1954 年安徽省 10 个调查乡中农阶层土地租佃关系统计表

(单位:亩)

年份	阶层	出租					租入				
		户数	占出租总户数%	土地	占出租总土地数%	户均	户数	占租入总户数%	土地	占租入总土地数%	户均
1952	老中农	91	32.7	368.2	31.2	4	154	34.2	587.4	39.5	3.8
	新中农	30	10.8	82.1	7	2.7	92	20.4	273.5	18.4	3
	中农小计	121	43.5	450.3	38.2	3.7	246	54.7	860.9	57.8	3.5
1954	老中农	88	30.9	245.9	22.7	2.8	202	37.2	858.1	46	4.2
	新中农	62	21.8	180.3	16.6	2.9	192	35.4	572.5	30.7	3
	中农小计	150	52.6	426.2	39.4	2.8	394	72.6	1430.6	76.7	3.6

资料来源:同表 3-13。

福建省将中农阶层细分为新中农和老中农。土改结束时的 1954 年两个调查年度内,中农阶层土地租佃关系呈递增趋势,中农阶层出租户数和土地数分别增加了 205.81% 和 176.36%,租入户数和土地数分别增加了 293.57% 和 279.94%。中农阶层在租佃关系中所占比重也激增,1954 年中农阶层租入、租出户数分别占总租入、租出户数的 81.87% 和 56.56%。之所以增加速度较快,主要是因为新中农加入租佃关系。土改结束时没有新中农租入和出租土地,随着各阶层经济水平的上升,多数贫雇农上升为新中农,新中农逐年在规模上超过老中农,1954 年 551 户中农租入户中新中农 279 户、老中农 272 户,新中农户均租地规模也高于老中农。说明新中农发家致富、租入土地扩大土地经营规模的意愿较强(见表 3-15)①。

表 3-15　土改时期至 1954 年福建 8 个乡中农阶层租佃关系统计表

(单位:亩)

年份	阶层	租入					租出				
		户数	占总租入户数%	土地	占总租入土地%	户均	户数	占总租出户数%	土地	占总租出土地%	户均
土改结束时期	老中农	140	46.51	369.7	51.66	2.64	86	31.5	230.92	28.35	2.69
1954 年	中农小计	551	81.87	1404.65	79.65	2.55	263	56.56	638.17	47.7	2.43

说明:福建省土改结束时没有新中农,1954 年中农阶层细分为新中农和老中农。

另根据国家统计局对全国 23 个省(除广西和云南)和自治区的资料统计显示,中农在地权交易中的主导地位更为明显,各省中农在土地买卖、租佃中的比例平均在 55%以上,有的省甚至全为中农。具体而言,中农买入土地占总买入土地数的比重除安徽省外,其余省都在 50%以上,尤其是中南区的湖北、湖南、江西、河南、广东,华东区的福建,西南区的贵州买入土地农户全为中农阶层;土地租佃关系中,除黑龙江省外,中农阶层租入土地所占比重均在 50%以上,中农阶层出租土地所占比重除热河省、江苏省外其余各省均在 50%以上。可见,在集体化高潮前的 1954 年,各省中农在土地买卖和租佃中均居主导地位(见表 3-16)②。

---

① 《福建省农村调查(1956 年 6 月)》《八个省土地改革结束后至 1954 年的农村典型调查》,第 234 页。
② 中华人民共和国国家统计局编:《1954 年全国农家收支调查资料》,1956 年 5 月,第 26—27、32—33 页。1949 年 10 月至 1954 年 6 月,曾在省以上设置过大行政区建制。

表 3-16　1954 年各省中农阶层土地买卖、租佃关系比例表

（单位:%）

大区	省份	买入	卖出	租入	出租
华北区	河北省	74.22	65.43	68.56	84.32
	山西省	94.64	46.07	88.78	82.61
	内蒙古自治区	76.78	59.07	50.14	52.5
东北区	热河省	64.29	68.09	80.9	31.33
	吉林省	67.1	75.73	58.46	56.17
	辽宁	95.18	91.4	78.15	61.71
	黑龙江省	50.26	72.16	49.51	51.2
西北区	新疆自治区	95.74	98.26	65.39	56.74
	陕西省	69.57	80.7	68.79	64.38
	甘肃省	96.84	98.45	79.46	57.17
	青海省	92.31	3.31	79.64	71.58
华东区	山东省	78.05	65.84	60.36	53.36
	江苏省	74.88	60.16	81.32	46.81
	安徽省	32.44	0.42	56	58
	浙江省	93.42	93.62	71.02	56.34
	福建省	100	11.96	71.99	66.03
中南区	河南省	100	67.72	74.07	53.38
	湖北省	100	100	72.57	63.6
	湖南省	100	65.52	80.67	59.84
	江西省	100		78.04	63.77
	广东省	100	23.02	61.75	59.33
西南区	贵州省	100	100	76.02	72.5
	四川省		100	77.5	60.36
总计		70.45	71.11	66.9	59.27

三、因应政策变化:地权变迁中的中农心态和行为

前述土改中中农阶层虽然屡受侵犯,但总体而言是中共争取和团结的对象。土改结束后,农村经济得到迅速恢复和发展,多数贫雇农伴随着经济条件的改善而上升为新中农甚至是富裕中农。新中农的出现而导致的农村社会结构的变化以及各地土改后出现的以中农阶层为主导的土地买卖、典当、租佃和雇佣关系,引起了中共中央的高度重视,从而导致中共中农政策的不断调整,政策的多变进而引起中农阶层内部的进一步细分和心态、行为的变化。

(一)埋头生产、发家致富

前述新中国成立初期的土改运动中,中共中央对土改政策宣传比较深入,对中农政策执行比较稳妥。同时,各大区和地方政府大力宣传发展生产十大政策,鼓励发展个体经济。因此,除部分富裕中农及佃中农受土改和土改复查的影响有思想顾虑外,一般中农在农业生产方面的顾虑不大,甚至大部分中农发挥了生产的积极性,这也构成土改后农业增产、农村生产力恢复和发展的主要原因之一。从土改后的农村社会构成变化来看,部分贫雇农因土地数量较多、较好,劳动力强,经济上升较快,农村出现了大批"新中农",中农阶层的户数和规模逐年增加。而部分中农生产工具和耕畜齐备,兼营副业和进行商业投资,不少上升为"上中农"或"富裕中农"。中农阶层中大部分农户致力于发家致富,因顾虑较少敢于买田出租、雇工放债和从事副业、商业经营。

一是扩大土地经营规模、增加农业收入。土改后,各地中农阶层尤其是上中农或富裕中农占有更多的土地、劳动力和耕畜、农具等生产资料。一般中农对发家致富顾虑不大,生产较积极,敢于通过租地、雇工、买地等方式扩大土地经营规模、增加农业经营收入。

在雇佣关系中,中农阶层出雇、雇入劳动力进行农副业经营的比重都较高。部分中农占有劳动力多而强,为增加收入而出雇劳动力,如安徽嘉山县明北乡新中农钱决春 23 亩田,4 个整劳力,自有田不够耕种,年年出雇 1—2 个劳动力。部分中农利用农闲时间出雇零工以增加收入、改善生活,如中农耿树

林在 1952 年和 1954 年冬均到明光镇机米厂做短工①。部分中农因占有较多、较全的耕畜和农具而出雇，如中山县榄边乡西江里村富裕中农林元嘉，耕牛农具齐全，替别人犁耙 5.8 亩田，共出雇 29 个日工，收入 586 斤谷②。中农阶层雇入劳动力主要是为解决生产生活困难或扩大农副业生产规模。嘉山县明北乡中农荐会礼，4 个劳动力，耕畜、农具全备，每年雇 1 个放牛工，由于深耕细作，粮食收入逐年增多，1952 年收 2940 斤稻子，1954 年收获 3500 斤稻子③。根据广东 10 个乡的统计，中农（包括富裕中农）雇工户数 425 户，占本阶层户数的 19.97%，雇入日工 6848 个。其中为解决生产困难而雇工的 218 户，占本阶层户数的 10.24%，占本阶层雇工户数的 51.29%，雇入日工 2392 个，平均每户雇入 10.97 个工。为了增加收入而雇工的 207 户，占本阶层户数的 9.73%，占本阶层雇入户数的 48.71%，雇入日工 4456 个，平均每户雇入 22 个。部分中农因自耕或佃耕的土地较多而雇工，如中山县榄边乡大车村富裕中农林计洪，2 个劳动力，除了自耕 6.83 亩土地外，另佃耕 32 亩地，因而雇入 50 个日工④。

对农民而言，"田地是根本"，由贫雇农上升而来的中农和手中有余钱的中农敢于买田置产扩大经营规模。部分中农劳力多而强、农具耕畜齐全，土地不够耕种而买入土地。如安徽芜湖县马塘乡新上中农陶守和 3 口人，2 个整劳力，自己仅有 4 亩 7 分田，不够耕种，因而在 1952 年买入 1 亩 1 分田，租入 1 亩 2 分田⑤。部分佃中农土改分得土地少于土改前租种土地而买地，如阜阳县河东乡佃中农汪连臣占有劳力、牲口、农具多，土改前曾租种 40 余亩土地，土改后应得土地少于以前，于 1953 年买地 2 亩。部分中农因从事副业生产收入较高，进而买入土地。该乡新中农阎西君 3 口人，副业生产有余钱，1954 年

①　中共滁县地委农村工作部：《嘉山县明北乡的调查（1955 年 12 月）》，载《安徽省农村典型调查》，第 60 页。
②　《12 个典型乡借贷、雇佣、租佃等关系及商业活动情况的调查》，载《广东省农村经济调查（第一部分）》，第 32 页。
③　《嘉山县明北乡的调查（1955 年 12 月）》，载《安徽省农村典型调查》，第 62 页。
④　《12 个典型乡借贷、雇佣、租佃等关系及商业活动情况的调查》，载《广东省农村经济调查（第一部分）》，第 32 页。
⑤　中共芜湖地委农村工作部调查组：《芜湖县马塘乡的调查（1956 年元月）》，载《安徽省农村典型调查》，第 225 页。

买地 1.1 亩①。部分中农勤劳生产、生活节约,农业收入有剩余而买地。如江都县黄珏区杨柳乡柳家村中农王永礼 6 个人,3 个劳动力,大牛 1 头,每季替人代耕有三石稻谷收入,自种 11 亩荡田(水利、土质均好),一熟即可比别人多收三四石粮食,因此手头有积蓄而买田。1952 年全乡买田户中与该户情况相似的 6 户,而且买田户均是单干农民②。肥西县竹西乡上中农张庆和有田 34 亩,为了扩大土地经营,1954 年买了 5.3 亩田③。部分中农因占有劳动力和畜力较强,并在灾荒中买了便宜土地及其他财产因而上升为富裕中农,如宏庙子村中农 36 户,有 4 户上升为富裕中农。中农牛喜元土改时 10 亩 8 分地,自己有 1 头牛、7 只羊,土改后由于勤劳生产,并在灾荒中贱价买进 13 亩 4 分地,由中农上升到富裕中农,现有 2 头牛、30 只羊④。部分富裕中农甚至连续多次买入土地,如辽南驼龙寨富裕中农孔祥起 4 口人,分得土地 19.5 亩,分三次买进土地 30 亩,比全村人均土地多 2 倍以上⑤。上述中农之所以敢买入土地,除了劳动力多或强土地不够耕中外,重要的一个原因是中农阶层了解政府当时的政策是鼓励"发展生产",如广东曲江县共和乡富裕中农欧丁福说"政府的政策规定劳动致富"⑥。

部分中农阶层因劳动力多、耕畜强、农具齐全,自己土地不够耕种而租入土地。中山县榄边乡林计洪 1953 年比 1952 年佃耕土地多 2 倍⑦。部分中农因为缺乏劳动力、耕畜、农具等生产资料或参加工作从事其他职业而出租土地。如肥西县竹西乡新中农周孝来,有 9.3 亩田,两个哥哥在合肥做工,只有母亲一个人劳动,且无牛、无农具。从 1952 年起,便将 1.4 亩田出租,来抵换

---

① 中共阜阳地委农村工作部:《阜阳县河东乡的调查(1956 年元月)》,载《安徽省农村典型调查》,第 5 页。
② 江苏省农村工作部:《农村经济调查综合资料》,江苏省档案馆,3062-永-4。
③ 中共安徽省委农村工作部调查组:《肥西县竹西乡竹西、姚公两个选区的调查(1955 年 12 月)》,载《安徽省农村典型调查》,第 134 页。
④ 《宏庙子村经济情况调查》,河北省档案馆。
⑤ 《辽南 4 个村阶级关系变化的调查(1951 年)》,载《1950—1952 年东北农村调查汇集》,第 114 页。
⑥ 《曲江县共和乡农村经济调查》,载《广东省农村经济调查(第二部分)》,第 215 页。
⑦ 《中山县榄边乡(大车、西江里两村)农村经济调查报告》,载《广东省农村经济调查(第二部分)》,第 95 页。

牛工的工资①。广西宾阳县大林乡富裕中农陆钟禧因外出工作,家内缺乏劳动力,而将 4 亩多田出租②。

二是发展副业、从事商业活动。中农阶层不仅农业生产搞得较好,而且经营较多或较大宗的副业,如手工业生产、饲养家畜、运输等。因此,生产投资较大,收入较多,生活较好。如湖南益阳县黄家崙乡下中农黄坤生,自己和叔父耕田,母、女、堂客打草鞋,"一个个起早睡晚,从不松劲"③。部分中农土改后转移经商或经营商品性副业生产。如海丰县月池乡富裕中农陈捷安,1953 年与别人合股购买一条渔船,到宝安县捉鱼,家中田地雇工耕种④。部分中农甚至借债经营副业,新中农周庆凤从事织布,1952 年到合肥城内借了两包洋纱,折 8 石米⑤。

和贫雇农阶层相比,中农特别是富裕中农农业收入(包括粮食及经济作物)所占总收入比重较小,副业及其他收入比重较大。据广东省 12 个乡统计,1953 年整个中农阶层农业收入占总收入的 67.5%,副业及其他收入占 32.5%(其中富裕中农的农业收入占 63%,副业及其他收入占 37%);而贫雇农阶层则农业收入占总收入的 75%,副业及其他收入占 25%(其中接近中农水平户农业收入占总收入的 74%,副业及其他收入占总收入的 26%;有的严重困难户及开始下降户农业收入占总收入的 77%,副业及其他收入占23%)⑥。另据河北 10 个典型村从事副业的农户统计,从事买卖、轧花、手工业、胶车运输等副业的农户 355 户,占总调查户数 1700 户的 20.88%。从所经营副业种类及各阶层收入来看,搞胶皮车运输业者投资大、收入多,大都是富农及富裕农户。经营副业的富裕中农每户平均副业收入超过贫农每户收入两

---

① 《肥西县竹西乡竹西、姚公两个选区的调查(1955 年 12 月)》,载《安徽省农村典型调查》,第 134 页。

② 《广西省宾阳县大林乡有关生产问题的调查》,载《中南区一百个乡调查资料选集(生产部分)》,第 262 页。

③ 《湖南益阳县黄家崙乡的生产状况与问题》,载《中南区一百个乡调查资料选集(生产部分)》,第 80 页。

④ 《12 个典型乡借贷、雇佣、租佃等关系及商业活动情况的调查》,载《广东省农村经济调查(第一部分)》,第 32 页。

⑤ 《肥西县竹西乡竹西、姚公两个选区的调查(1955 年 12 月)》,载《安徽省农村典型调查》,第 134—135 页。

⑥ 《12 个典型乡阶级变化情况调查》,《广东省农村经济调查(第一部分)》,1954 年 4 月,第 7 页。

倍多(见表 3-17)①。由此可见,农民副业及其他收入所占比重与其经济情况和阶级地位呈正相关关系,其经济情况和阶级地位愈高,农业收入所占比例愈大,其经济情况和阶级就愈低,"副业经营活动成为决定各阶层所处经济地位和阶级成分的重要标志之一"。

表 3-17　河北省 10 个典型村副业收入分阶层综合统计表

| | 户数 | 各种副业收入 | | | | | | | | | | 副业总收入折谷 | |
| | | 买卖 | | 轧花 | | 手工业 | | 胶车运输 | | 其他 | | | |
		收入折谷	占收入%	收入折谷	占收入%	收入折谷	占收入%	收入折谷	占收入%	收入折谷	占收入%	合计	户均
富农	12	201.9	38.41	53.3	10.15	0.8	0.16	259.1	49.31	10.3	1.96	525.4	43.8
富裕中农	39	142.3	9.93			61.3	4.29	870.1	60.76	358.3	25.02	1432	36.7
上中农	79	331.7	15.77	3.3	0.16	220.6	10.49	1365.6	64.93	181.6	8.65	2102.3	26.6
中农	139	764.4	25.13	20.2	0.66	883.3	29.04	1276.5	41.97	97.7	3.21	3042.1	21.9
下中农	64	531.7	38.59			446.2	32.39	323.3	23.47	76.4	5.55	1377.6	21.5
贫农	22	54.7	17.13			119.9	37.54	53.3	16.84	90.9	28.47	319.3	14.5
合计	355	2026.7	23.03	76.3	0.87	1732.1	19.69	4148.4	47.14	815.2	9.27	8799.2	24.8

说明:本表综合统计的 10 个典型村是黄骅小六间房、晋县西石村、石家庄市北杜村、唐山市华岩新庄、龙庄村、定县小寨屯村、阜平县白河村、怀来县南小泉村、宁河县大田庄、康保县李先生地村、本表所列买卖关系系指小卖铺、布店等。其他栏系指养蜂、养种猪、务医等副业或其他非农业生产性质的收入。10 个典型村总户数 1700 户,其中有副业的 355 户,占总户数的 20.88%。

三是自发势力滋长,向往"富农经营方式"。中农阶层的富裕中农或上中农除够吃够用外,年有一定的盈余。他们的盈余除了用于扩大再生产和改善生活外,部分进行放债、雇工和从事商业活动。据福建 8 个典型调查乡统计,1954 年新、老富裕中农户数占总户数 7.78%,劳力占 9.93%,占有土地占 10.66%,使用土地占 10.76%,占有耕牛 17.16%,占有农具 15.06%,农副总收入占 11.44%。1954 年放债户占总放债户数的 34.13%,每户平均余额 192.50 元。雇工的 94 户占本阶层 57.31%,每户平均雇工 20.50 个。出租土地的 45

①　河北省财政厅编印:《河北省农村经济情况典型调查资料》,1955 年 10 月,附表十三。

户,每户平均出租 3.38 亩①。广东曲江县共和乡富裕中农 56 户,1953 年放债的 18 户,占 1/3。其中放高利贷的 13 户,占富裕中农户数的 23%。揭阳县南河乡 51 户富裕中农,已发现放新花的 5 户,放高利贷的 3 户,有 9 户买进土地、厕池、房屋,有 9 户从事商业互动。海丰县月池乡 1953 年 16 户放债户中,富裕中农占了 6 户(全乡富裕中农 29 户,放债的占 20%强),其中 5 户是高利贷性质的,有的新富裕中农甚至卖掉农船,部分放债、部分做生意②。湖北沔阳县杨步乡 9 户中农典型调查户共请散工 511 个,每户平均 57 个,其中请 10—20 个工者 2 户,40—60 个工者 3 户,60—70 个工者 1 户,80—90 个工者 3 户。兼出租者 7 户,兼放债者 2 户,雇工、出租、放债兼有的 1 户。如富裕中农周良发请散工 68 个,兼出租 7.73 亩。富裕中农陈兆珍请散工 81 个,兼出租 10.97 亩。富裕中农周良开请工 82 个,兼放债 350 斤。富裕中农万艮山请散工 90 个,兼出租 4.9 亩③。据安徽肥西县竹西选区 9 户上中农的调查,1953 年有 5 户买入和典入土地 20 多亩,有 8 户雇入短工 251 个,有 2 户放高利贷,每年平均余额有 66 元④。

部分经济上升的富裕中农或上中农向往富农的经营方式,并和富农"赛跑"。辽东省通化地区横道河子雇长工的有 3 户,多数是新升到富裕中农以上的户,如东台屯富裕中农刘甲顺 1951 年放粮 30 石,并雇长工 1 名⑤。宜兴县前红乡路耀明在土改后出租土地 10.45 亩,租额高达 170 斤稻一亩⑥。潜山县骑龙乡上中农吴家清 1952 年买田 1.7 亩,自己在皖南搞副业,常年雇 1 个整劳动力种田⑦。

① 《福建省农村调查(1956 年 6 月)》,载《八个省土地改革结束后至 1954 年的农村典型调查》,第 248 页。
② 《12 个典型乡阶级变化情况调查》,载《广东省农村经济调查(第一部分)》,第 8 页。
③ 沔阳县委会调研组:《沔阳县杨步乡土地改革后农村经济基本情况调查(1953 年)》,湖北省档案馆,SZ18-1-42。
④ 《肥西县竹西乡竹西、姚公两个选区的调查(1955 年 12 月)》,载《安徽省农村典型调查》,第 133 页。
⑤ 《辽东省通化地区 4 个村调查(1951 年)》,载《1950—1952 年东北农村调查汇集》,第 108 页。
⑥ 《宜兴县前红乡农村经济情况调查报告》,载《江苏省农村经济情况调查资料》,第 115 页。
⑦ 《潜山县骑龙乡的调查(1955 年 10 月)》,载《安徽省农村典型调查》,第 178 页。

(二)怕冒尖、安于现状

土改中,有的地区未将土改和发展生产结合起来,对农民说明土地改革是为了发展生产的教育不够。同时,有的地方对各级政府颁发的各项生产政策的宣传不够,生产政策未能很好贯彻,农民对新民主主义经济的发展方向尚不明确,对政策认识模糊甚至怀疑。中农阶层中的部分中农尤其是上中农和富裕中农在农业生产中较为活跃,但情绪不稳,顾虑多,"怕冒尖"、怕"露富"、怕"算剥削",尤其普遍怕"社会"(共产),部分甚至抱着"吃点,喝点,马虎点""吃好点儿,穿破点儿,少说点儿"的思想。这部分中农"发财"念头不大,只想年落一年"本保本"就算了。因而有的起新房子,有的多制衣服,有的大吃大喝。据中南区望城乡 10 户典型中农调查,1951 年农业生产总收入不如战前,但生活消费比战前高。1936 年,人均收入稻谷 1664 斤,生活消费 963.5 斤;1951 年人均收入稻谷 1507.7 斤,生活消费却增加到 1016 斤①。

一是生产情绪消极。部分中农怕生活好了提高成分,因而生产消极,不敢添置农具等生产资料扩大生产。如安徽省嘉山县明北乡富裕中农李少叶与李景霞,土改前养大牯牛 2 头、小牛 1 头、驴 1 头,现在每家只有 3 条牛腿。上中农吕华堂过去每年要捡一万多斤粪,现在一点也不拾了②。湖北武昌锦绣乡中农罗辉明说:"如不是你们(调查组)讲,我们还不敢买这个犁呢?"有的说:"共产党的政策不准发财,我也看穿了,搞的够吃就算了。"③部分中农对增加生产也有顾虑,怕多增产多征粮。广东惠阳县沥林乡罗村中农邓青发牢骚说:"耕什么田? 收成多,公粮多!"④河南项城县尚店乡中农怕增产增负担,认为增产是上级的"点子",为了叫老百姓多出些公粮⑤。有的中农有剩余谷子不

① 《望城乡二年来的农业生产情况》,载《中南区一百个乡调查资料选集(生产部分)》,第49 页。
② 《嘉山县明北乡的调查(1955 年 12 月)》,载《安徽省农村典型调查》,第 66 页。
③ 《锦绣乡农业生产的情况与问题》,载《中南区一百个乡调查资料选集(生产部分)》,第70 页。
④ 《广东惠阳县沥林乡土改后的农村经济情况》,载《中南区一百个乡调查资料选集(生产部分)》,第 249 页。
⑤ 《河南项城县尚店乡土地改革后生产情况调查》,载《中南区一百个乡调查资料选集(生产部分)》,第 12 页。

愿借出来,怕说"有谷子放账""剥削别人"。①

　　二是让田、献田或卖田。受土改、土改复查运动的影响,部分中农既不敢雇工,又不敢出租田地,而自己也种不了,忙不开(过去都请工),因此就将自己的田地无代价地送给别人种,只要求代交公粮,地权也情愿让给别人,称为"让田"。锦绣乡全乡此类让田者共10户,让出田地共11.84石。这10户中,中农7户(其中富裕中农6户):属于不敢雇工自己种不了而让出者为2户富裕中农,如刘远立,1人,有田8斗、地1.5石,自己参加主要劳动,解放前请半个长工,土改前仍请工,土改后自己种了一年,土改复查后即让田3斗、地5斗。富裕中农刘炎臣,两口人,解放前请半个工,解放后请短工,复查后不请短工,让田2.8斗、地3斗;属于怕升阶级而让出者为2户富裕中农。如章连成,4口人,有田1.15石、地2.5石。解放前请1个长工,土改前不请了,把田地1.78石让给2户中农和1户雇工种,复查发土地证时还向农会要求,把地权让给这3户,坚决不要了②。广东惠阳县沥林乡沥林村富裕中农张林盛因怕土改复查提高阶级成分想向农会献田4斗,其他如朱屋、罗村、黄村等村皆有富裕中农主动提出向农会献田,说是宁愿做贫雇农③。湖北宜城县龙兴乡因思想顾虑变相献田而列入出租者有8户,占出租总户数的12.9%,出租74.37亩,占出租地16.23%。如富裕中农刘其好有地36.96亩,送给别人种9.87亩,他着急地说:"请人怕说剥削,不给人家种自己一个种不了,平均下好。"④

　　三是减少、不敢雇工和出租。土改结束后,虽然各地政府政策规定雇工自由,但富裕中农和上中农仍然存有顾虑:"阶级要划五次,现在只划过三次(征粮、土改、复查),将来还要再划三次。"土改和土改复查运动对农民的影响很大,他们普遍认为"征粮、土改每次划完阶级,工作通知都说以后不再改变,但每次都变了,复查不又变了阶级吗?"因此,部分中农不敢雇工或者是减少雇

① 《湖南邵东县龙潭乡关于生产情况的调查》,载《中南区一百个乡调查资料选集(生产部分)》,第97页。
② 《锦绣乡农业生产的情况与问题》,载《中南区一百个乡调查资料选集(生产部分)》,第65页。
③ 《广东惠阳县沥林乡土改后的农村经济情况》,载《中南区一百个乡调查资料选集(生产部分)》,第249页。
④ 宜城县委调研组:《宜城县委龙兴乡农村经济调查几个材料的整理(1952年)》,湖北省档案馆,SZ18-1-5。

工。江西南昌县小蓝乡解放前(1948)全乡请长工的14户,其中富农3户、中农11户。1951年全乡请长工的减为6户,其中富农1户、中农5户。1952年请长工的,又减为4户,愿请长工而未请的,富农3户、中农5户。即使各地宣传贯彻生产政策后,部分中农仍对政策将信将疑,如中农罗三岩虽请了长工,但仍不放心,向工作同志说:"我请了长工,今后要提高我的阶级你可负责。"①广西省宾阳县大林乡富裕中农萧日高,以前每年都雇长工1人,自己做手工业,在复查后,连短工也不敢雇了,将以前做手工业的劳动力,放到农业劳动上②。部分劳力缺乏的中农户变请长工改为多请零工,如中农詹君欧种水田2.63亩,因劳力缺乏解放前每年请1个长工,现在怕戴上"剥削"帽子,不敢请长工,每年请零工280个以维持经营③。部分中农因怕提高成分,不敢出租。如江西丰城县小袁渡乡中农涂桂银自有田17亩,自己因病不能耕作,不敢出租怕提高成分,把田也拖瘦了④。随着互助合作运动的开展,中农不敢雇工和出租土地的更多。如老中农李庆堂六口人,有田10多亩,茶叶700多斤,1952年雇短工280个。1953年入社后,限制了雇工剥削,停止了向富农发展。老中农吴顺先出租七亩多田,到1954年就没有收租了⑤。

(三)从"整体"到"细分":合作化运动中的中农

合作化运动初期,中共多次对农民个体经济的合理性进行肯定,并通过联合中农的政策加以鼓励和保护。《中共中央关于农业生产互助合作的决议》指出:"解放后农民对于个体经济的积极性是不可避免的……在这方面,党是坚持了巩固地联合中农的政策。"⑥此时,党的政策一再强调坚持自愿的原则入社,下中农的经济条件和贫雇农接近,对合作化道路基本上是赞成的。上中农的经济条件经济实力雄厚,虽然对互助合作运动持徘徊观望态度,但此时党

① 《南昌县小蓝乡的农村经济情况》,载《中南区一百个乡调查资料选集(生产部分)》,第135—136页。
② 《广西省宾阳县大林乡有关生产问题的调查》,载《中南区一百个乡调查资料选集(生产部分)》,第263页。
③ 《当阳县关陵乡土改复查后农村经济(1952年12月)》,湖北省档案馆,SZ18-1-5。
④ 《江西省丰城县小袁渡乡的经济情况调查》,载《中南区一百个乡调查资料选集(生产部分)》,第221页。
⑤ 《歙县山岔乡的调查(1955年11月)》,载《安徽省农村典型调查》,第201—202页。
⑥ 《农业集体化重要文件汇编(1949—1957)》(上卷),第37页。

的政策强调关心和适当地照顾单干农民,因此上中农的压力不大。

随着互助合作运动的发展,党对中农的政策开始发生变化。在合作化运动中,毛泽东、邓子恢等中共领导人关于互助合作运动发展速度问题上的分歧,主要源于中农阶层中同时存在"单干"与"互助"两种倾向。1953年上半年,中共中央指出"必须依靠贫农(包括土改后变为新中农的老贫农),巩固与中农联合"。把中农当作团结的对象而不是依靠的对象,这引起了中农的不安。为了安抚中农的情绪,又提出"依靠贫农和中农的巩固联盟,逐步发展互助合作"①。把中农作为一个整体看待的政策一直持续到1954年底第四次全国互助合作会议,该次会议仍将土改后由贫雇农上升的新中农"作为党在农村中的依靠对象"②。此时,中农被分为老中农和新中农,新中农仍被视为党依靠和团结的对象。

1955年,随着合作化运动高潮的到来,党的中农政策尤其是"富裕中农"政策发生重大变化,新老中农中的上中农即富裕中农被和富农相提并论。此时,中农阶层被分为上中农和下中农,中农中的富裕中农不再是依靠、团结的对象,而成为斗争、教育的对象。这导致了富裕中农在农村中的孤立,更加引起了富裕中农的不安和恐慌。富裕中农卖田、献田、荒田的现象更加普遍,如1954年湖北省12个典型乡老上中农卖田当地的4户,共田14.2亩;献田的24户,共田107.63亩;送田给干部和亲戚的8户,共46亩;荒芜土地的21户,共田67.53亩。原种佃田,现消极不种而退佃的4户,破坏和卖掉农具的13户,卖耕牛的9户,大牛换小牛的9户,不积极投资生产,不应盖房而盖房的14户,盖房46间,过早备办棺材寿衣的9户;生活严重浪费的51户③。

根据中共中农阶层政策的变化,各大区和各省亦将中农阶层分为老中农和新中农,新中农又进一步细分为新上中农(有的地方称新富裕中农)和新下中农,老中农细分为老上中农(有的地方称老富裕中农)和老下中农。广西省农村经济调查中,将"有剥削行为的中农叫作富裕中农,没有剥削行为的叫作中农"。并要求统计各典型调查中富裕中农(有的地方称为上中农)的比重,

---

① 《农业集体化重要文件汇编(1949—1957)》(上卷),第205、215页。
② 《农业集体化重要文件汇编(1949—1957)》(上卷),第246、259页。
③ 中共湖北省委农村工作部:《湖北省十二个典型乡调查报告(1956年4月)》,湖北省档案馆,SZ-J-526。

在农业合作化运动中,必须切实地贯彻执行阶级政策、慎重地决定对待中农的态度①。

　　根据经济条件的不同,新上中农、新下中农、老上中农、老下中农在发展生产、对待互助合作运动的态度上有着细微差别:新下中农的经济情况及思想都接近于贫农,土改后经济地位虽然已有较大改善,但由于土改"翻身"后底子空、底垫少,耕牛农具尚缺,扩大生产的资金一般感到不足,因此他们积极要求组织起来发展生产,对互助组、合作社和村务工作,一般能做到"土改带头、生产带头、入社带头";老下中农从土地改革中亦分到了少量土地,经济条件也是逐年上升的。其经济地位稍高于贫农和新下中农,但远不及新、老上中农。老下中农大部分是省吃俭用、积极劳动,这些户大部分是原家底薄的户,也有部分则是因遭受变故而亏累的户。他们土地占有虽较贫农多,但缺乏生产资金,有的还缺耕牛农具,因此,一般也能积极响应党在农村的政策,对走合作化道路亦表现积极拥护;新、老上中农占有使用土地较多,耕畜、农具等生产资料齐全,劳动力较强,农副业收入高于贫雇农和新老下中农,部分户在农副业生产中还有出租土地、从事商业、放贷等轻微剥削。新、老上中农的思想较为复杂:一方面,尽量与贫雇农和新老下中农保持良好的关系,唯恐别人给自己戴上"落后""剥削"帽子和政治上遭受孤立;另一方面,又受着富农的影响,追求经济地位上升。因此此类农户生产情绪忽冷忽热,对村中的工作也是忽而积极忽而消极。如互助合作运动初始,多数是"心不满意,嘴不多说",少数人随大流。在集体化高潮到来时,则大多数转变为"大家入社我还能不入"的态度。新、老上中农未入社前怕露了"家底"、怕集体劳动"不自由"等,入社后在土地评产、牲口作价及土地、劳力分益的比例多少等问题上怕自己吃亏。

　　具体而言,中农阶层对是否参加互助组、合作社有以下几种思想和行为:

　　一是自愿入组入社。在土改基础上,依靠互助合作上升起来的农民,对互助合作的体验较深,他们认为只有依靠组织起来才能恢复和发展生产、不断地改善生活。同时,部分下中农在生产、生活上还存有很大困难,这部分中农多数是丧失劳动力或耕牛、农具不全,家底空,负债多,大都积极要求入组、入社,依靠互助组、合作社解决生产困难。据陕西省 17 个典型乡统计,1954 年参加

---

① 　王瑞芳:《新中农崛起后中共阶级政策的调整》,《安徽史学》2004 年第 2 期。

农业生产合作社的农户中，下中农占57.69%，横山宛家崖乡新下中农李怀信、刘丕义不但本人积极入社，且带动串联26户农民建了两个社，且都担任社主任①。部分上中农看到合作社能战胜自然灾害、扩大生产等优越性，也积极要求入社。部分中农虽然入社后收入水平下降，但因自己是干部或是军、干、工家属，他们对中共的各项政策基本了解，并有一定程度的社会主义觉悟，愿意走合作化道路。如盐城县黎明社生产队长王洪喜、吴县善济乡团支部副书记张来根，入社后收入不如入社前，但他们仍然认为"赚钱不丢，蚀本不抛，坚决把社办到底"②。

　　二是不愿入组、入社。部分中农尤其是富裕中农因土地数量多且质量好，劳动力强，农具耕畜齐全，经济上升较快，多数想自己单干，对参加互助组、合作社没有兴趣，怕互助了要妨碍自己的利益，怕评分记工吃亏。1951年东北农村典型调查资料中的中农非常具有代表性，中农"对党的政策是积极拥护的"，但同时作为私有者"他们对组织起来发展生产不习惯也不感兴趣"。在无力单拴犁杖时不得不与人插犋种地，有了两个牲口，就极力想法再买一个牲口单干，不想与无马户组织起来换工互助③。他们普遍认为："参加换工组，不如单干雇工发财快。"如热河北票土城子村12户中农（可代表全县一般中农），1950年秋收前参加临时换工组的有9户、雇短工的3户，而1951年参加换工组的减少到5户、雇短工的增加到4户，开始雇活的有3户。1952年想要雇活的有5户，想雇短工的有4户④。安徽合肥市郊区四河乡新上中农王国银，雇两个长工，并放高利贷，生活很富裕，不愿入社⑤。部分上中农"怕和贫农滚在一起"，陕西横山宛家崖乡刘家沟村1954年建社时，7户上中农一户都不参加⑥。

　　部分上中农不愿入社主要顾虑是入社不自由，怕吃亏。歙县山岔乡新下

①　《陕西省农村调查（1955年10月）》，载《八个省土地改革结束后至1954年的农村典型调查》，第34页。
②　《江苏省农村工作情况资料汇编》（1959年1月），江苏省档案馆，3062-永-73。
③　《黑龙江省海伦县第16区永安村、西安村经济调查（1951年）》，载《1950—1952年东北农村调查汇集》，第54页。
④　《热河省典型村经济情况调查（1951年）》，载《1950—1952年东北农村调查汇集》，第139页。
⑤　《合肥市郊区四河乡的调查（1956年元月）》，载《安徽省农村典型调查》，第108页。
⑥　《陕西省农村调查（1955年10月）》，载《八个省土地改革结束后至1954年的农村典型调查》，第35页。

中农方国良说:"入社雇工不自由,我还要单干年把。"①阜阳县河东乡老上中农张继德几次扩社均不参加。并说:"我在社外想干就干,谁也管不着,入社后哪有这样自由?"②潜山县骑龙乡新上中农朱华满说:"入社,人累得要死,又不自由,还不一定能收到单干时的粮食,我还是等等再说。"③

　　有的中农加入互助组、合作社后又退出单干。嘉山县明北乡新上中农赵从银,土改后有牛有驴,犁耙俱全,生活上吃穿不愁,群众称他"万事不求人",参加互助组几进几出,应出的工资也不出,儿子动员他入社,他要与儿子分家,并说:"像我这样如再雇一个人种田,日子多么好。"④肥西县竹西乡新上中农周庆福,田多劳力弱,年年要雇 40 多个短工,1954 年冬入社时说:"干一年再说,不行就退。"结果到 1955 年分红后就退了社⑤。山西省解虞县阎家村新上中农史梦喜,原为贫农,7 口人(2 个劳动力),土改后有水地 1 亩 6 分、旱地 22 亩,2 头牛。1953 年曾入社干了一年,收入 520 元,1954 年出社自己干,农业纯收入 700 余元,他认为"入社不如单干"。老上中农赵福元 6 口人(2 个劳动力),有水地 4 亩、旱地 6 亩,每年除棉花、粮食收入约 400 元外,还种有韭菜半亩,可收入 60 元,有压花机一架年收入约 120 元,另外每年兼卖瓜菜收入百余元,他在1954 年入社一年后又退了出来,并说:"要等全村都入了社后我才入社。"⑥

　　三是入组、入社追逐个人利益。部分中农加入互助组后,往往抬高耕畜工资、压低人工工资,以占有的生产工具换取贫农劳动力。部分中农即使迫于形势需要参加了互助组,租入田亩带进互助组耕种。湖北沔阳县杨步乡佃中农汪芳六 5 口人(劳动力 2 个),分得田 19.16 亩,又租入 7.22 亩,当入 4.26 亩参加互助组⑦。江苏宜兴县中农张友田租进 7 亩田参加互助组⑧。有的互助

①　《歙县山岔乡的调查(1955 年 11 月)》,载《安徽省农村典型调查》,第 202 页。
②　《阜阳县河东乡的调查(1956 年元月)》,载《安徽省农村典型调查》,第 7 页。
③　《潜山县骑龙乡的调查(1955 年 10 月)》,载《安徽省农村典型调查》,第 179 页。
④　《嘉山县明北乡的调查(1955 年 12 月)》,载《安徽省农村典型调查》,第 64 页。
⑤　《肥西县竹西乡竹西、姚公两个选区的调查(1955 年 12 月)》,载《安徽省农村典型调查》,第 136 页。
⑥　中央宣传部地方工作室工作组:《山西省解虞县阎家村调查报告》(1955 年 9 月 21 日),山西省档案馆,C54-2007-49。
⑦　沔阳县委会调研组:《沔阳县杨步乡土地改革后农村经济基本情况调查》(1953 年),湖北省档案馆,SZ18-1-42。
⑧　《宜兴县前红乡农村经济情况调查报告》,载《江苏省农村经济情况调查资料》,第 123 页。

组由于过多的租进或包进了土地,导致生产效率降低。如中农邱胜庆互助组租进了9亩田,加上自己组里47亩水田,生活忙不过来,秋季施肥和深耕均没有做到,每亩产量平均580斤,较当地一般产量少收一成多①。部分中农甚至破坏互助合作运动,如广东曲江共和乡干部富裕中农侯元春为了图谋经营油坊生意,故意将互助组搞坏②。

随着合作化运动高潮的到来,1956年秋收前后全国各地发生"退社"风潮。各地的退社风潮中,富裕中农往往是"退社的倡议者和带动者",该群体所占比例最大,其态度也最为坚决。根据调查,有的地方富裕中农退社户占70%以上③。关于富裕中农引领"退社"风潮,部分学者从合作社效益严重下降的视角来阐释其退社的原因。常明明认为在具有相对较高生产水平的富裕中农(上中农)入社后增收的比重不大,减收的户数相对较多,进而引起他们的不满,动摇了合作化的信心④。笔者认为,除了上述原因外,由于各种顾虑(如避免受打击、受排斥)勉强入社也是富裕中农对高级社不满意、要求退社的原因之一。有的省在农业集体化高潮中贯彻党的阶级政策有些偏颇,如浙江省在"抓两头,带中间"的指导思想和"提早消灭富农"的口号支配之下,进行了一次土改复查,并对富农开展了猛烈地斗争,曹庄乡划出富农28人(事后证明划错的就有22人),划出农业资本家20人(事后证明划错的也有7人)。提出"互助组当中还有资本主义剥削""合作社才是社会主义"等口号,并且在广大农民中不恰当地批判所谓"资本主义自发势力"。同时,地方领导人对中农的思想情绪缺乏深入的分析研究,满足于表面现象,错误地估计为"下中农积极兴奋,一般中农自觉自愿,富裕中农采取不管的态度"。结果是吓怕了中农,他们把社会主义误解为"平均主义",认为党的政策变了,一部分中农为了躲避风雨而勉强入社,例如有的富裕中农说:"入社虽然吃亏,总比

---

① 《武进县胜东乡农村经济情况调查报告》,载《江苏省农村经济情况调查资料》,第141页。
② 《12个典型乡借贷、雇佣、租佃等关系及商业活动情况的调查》,载《广东省农村经济调查(第一部分)》,第39页。
③ 《当代中国的农业合作制(上)》,第406、459页。
④ 武力:《农业合作化过程中合作社经济效益分析》,《中国经济史研究》1992年第4期;叶扬兵:《1956—1957年合作化高潮后的农民退社风潮》,《南京大学学报》2003年第6期;常明明:《效益下降抑或增收差异:农业合作化后农民退社原因再研究》,《中国农史》2011年第1期。

评成地主、富农好", 又说: "不入社,风吹雨打霜要露。"①另根据 1954 年湖北省 21 个社 668 户的调查, 自愿入社的 385 户、占总户数 57.63%。其中, 贫农148 户、占 38.44%, 新下中农 155 户、占 40.26%, 老下中农 27 户、占 7.01%, 新上中农 34 户、占 8.83%, 老上中农 21 户、占 5.45%; 随大流的 204 户、占30.54%。其中贫农 37 户、占 18.14%, 新下中农 74 户、占 36.27%, 老下中农25 户、占 12.25%, 新上中农 25 户、占 12.25%, 老上中农 43 户、占 21.08%; 被迫入社的 79 户、占 11.83%。其中贫农 3 户、占 3.8%, 新下中农 8 户、占10.13%, 老下中农 3 户、占 3.8%, 新上中农 21 户、占 26.58%, 老上中农 44户、占 55.7%②。

可见, 自愿入社和随大流入社的以新下中农和贫农为主, 被迫入社的以老上中农和新上中农, 也就是富裕中农居多。这部分带有"情绪"的富裕中农入社后生产消极, 当其社内收入低于其原来的收入时, 往往更加强化了其消极情绪, 他们通过夸大合作社的某些缺点, 在社外散播不满情绪, 要求退社, 甚至利用搞垮散伙等手段表达其对高级社的不满。当时, 毛泽东也注意到了这个问题, 在 1956 年中共中央批注广东省委《关于退社的报告》的批语中, 特意强调"各地合作社对于富裕中农急急忙忙叫他们入社, 或者让他们入社, 本来是不策略的"③。

新中国成立前后的土地改革中, 中农作为一个阶级整体, 其利益虽然屡受侵犯, 但作为政治动员的主要对象和农村生产力恢复的中坚力量, 一直是中共争取和团结的对象。土改结束后的几年内, 农村社会结构逐渐呈现"中农化"现象, 中农阶层在地权交易中占居主导地位。伴随着中共中农政策的调整、变化, 中农的心理和行为均发生了变化: 大部分中农埋头生产, 敢于通过租地、雇工、买地等方式扩大土地经营规模、增加农副业生产收入; 部分中农因受中共政策变化的影响, 对发展个体经济、发家致富有顾虑, 怕"冒尖"、怕被戴"剥削"者帽子, 因此安于现状、得过且过; 极少数富裕起来的中农向往富农经济,

① 《浙江省十个乡农村经济调查》,载经济资料编辑委员会编:《八省农村经济典型调查》,财政经济出版社,1957 年,第 72—73 页。

② 湖北省委农村工作部:《湖北省农村调查(1955 年)》,载《八个省土地改革结束后至 1954 年的农村典型调查》,第 86—87 页。

③ 《当代中国的农业合作制(上)》,第 459 页。

主要表现在雇工、买卖土地、出租土地、放高利贷、从事商业活动等方面。在各地的典型调查材料中,这部分中农被界定为"自发势力"。

合作化运动中,中共中农政策先后经历了把中农阶层看成一个整体、巩固联合中农——将"富裕中农"和"富农"相提并论,并加以限制的重大变化,细化后的中农阶层心态亦随之发生改变:大部分中农尤其是依靠互助合作上升起来的农民,对互助合作的体验较深,他们认为只有依靠组织起来才能恢复和发展生产、不断地改善生活。同时,大部分下中农在生产、生活上还存有很大困难,他们耕牛、农具不全,家底空,负债多,大都积极要求入组、入社,依靠互助组、合作社解决生产困难。部分中农尤其是富裕中农因土地数量多且质量好,劳动力强,农具耕畜齐全,经济上升较快,多数想自己单干,对参加互助组、合作社没有兴趣,怕入社不自由,怕互助了要妨碍自己的利益。有的中农加入互助组、合作社后又退出单干。部分中农加入互助组、合作社后,通过往往抬高耕畜工资、压低人工工资、租入田地带进互助组耕种等方式追逐个人利益。部分富裕中农甚至带头"退社"来表达对合作化运动的不满和抵抗。

第四章 惶恐难安中的富农:有限抵抗抑或无奈合作

富农经济是近现代中国农村重要的经济力量,新中国成立前后的土地改革和合作化运动中,富农始终处于讨好拉拢乡村干部与有限抵抗的矛盾中。目前相关研究对中共富农政策的乡村实践过程和存在状态缺乏微观考察,对富农与中农、贫雇农等各阶层之间的关系研究尤为不足。本章通过重新梳理档案资料和访谈资料,从文本和经验两个维度思考土改结束后富农所面临的相关政策演变和村庄内部的微观情境,力图从理性小农和生存小农角度来介入对富农阶层的历史认知。

一、理性计算下的选择:富农对村庄干部和其他阶层的行为

(一)揣摸和顺从:新乡村权力结构下的富农

在 20 世纪前期的乡村政权中,富农阶层具有重要的影响力,杜赞奇认为"拥有财富是进入乡村领导层的关键"[1]。中共领导的革命运动中,革命的意识形态彻底颠覆了村庄精英传统评价标准,共产党选择了抛弃既有的基层组织,另起炉灶,直接诉诸边缘群体,按照新政治的意识形态标准重建乡村的权力架构[2]。中共基层乡村政权结构中,判定农村社会各阶层政治地位及获取相关资源的标尺发生变化,乡村精英的推选标准由以声望、知识、财产等为主变为被阶级出身所替代。新中国成立后,伴随着土改运动的蓬勃发展,广大新

---

① [美]杜赞奇:《文化、权力与国家——1900—1942 年的华北农村》,江苏人民出版社,1996 年,第 150 页。
② 罗朝晖:《富农与新富农——20 世纪前半期华北乡村社会变迁的主角》,人民出版社,2010年,第 260 页。

解放区农村基层政权中涌现出一大批贫雇农和中农积极分子①。富农阶层因其"精英阶层"出身而在阶级甄别和划分中处于不利的地位,富农财产在被革命分配的同时,也被排挤出乡村权力网络。从各地调查资料来看,土改后各地富农成分的基层干部所占比例极低(见表4-1)。南汇县土改前富农担任村组干部的22户,占干部总数的0.43%。土改后减到9户,占0.14%②。广东省新会县北洋乡全乡168个组长以上骨干、党员、团员中,新富农成分的仅占0.6%③。

表4-1　土改后富农干部统计表

地区	富农干部占干部总数(%)	资源来源
河北高阳	1.1	《高阳县土改后村组织政权的变化》,高阳县档案馆,51-5。
陕西关中41县	0.07	《关中土改区41县(市)2500乡土改前后群众团体干部统计表》,陕西省档案馆,123-24-42。
江苏南汇县	0.14	中共苏南区委员会农村工作委员会:《苏南地区土改统计和无锡81个乡土改工作总结报告》,江苏省档案馆,3006-158-7。
山西20个乡	0.51	中共山西省委农村工作部:《山西省农村调查(1955年12月30日)》,载《八个省土地改革结束后至1954年的农村典型调查》。

随着乡村权力结构中的日益边缘化,富农阶层与乡村干部以及其他阶层展开新一轮的博弈,"拉拢、讨好"成为富农在乡村权力结构剧烈变化情况下的一种优先策略性选择。富农借用传统的乡村人际关系,利用各种讨好、拉拢手段向乡村基层干部传递"服从于党的领导和政策"的信息。

在规避政治风险和追逐经济利益的过程中,富农巧妙地运用了当时中央对富农的政策演变,逐渐调整应对策略。新中国成立初期,受土改和土改复查运动的影响,多数富农在思想上有顾虑,不敢雇工经营土地。华东区十大政策

---

① 关于土改后各地乡村干部的阶层构成,见第五章《地权变迁中的基层乡村干部:守夜人与利益追逐者》。

② 中共苏南区委员会农村工作委员会:《苏南地区土改统计和无锡81个乡土改工作总结报告》,江苏省档案馆,3006-158-7。

③ 中共粤中区委员会调查组:《广东省新会县北洋乡经济调查》,载《农村经济调查选集》,湖北人民出版社,1956年,第60页。

颁布和宣传之后,一定程度上稳定了富农阶层生产情绪。浙江温州专区永嘉县郭溪乡富农邱启根经过发展生产的十大政策的宣传,重新雇工①。安徽歙县山岔乡新富农郑龙庭(原来是贫农),1951 年不雇工,1952 年采取长工短算的方法雇短工 180 个,1954 年雇短工 300 个②。苏南常熟县团结村富农张乔真有自耕田 40 余亩,在未土改前即有解雇思想,随着乡人民代表对十大政策的贯彻,其解雇思想也基本消失③;苏南江宁县第五区永平乡富农陆传兴本来不敢雇工,宣传了生产十大政策顾虑解除后,已雇了 1 个长工种田④。

中南区部分缺乏劳力的富农,经过十大政策宣传,解除顾虑后敢请雇工,而且雇工数量也逐年增加。广东揭阳县南河乡富农林何花占有耕地 3.98 亩,无劳动力,本人附带劳动,耕作主要靠雇入短工解决,在去年雇入短工 66 个,今年雇入短工 74 个⑤。湖南富农龚春建从前不敢雇工,同时要求献田,懂得政策后说:"这一下我就安心生产了,原来以前都是造的谣。"之后他就雇了长工⑥。湖北省武昌县锦绣乡有 3 户富农敢请雇工,敢加工施肥,富农洪隆甫、刘荣盛,在春耕生产前都请了一季或半年时间的雇工。富农章长卿"去年每斗田下肥 50 斤饼,今年还要超过去年"⑦。

和新中国成立前老区土改时富农的表现类似,新区富农也处处表现出"恭顺"的态度,小心翼翼地接触"开明干部""进步干部"以了解政策动态⑧。富农对自身的地位始终有着清醒的认识,有着对获取中央政策资源信息的强大需求。如湖南益阳县黄家岑乡富农田进贤问出席省代会的荣军代表田云光说:"政府前年搞土改,去年搞复查,今年又搞么子呢?"并常常偷看他从省里

①　温州区专员公署:《温州专区春季工作生产工作初步总结》,载《浙江政报》第 3 卷第 2 期,1951 年 7 月。

②　《歙县山岔乡的调查(1955 年 11 月)》,载《安徽省农村典型调查》,第 203 页。

③　中共苏南区委员农村工作委员会:《常熟县南丰区扶海乡的雇佣关系情况调查(1951 年 9 月 23 日)》,3006-短-362。

④　中共苏南区委员会农村工作委员会:《江宁县第五区永平乡解放前后雇佣关系调查(1951 年 10 月)》,江苏省档案馆,3006-永-146。

⑤　《揭阳县南河乡农村经济调查报告》,载《广东省农村经济调查(第二部分)》,第 150 页。

⑥　湖南省土地改革委员会:《一周工作汇报(1951 年 4 月 18 日)》,载《中华人民共和国经济档案资料选编·农村经济体制卷(1949—1952)》,第 460 页。

⑦　《锦绣乡农业生产的情况与问题》,载《中南区一百个乡调查资料选集(生产部分)》,第 70 页。

⑧　岳谦厚、吕轶芳:《"人人过关"——土改在晋蒙交界偏关县的经历》,《中国乡村研究》第 9 辑。

带回来的一些文件,有时见了干部也问:"土改搞完了,再几个五年计划才到得社会主义呢?"富农柴德生人少地多,向农会询问是否可以请工,否则他准备献一些田给农会①。吴江有个富农问干部"现在唤人(雇工)阿要说剥削?"②

在了解政策前提下,有的富农一方面因怕"二次土改"、怕评地主、怕公粮负担;另一方面为赢得宽松的政治生存环境,干脆主动将田献出来,送给当地农会、民校或免租送给村干部耕种。湖北宜城县委龙兴乡因有顾虑、变相献田而列入出租者有8户,占出租总户数的12.9%,出租74.37亩,占出租地16.23%。如富裕中农刘其好(应划为富农)有地36.96亩,送给别人种9.87亩,他说:"请人怕说剥削,不给人家种自己一个种不了,平均下好。"③江苏奉贤县砂碛乡富农土改中送田22.6亩④。江宁县麒麟乡富农陶定栋不敢雇工,献出9.2亩好田给民校做公田⑤。广西永宁乡陆剑南把种不了的田借给互助组种,金山乡富农送秧给团支书,解决了团支书的生产困难⑥。

部分富农用金钱贿赂拉拢基层干部,并用粮食、衣服等来收买一些立场不稳的干部。安徽嘉山县明北乡富农赵养元贿赂乡长赵玉九200多元⑦。部分富农利用宗族关系拉拢干部,湖北当阳黄林乡富农陈本智拉拢互助组组长陈国清,在其包庇下瞒产900斤,后又拖欠卖余粮数300斤⑧。江西谢家乡富农程福彬经常邀同村干部程子和乡代表程发明等到墟上饮酒喝茶,送干部香烟和零用钱,对社员、社干则献殷勤说:"我土地、耕牛、农具全都无偿地入社,凭

① 《湖南益阳县黄家岑乡的生产状况与问题》,载《中南区一百个乡调查资料选集(生产部分)》,第79页。
② 苏南区委员会农村工作部:《9个乡3个村土改前后雇工情况的调查(1953年)》,江苏省档案馆,3006-短-325。
③ 宜城县委调研组:《宜城县委龙兴乡农村经济调查几个材料的整理(1952年)》,湖北省档案馆,SZ-1-5。
④ 《奉贤县砂碛乡农村经济情况调查报告》,载《江苏省农村经济情况调查资料》,第240页。
⑤ 《江宁县麒麟乡农村经济情况调查报告》,载《江苏省农村经济情况调查资料》,第181页。
⑥ 《广西省农村调查(1956年5月)》,载《八省土地改革结束后至1954年的农村典型调查》,第262页。
⑦ 《嘉山县明北乡的调查(1955年12月)》,载《安徽省农村典型调查》,第66页。
⑧ 《湖北省农村调查(1955年)》,载《八省土地改革结束后至1954年的农村典型调查》,第114页。

劳动赚分,就怕政府不肯。"①

　　尽管在各地的农村调查资料中,很多地方富农的讨好行为被认为是假献田,被定性为拉拢干部、麻痹民众,搞破坏。但富农的献田行为和经济利诱策略借助于村庄这一"熟人社会"得到基层村干部的认可。相当一部分党员、干部和积极分子"阶级界限模糊了",他们认为"地主、富农老实啦,生产劳动好,又能服从领导"。村干部、群众对劳动守法、积极进步的富农的评价是:"叫干啥就干啥,办事随合""会经营有办事能力"②。部分基层干部在口头宣传上"不许剥削人、不许雇工",但在实际工作中对富农雇工、出租等经营方式的限制则很"放松",认为他们实际上是"富裕中农",导致不少富农都自称为"富裕中农",借以提高阶级地位和政治待遇。合作化运动初期,部分干部对富农参加互助组"实际上没有什么限制和排挤"。安徽嘉山县明北乡指导员曾公开地说"好的富农也可以参加互助组"。直到 1953 年秋,通过总路线的宣传和农村阶级政策的贯彻,干部和群众在思想上才稍微明确,但在实际执行上仍未认真贯彻③。

　　随着中共富农政策的变化和合作化运动的迅速推进,地方政府为贯彻中共限制农村资本主义自发趋势的需要,逐渐将"混入"互助组、合作社的富农清除出去,如潜山县骑龙乡原为民主革命不彻底的落后乡,互助合作基础薄弱。1952 年 10 个互助组中有地主 6 户、富农 4 户、反革命和坏分子 9 个,整顿后"清洗了地主、富农和不纯分子出组"。1955 年春在改造落后乡的运动中又结合了互助组的整顿,查出并清洗了混入互助组内的地主 6 户,富农 5 户,坏分子 2 户④。但有的地方村干部在清算富农出组、出社过程中并未认真执行,当清除地主、富农出社时,多数社是"迫不得已",有留恋思想。如热河省朝阳县郭家窝铺村部分党员、干部说:"这几个地主、富农(指入社地主、富农)虽然

①　《江西省农村调查(1956 年 3 月 1 日)》,载《八个省土地改革结束后至 1954 年的农村典型调查》,第 213 页。

②　《中共热河省委农村工作部关于赤峰、承德和朝阳等三县七个村的调查报告》,载《1954 年热河省农村调查汇集》,第 61 页。

③　《嘉山县明北乡的调查(1955 年 12 月)》,载《安徽省农村典型调查》,第 66 页。

④　《潜山县骑龙乡的调查(1955 年 10 月)》,载《安徽省农村典型调查》,第 177 页。

成分不好听，可是思想比贫雇农还进步。"①部分干部甚至认为富农有耕畜、有好院子，进了社大家能得便宜，所以排挤贫农吸收富农。如山西阳高县邢家堡村在吸收社员中，邢世仁、陈建等不少贫农连续三年要求入社未被批准。反让已改变成分的富农当了会计，富裕中农当了保管员和生产队长等职②。

甚至少数富农在基层政权中担任职务，热河省赤峰县旧富农宋国清（土改时漏网），支部认为他能写会算"会办事"，选他为村生产委员、信用社监视委员、供销社代表，建立农业生产合作社时，又提名叫他当上了主任③。广东中山县外沙乡富农林仲鲁，解放前是靠土地出租和从事副业收入，土改后担任区税务所所长，生活来源转为主要靠薪金收入④。湖南长沙卷塘乡农协主席及民兵队长均为富农⑤。可见，革命前的乡村行为惯习和关系网络并没有被不断反复的政治运动和中共权力的强有力渗透所完全改变，基层干部对富农的行为选择仍然是基于以血缘、地缘为纽带的社会关系和个人利益得失的权衡。

（二）拉拢或讨好：对村庄内成员的行为

关于富农和其他阶层之间的关系：一种观点认为在乡村社会中，贫苦农民与富户阶层完全是绝缘的，在日常生活当中，两者之间像相互扶助之类的交流也几乎不存在⑥。罗朝晖则认为在农村无偿借用或使用富户的生产资料成为维系贫富阶层的主要方式⑦。岳谦厚、吕轶芳进一步指出富农与普通村民之间的关系并不像中共土改文件或领导人语言表述的那样——存在严重的阶级二元对立，他们共同地缘和血缘或亲缘关系生活在一个乡村组织内，身份根本

① 《中共热河省委农村工作部关于赤峰、承德和朝阳等三县七个村的调查报告》，载《1954年热河省农村调查汇集》，第5页。
② 阳高县王官人屯乡社会经济调查组：《关于邢家堡、杨庄两村调查总结报告（1955年12月）》，山西省档案馆，C29-1-45。
③ 《赤峰县大西牛波罗村经济情况调查》，载《1954年热河省农村调查汇集》，第38页。
④ 《中山县外沙乡农村经济情况调查研究》，载《广东省农村经济调查（第二部分）》，第20页。
⑤ 《湖南省农村调查（1957年7月1日）》，载《八个省土地改革结束后至1954年的农村典型调查》，第142页。
⑥ 张思：《近代华北村落共同体的变迁——农耕结合习惯的历史人类学考察》，商务印书馆，2005年，第256页。
⑦ 罗朝晖：《富农与新富农——20世纪前半期华北乡村社会变迁的主角》，人民出版社，2010年，第196页。

无所谓高低之分,只有日子过得好坏之分。即使村中在土改时被划为地主或富农的有钱人,村民亦承认主要是勤俭致富的结果,而那些揭不开锅的农户大多是好吃懒做之人①。笔者认为,乡村社会中富农和其他劳动阶层之间的关系远非和谐或冲突即可概述的,在特定的情境下各阶层之间受各种利益的驱动而展开博弈。

土改后,为了争取在村庄的地位和待遇,富农通过低租额、低利息、无偿借出生产资料等各种小恩小惠拉拢讨好"成分好"的乡民。

一是出租租额低甚至不要租额。土改后多数富农出租户在思想上有很大顾虑:有的怕被称作剥削而不敢要租,有的因怕出租而变相献田,有的怕公粮累进而出租,不要租额,只代缴公粮即可,他们普遍认为"我不收租米总不能说我剥削吧!"如湖南邵东县龙潭乡富农杨瑞生田多做不了,请工又怕人家说剥削,租给人家种也怕说是剥削,因此出租田不收租②。据苏南6个典型村13户富农的统计,11户富农共有出租田71.9亩,其中67.9亩出租,不收租米,仅由佃户代交公粮③。太仓县新建乡有4户富农,出租土地34.89亩,佃户只代交公粮,不交租米④。有的富农甚至将解放前买的田无偿退还,如丹徒县上党区富农吴景秀将解放前以十几担米买的三亩九分田无偿退还原主⑤。二是借贷利息低甚至不要利息。在借贷方面,富农采取"放远、分散、秘密、可靠"的借贷方式。部分富农借贷不要利息,广东中山县外沙乡富农罗九1952年放出款250万元,1953年放出谷360斤,据借贷者及群众反映,都没有利息⑥。三是实施经济利诱。有的富农利用自身农具全、耕畜多和资金有富余等优势进行经济利诱。承德县三区石洞子村富农李广均拉拢贫农李景之说:"我地多,你地少,你有啥困难别不愿开口,用钱可以先拿去",并说:"咱们怕啥,牲

---

① 岳谦厚、吕轶芳:《"人人过关"——土改在晋蒙交界偏关县的经历》,载《中国乡村研究》第9辑。
② 《湖南邵东县龙潭乡关于生产情况的调查》,载《中南区一百个乡调查资料选集(生产部分)》,第97页。
③ 《典型户调查报告》,载《江苏省农村经济情况调查资料》,第267页。
④ 《太仓县新建乡农村经济情况调查报告》,载《江苏省农村经济情况调查资料》,第221页。
⑤ 苏南农村工作团:《丹徒县上党区里墅乡姚墅村情况调查(1951年12月)》,江苏省档案馆,3006-短-331。
⑥ 《中山县外沙乡农村经济情况调查研究》,载《广东省农村经济调查(第二部分)》,第20—21页。

畜咱有，就是缺车，我想法借去。"①

富农的讨好借助于村庄这一"熟人社会"，利用各种惯例习俗和经济利诱得到其他各阶层的认可：

一是勤劳致富的生存伦理。传统乡村社会是承认贫富差距的，他们将富农视为勤劳、节俭、祖上的荫德，甚至是好的运气，村民钦羡那些"通过艰辛和自我克制获得成功和好运"的农民。大多数村民认为种田是最可靠最合理的谋生手段，如果一个家庭拥有大量的土地并有许多卖力种田的儿子，他们会觉得非常骄傲。家庭声誉也建筑在财富上，如果一个家庭很富裕，就会远近闻名②。江宁县麒麟乡朱村富农蔡兴林调查年度内人均仅购入棉布 8.2 尺，棉花消耗量甚至比其他阶层少，年终尚结余 438100 元，贫农陶心桂反映说："蔡兴林年年收入百余担稻，吃不愁穿不愁，还是富农好。"③湖北荆门县第八区曾集乡贫农说，"有的还是好，我家生活几时赶得到陈家付（富农）的家境"④。黑龙江省海伦县永安村 3 户新富农有 4 个半劳动力，耕畜 9 个（其中马 4 头、牛 5 头），3 辆车，各种农具俱全，共耕种 28.16 垧地（其中自有 20.7 垧，租入、当入 7.46 垧），他们不参加互助组，雇工单干，每年都向外抬粮放债，农民羡慕人家"干啥也得劲"⑤。有的富农尽管放高利贷，但群众仍羡慕其生活好。江西谢家乡新富农程景汗，通过妇女或至亲好友秘密放高利贷 120 元，月利 20%，并要衣服、首饰抵押，过期为死当。当江西农村工作部调查人员对群众调查时，群众羡慕其生活说"黑麻子有钱好，买不到米吃，买粉丝吃"⑥。土改结束后，革命的话语逻辑并没有完全取代以乡村伦常和地缘、血缘关系为主的传统认知，在村庄普通民众眼中，生活只有"穷富之分"，富农的经济实力较厚，群众对他们很羡慕："人家做什么都有劲，都顺利。"甚至有的大区省的领

① 《中共热河省委农村工作部关于赤峰、承德和朝阳等三县七个村的调查报告》，载《1954 年热河省农村调查汇集》，第 62 页。

② 杨懋春：《一个中国村庄：山东台头（中译本）》，江苏人民出版社，2001 年，第 37、53 页。

③ 《典型户调查》，载《江苏省农村经济情况调查资料》，第 268 页。

④ 荆门县委调研组：《荆门县第八区曾集乡农村调查资料（1952 年）》，湖北省档案馆，SZ18-1-6。

⑤ 《黑龙江省海伦县第 16 区永安村、西安村经济调查》，载《1950—1952 年东北农村调查汇集》，第 55 页。

⑥ 《江西省农村调查（1956 年 3 月 1 日）》，载《八个省土地改革结束后至 1954 年的农村典型调查》，第 213 页。

导也认为“哪个村有新富农,哪里也就树起了一根小小的‘旗杆’”①。

二是方便借用富农拥有的较多较全的生产资料。如湖北反映说富农有三好:工资现,农具全,吃喝好。河南个别地区富农虽未参加互助组,但在组外却很能吸引群众,因为有些耕牛农具不足的户,“想取得他们的好处”,如在农忙时借用他们的农具和耕畜②。孝感县大陈乡宓段村富农宓太明,用“换油打榨”“收棉轧花”拉拢4户中农和1户富裕中农组成互助组,他们说:“我们是鱼离不了水,水离不了鱼,加强团结,永不垮台。”③富农在农民遭遇生产或生活困难时会及时伸出援手,群众往往对他们印象较好,如龙关县小化家营一般群众对新富农很羡慕,称之“新财主”,韩艾原系贫农,有坡地18亩,分得12亩,买地20亩,雇短工耕种,上升为拥有50亩、两头骡子的新富农。因为在生产、生活资料方面可以帮助乡民,因此,群众对他们印象甚好:“有事一问村干,二问好户(指新富农)。”④

二、“生存小农”的有限抵抗:中共政策限制下的富农应对

新中国成立初期,富农在政治地位、政治资源以及操作手段等方面都处于弱势地位,除了上述表面的“恭顺”应对外,富农对村庄政治经济环境的剧烈变化采取某些抵抗策略,当然这种抵抗在更大程度上呈现为一种“有限抵抗”。在抗争方式和手段上,多数运用“弱者的武器”,进行隐藏的、不公开的、简介的“日常抗争形式”⑤。

---

① 《中共中央东北局农村工作部关于松江、吉林和辽东9个村的调查报告(1953年12月)》,《1953年东北农村调查汇集(第一辑)》,第3页。

② 中共中央中南局农村工作部:《中南区五省35个乡1953年农村经济调查总结》(1954年7月),SZ-J-514,第52页。

③ 中共湖北省委农村工作部:《湖北省十二个典型乡调查报告》(1956年4月),湖北省档案馆,SZ-J-526。

④ 《龙关县小化家营阶级情况调查报告(1952年)》,河北省档案馆,758-4-405。

⑤ 期间富农的抵抗多为单个个体的独立行动,是应对国家政策剧烈变化的一种个人策略选择,笔者没有发现有文献证明成为集体性的一致行动。

（一）消极生产、分散"浮财"

土改结束后，在农业生产中部分富农存在怕"二次土改"的思想和顾虑，尤其是土改中被清算过的顾虑更大，怕露富、徘徊观望，因此生产消极，得过且过。根据典型村的调查，部分富农不敢大胆投资扩大生产，在土地施肥等方面都没有改进和增加，产量大部分都保持了原有水平。江苏武进县胜东乡富农徐正元有 21 亩多麦田，两年来一直是白耕白种，每亩只收三四十斤小麦，常常对人说："马马虎虎，富足了社会主义一来，也是要丢掉的。"[①]嘉山县明北乡富农卞泽官 1955 年秋应种 40 亩小麦，借口无麦种一亩也不种，后在工作组和群众监督下，才勉强种了 20 多亩[②]。潜山县骑龙乡 16 户富农有 15 户生产情绪下降，富农程经旺 1954 年卖了余粮后不用于扩大再生产。1955 年春耕生产中，家里有草包 500 多个，人畜粪五六担，不往田里下，白田下种 2 亩[③]。

有的富农有思想顾虑，暗地分散财产和超前消费。陕西宝鸡文广乡 12 户富农中，只有 1 户有少量生产投资，其余均维持原状。有 3 户盖房 11 间，4 户为逃避负担卖地 26.7 亩[④]。黑龙江克山县部分富农卖车马，把余粮主要投向"吃喝穿戴"等生活消费上，新富农孙富余 24 石粮，吃喝穿戴就花了 10 石[⑤]。武昌锦绣乡富农陈自鑫怕升地主，复查时分散出去的谷子、被子不敢拿回来（放到贫农家里），他妹妹来看他，有鱼有肉还不敢吃，怕被人说"有钱"，在厨房里炒肉，不敢用铁铲刀而用筷子，怕"搞出声音别人听到不好"[⑥]。广东曲江县共和乡横江前村富农收入多用在生活消费方面，调查年度内添置衣服、胶鞋等花费 45 万元[⑦]。湖南典型调查村富农舒丙生过去生活很节省，生了病连医生也舍不得请，现在有病不仅请医生，还经常买龟膏、养心丸吃，说："如今我

① 《武进县胜东乡农村经济情况调查报告》，载《江苏省农村经济情况调查资料》，第 140 页。
② 《嘉山县明北乡的调查（1955 年 12 月）》，载《安徽省农村典型调查》，第 66 页。
③ 《潜山县骑龙乡的调查（1955 年 10 月）》，载《安徽省农村典型调查》，第 180 页。
④ 《陕西省农村调查（1955 年 10 月）》，载《八个省土地改革结束后至 1954 年的农村典型调查》，第 36 页。
⑤ 《黑龙江克山县民利村经济调查（1952 年）》，载《1950—1952 年东北农村调查汇集》，第 161 页。
⑥ 《锦绣乡农业生产的情况与问题》，载《中南区一百个乡调查资料选集（生产部分）》，第 70 页。
⑦ 《曲江县共和乡农村经济调查》，载《广东省农村经济调查（第二部分）》，第 185 页。

都看淡了,穿点、吃点、用点,反正将来都是大家的。"①部分富农利用分家的形式分散财富,减少别人的注意,如阳高县坊城乡友峯村富农孙建吉分为4户②。苏南延福乡富农董光华怕露富,假分家,把全家六人分成三家③。

新中国成立初期,为恢复和发展农民个体经济,中共中央和各级政府纷纷提倡"四大自由",借以保护富农经济并鼓励农民发家致富。但由于政策宣传多数是教条性的,再加上对生产政策(包括保护富农经济)宣传不够,大部分富农对如何消灭富农经济不托底,存在着"怕雇工""怕冒尖""怕吃好""怕负担重"等问题,能完全解除思想顾虑而放心大胆、努力生产的富农只是个别现象。

(二)互助合作运动中的"反限制"

土改结束后不久,各地开展的互助合作运动首先对富农经济和雇工行为进行限制。1951年12月,中央文件宣布在农业互助合作组织内"不允许进行雇佣劳动的剥削(即富农的剥削)"④。决议草案的实施成为在农村中限制富农经济的开端。西北局、西南局、华东局、中南局等各大区均以此令执行⑤。中南军政委员会在1952年虽然仍实行"四大自由"政策,但更强调"组织起来"的作用⑥。同年4月,中共中央转批的华东局有关互助合作运动若干政策的规定中允许富农雇工经营,但同时提出不允许在互助合作组织内部进行雇佣劳动的剥削⑦。其他大区也大体采取如此政策。这实际上是对包括雇工自由在内的"四个自由"的一种最重要的限制。

当然,由于新区土改尚未完全结束,限制富农经济只是一种内部性的政策导向,直到1953年3月,在中共中央向各地发出的一个指示中仍强调"在农村

---

① 《湖南省农村调查(1957年7月1日)》,载《八个省土地改革结束后至1954年的农村典型调查》,第150页。

② 山西省委农村社会经济调查组:《阳高县坊城乡友峯村社会经济调查总结报告(1955年12月)》,山西省档案馆,C29-1-45。

③ 《9个典型乡农村经济调查综合报告》,载《江苏省农村经济情况调查资料》,第11—12页。

④ 《农业集体化重要文件汇编(上册)》,第43页。

⑤ 张静:《国家策略与农民应对:新中国成立初期富农在互助合作运动中的行为研究》,《中国农史》2013年第5期。

⑥ 《关于1952年农业生产十大政策(1952年3月22日)》,《湖北农民》1952年3月24日。

⑦ 《农业集体化重要文件汇编(上册)》,第71—72页。

中取消雇佣自由、借贷自由与贸易自由，企图完全排除富农经济发展的可能性，这在今天对发展生产也是不利的，而且是不可能的"①。这个指示，曾得到毛泽东的肯定，并由中共中央印发给全党学习和贯彻。邓子恢在 1953 年 4 月全国第一次农村工作会议上针对农村普遍存在的雇工问题，他认为雇佣自由的口号可以提，"今天是有没有人敢雇工的问题，而不是雇工的人很多"②。1953 年 12 月，经毛泽东审阅修改后颁发的《关于过渡时期总路线学习和宣传提纲》正式宣布"逐步由限制富农剥削到最后消灭富农剥削"③，这标志着限制富农政策成为政府全面的、公开的政策。此后，尽管在法律上不禁止农村经济生活中的雇工、借贷等具有富农标签的剥削关系的发生，但中共通过开展互助合作运动、组织农村信用合作社和对主要农产品的统购统销等来切断富农与其他农民的经济联系。特别是通过强大的政治宣传，禁止富农参加互助组和合作社来震慑和从政治上孤立富农。

随着互助合作化运动的开展和党对富农的限制，富农采取各种或隐或现地手段来表达不满或反抗。

一是造谣挑拨。富农不被允许入组入社或被清洗出组出社后，利用多种机会、采取多种方式对互助合作运动进行抵抗和破坏，如通过挑拨、造谣、中伤等手段挫伤群众入社和社员办社的积极性。甘肃省部分富农拉拢贫农出组、出社，对贫农说"入社还没啥吃，我家狗都吃白面"④。陕西省宝鸡文广乡富农王培喜暗地咒骂干部说："谁积极谁死得早。"⑤江西石门乡富农蔡隆炎造谣说，"合作化道路好是好，就是开拖拉机每亩田要 150 斤汽油，不划算"。吉埠

---

① 《中国共产党中央委员会关于春耕生产给各级党委的指示（1953 年 3 月 16 日）》，《人民日报》1953 年 3 月 26 日第 1 版。
② 《邓子恢在全国第一次农村工作会议上的总结报告（1953 年 4 月 23 日）》，载《农业集体化重要文件汇编（1949—1957）》，第 138 页。
③ 《为动员一切力量把我国建设成为一个伟大的社会主义国家而斗争——关于党在过渡时期总路线学习和宣传提纲》（中共中央宣传部 1953 年 12 月 12 日制发，经过中共中央批准），载《建国以来重要文献选编（第四册）》，1993 年。
④ 《甘肃省农村调查（1955 年）》，载《八个省土地改革结束后至 1954 年的农村典型调查》，第 77 页。
⑤ 《陕西省农村调查（1955 年 10 月）》，载《八个省土地改革结束后至 1954 年的农村典型调查》，第 36 页。

乡富农李材臣老婆抓住个别社员家务忙不开的机会挑拨说,"你就是入坏了社"①。广西内洪乡富农讽刺互助组说,"互助不互助还不是一样不够吃","累死人的土地入股,争争吵吵的互助组,自由自在的单干户"。② 安徽肥西县富农李广明在群众中散布"入了社就要饿死"的谣言③。

二是入组入社后破坏。部分富农因土改后经济上受到限制打击,在加入互助组、合作社后挑拨组员、社员之间关系,破坏互助合作运动。湖北省谷城县傅湾乡有3户入社的富农和反革命分子反对技术改革和合理使用化学肥料,企图破坏庄稼,造成减产④。有的富农加入互助组后"变相剥削",阳高县王官人屯乡富农收买村支书黄中堂而加入互助组,在组内用工资齐工,抬高畜工工价、降低人工工价。因而"明着是互助组,暗里是富农固定的雇佣小组"⑤。湖南典型调查村富农宋庆阶加入互助组后,自己的田全靠互助组种,自己却不大劳动,又常借故拖欠工资。富农舒丙生入社后伪装积极,并当上了生产队长,生产中却与贫困社员挣工分。社里动员投资时,他家里虽存有现款,却一再借故拖延⑥。有的富农入组入社后剥削和排斥贫农组员,如察北地委张北七区玉代湾富农乔玉全和2户贫农组织拨工,1951年乔玉全给康义元耕地一春天,而康即给乔当了一年长工⑦。

上述各种或隐性或显性的"日常形式的抵抗",贫困本身并不是富农阶层抵抗的根本原因,当其生存道德和社会公正感受到侵犯时,他们才会奋起反抗,甚至铤而走险⑧。根据各户经济情况不同,其在政治上的表现也不一样:

---

① 《江西省农村调查(1956年3月1日)》,载《八个省土地改革结束后至1954年的农村典型调查》,第213页。

② 《广西省农村调查(1956年5月)》,载《八个省土地改革结束后至1954年的农村典型调查》,第262页。

③ 《肥西县竹西、姚公两个选区的调查(1955年12月)》,载《安徽省农村典型调查》,第136—137页。

④ 中共湖北省委农村工作部:《湖北省十二个典型乡调查报告(1956年4月)》,湖北省档案馆,SZ-J-526。

⑤ 阳高县王官人屯乡社会经济调查组:《关于邢家堡、杨庄两村调查总结报告》(1955年12月),山西省档案馆,C29-1-45。

⑥ 《湖南省农村调查(1957年7月1日)》,载《八个省土地改革结束后至1954年的农村典型调查》,第150页。

⑦ 《察北地委张北七区玉代湾调查(1952年9月)》,河北省档案馆,758-4-406。

⑧ 斯科特:《农民的道义经济学:东南亚的反叛与生存》,第13—34页。

第一种是土改前剥削收入不大，经过土改其经济受到削弱后一直无剥削活动的户，这些户一般劳力较强、积极从事农业生产活动，并要求参加互助组、合作社并服从政府各项政策法令；第二种是原剥削收入较大，土改中其经济地位受到削弱，特别是实行粮食统购与合作化运动的开展，其剥削活动继续受到限制，思想上对政府很不满，一般的表现是生产消极怠工，对党的政策存在严重的抵触情绪；第三种是土改中其经济未被削弱，土改后经济尚较雄厚并尚保留较多剥削收入的户，这部分富农对党的政策以各种方式进行反抗破坏：一是装穷叫苦，生产上消极怠工或闹假分家抵抗粮食统购。二是通过亲戚、家属关系，拉拢乡村干部积极分子破坏互助合作；或通过分家、嫁女等方式分散土地与生产资料，创造各种理由为借口，企图打入互助合作组织进行破坏。三是拉拢贫困社员出社给他扛活，看到社内一点小事，就大肆宣传说"入社挨累受憋"，挑拨积极分子与家庭的关系①。

三、趋利与避风：新中国成立初期乡村富农雇工

雇佣关系是农业经营的主要方式，也是研究农村生产关系的核心问题。新中国成立初期，雇工经营被界定为富农主要的农业经营方式和"阶级剥削的标志"，中共对富农经济政策演变主要围绕其经营特征"雇工剥削"展开的。富农一方面因"怕露富"等思想顾虑不敢和减少雇工，同时为解决农副业生产中劳力缺乏等困难，采取预付工资、加入互助合作组织、提高工价、利用亲戚关系等策略应对政府对富农经济和雇工行为的限制。

（一）允许—提倡—限制：中共富农雇工政策变化

1.保存富农经济与提倡雇工自由

新中国成立初期，各地农民生产情绪高涨，农村经济开始向上发展，但农民同时也存在着一些不利于生产发展的思想顾虑，如怕雇工算剥削而提升成分。尤其是经历减租减息、土改和土改复查等政治运动后，各地雇佣关系大大

① 《辽西省关于梨树、义县六个村的经济调查总结》，载中共中央东北局农村工作部编：《1953年东北农村调查汇集（第二辑）》，东北人民出版社，1954年，第96页。

减少,有的地区甚至处于停滞状态。阶级理论语境下,雇佣劳动被看作是"富农剥削的主要方式"①。富农因"怕斗争"纷纷解雇或减少雇工。如表 4-2 所示,和解放前相比,中南区 6 省土改后各阶层雇工户数和雇入工数大大减少,富农在雇入户数中所占比重也有所减少②。据江苏省 12 个典型调查村统计,1951 年各阶层雇入户数比 1950 年减少 57.63%,雇入工数减少 64.18%。其中富农阶层雇工户数和雇工数量和所占比重减少更多③。

表 4-2　1948 年和 1951 年中南区 6 省富农阶层雇佣关系比例表

年份	阶层	中南区 6 省		河南省		湖北省		湖南省		江西省		广东省		广西省	
		雇入户数	雇入长工	雇入户数	雇入长工	雇入户数	雇入长工	雇入户数	雇入长工	雇入户数	雇入长工	雇入户数	雇入长工	雇入户数	雇入长工
1948	总计	4166	5207.64	471	627	751	859.99	607	724.5	712	725.73	442	903	1183	1367.53
	富农	20.14	19.85	22.29	21.21	23.7	23.28	17.3	16.29	19.1	19.38	26.47	21	16.73	18.46
1951	总计	427	306.26	19	19	41	32.5	39	27.5	193	138.14	66	63.5	69	25.62
	富农	18.73	21.52	10.53	10.53	19.51	20	23.08	25.46	17.62	19.33	1.51	1.28	8.69	2.63

说明:中南区 6 省典型调查乡 1948 年和 1951 年发生雇佣关系的典型调查乡户数大大减少,两个年度内各省调查乡的个数也减少,1948 年和 1951 年发生雇佣关系的典型乡个数:中南区分别为 100 个乡和 53 个乡、河南省 14 个乡和 8 乡、湖北省 20 个乡和 1 个 3 乡、湖南省 15 个乡和 6 个乡、江西省 14 个乡和 11 乡、广东省 15 个乡和 9 个乡、广西省 22 个乡和 9 乡。

由于对各项生产政策的宣传不够,很多群众对政策认识模糊甚至怀疑,尤其是富农认为雇工犯法,极少雇长工和月工,只在农忙时请些零工。湖北浠水县望城乡解放前 15 户富农中有 9 户雇长工,解放后只有 1 户④。湖南邵东县龙潭乡解放前(1948 年)富农(半地主)有 8 户,占总雇主户数的 36.3%,雇长工 9 人,占总雇工数的 36%。解放后(1949 年)思想有顾虑,纷纷解雇⑤。江

---

① 《怎样分析农村阶级》,《毛泽东选集》第一卷,人民出版社,1991 年,第 128 页。
② 中南军政委员会土地改革委员会调查研究处编印:《中南区 100 个乡调查统计表》,1953 年 2 月,第 84—85、224—225 页。
③ 苏南区委员会农村工作委员会:《12 个典型村土改后农村经济变化情况调查(1951 年 12 月 30 日)》,江苏省档案馆,3006-永-148。
④ 《望城乡二年来的农业生产情况》,载《中南区一百个乡调查资料选集(生产部分)》,第 50 页。
⑤ 《湖南邵东县龙潭乡关于生产情况的调查》,载《中南区一百个乡调查资料选集(生产部分)》,第 97 页。

西省进贤七里一村富农和富裕中农在 1950 年共请了 11 个长工，1951 年一个也未请①。广西省宾阳县大林乡富农萧日登、日光、时春等解放前每年都雇请长工 1 个和一些短工，现在长、短工都不雇了②。苏南盈中乡富农浦邦达就反映"现在不雇工，将来要好些"。富农苏保有有 40 亩田，只有 1 个劳动力，1 头牛，不够耕，又不敢雇工，想送 20 亩田给政府③。

　　针对土改结束后老区农民对乡村雇工的顾虑，1950 年 1 月和 4 月，东北局和华北局分别宣布允许"雇工自由"。1950 年 1 月，中共中央东北局规定"允许雇工、允许借贷、允许土地买卖和出租"④。新解放区虽然土改时间较晚，但也存在上述老区农民在发展生产中的种种顾虑，针对新区群众情绪不稳的情况，1950 年春，西北区农林部颁布"谁种谁收、自由雇工"等奖励生产、提倡发家致富的政策法令⑤。中共中央中南局连续三年发布春耕生产指示提倡雇工自由，如 1950 年 4 月指示：保证雇工自由，工资多少，由双方面议，政府农会不加限制⑥。1951 年 4 月继续指出：鼓励人民发家致富，保存富农经济，敢于雇工经营⑦。

　　上述各地方政府的报告和请示均在当时中共中央的政策和法律允许范围内，如新中国成立前夕的新华社社论中就明令允许老区土改后雇佣劳动（包括请长工、短工等）的继续存在，提倡因缺乏劳力而雇工的行为⑧。中央人民政府于 1950 年 6 月颁布的《土地改革法》对于富农的土地及其他财产的各项规定，其目的就是要保存富农经济及其雇工经营。1951 年 2 月 2 日，中央人

①　柯克明：《对土改工作与生产工作结合上的几点意见（1951 年 4 月 11 日）》，载《中华人民共和国经济档案资料选编·农村经济体制卷（1949—1952）》，第 464 页。
②　《广西省宾阳县大林乡有关生产问题的调查》，载《中南区一百个乡调查资料选集（生产部分）》，第 263 页。
③　《9 个典型乡农村经济调查综合调查》，载《江苏省农村经济情况调查资料》，第 12 页。
④　《东北局 1950 年 1 月份向中央的综合报告》，载《农业集体化重要文件汇编（1949—1957）》，第 11—12 页。
⑤　西北军政委员会农林部：《关于春耕领导中的几个问题》，《西北政报》第 1 卷第 3 期，第 43 页。
⑥　《关于发展春耕生产十大政策》（1950 年 4 月 18 日），载《中华人民共和国经济档案资料选编·农村经济体制卷（1949—1952）》，第 454 页。
⑦　《关于春耕生产工作的指示（1951 年 4 月 1 日）》，载《中华人民共和国经济档案资料选编·农村经济体制卷（1949—1952）》，第 457 页。
⑧　《把解放区的农业生产提高一步（1948 年 7 月 25 日）》，载《农业集体化重要文件汇编（1949—1957）》，第 19 页。

民政府政务院发文强调"允许富农经济存在,雇佣劳动自由"①。中共保护富农经济和鼓励雇工自由的政策颁布一定程度上稳定了富农阶层生产情绪,部分缺乏劳力的富农,经过政策宣传,解除顾虑后敢请雇工,而且雇工数量也逐年增加。

在宣传推动贯彻执行"四大自由"过程中,各地采取了布告、会议尤其是各级人代会、农代会、干部会及村民会等途径,由于基层村干部和积极分子文化水平偏低,对保存富农经济政策解读不充分,有的村干部在宣传与执行党的政策有片面性,如有的笼统提出"不许雇人,不许剥削"②,这造成了部分地区对农业生产十大政策的宣传贯彻尚不够深入,导致部分富农仍不敢雇工或减少雇工③。江苏盈中乡富农浦邦达认为:"现在不雇工,将来要好些。"④丹徒县里墅村雇佣关系虽然存在,但富农雇主对雇工还有些顾虑⑤。部分富农因不敢雇工耕种又缺乏劳动力,对庄稼的播种、加工施肥不够及时,影响了生产。如苏州两个县由于十大政策贯彻不够,有的富农仍存在思想上的顾虑,有的田做得马马虎虎,甚至改种黄豆、杂粮以节省劳力⑥。江阴县夏港乡富农史和尚为不担剥削名,莳秧情愿推迟一点⑦。

2.对富农雇工的限制

除了上述鼓励农民雇工自由,允许发展富农经济之外,中共对富农雇工行为更多的是采取限制的政策,通过开展互助合作运动(此点前面已详述)、限制农村党员雇工、保护雇工权益等措施,进一步制约了富农的雇工经营。

各地限制党员雇工对富农雇工行为也有很大的影响。新中国成立初期,各地尤其是老区因土改结束时间较早,农民的经济水平普遍上升,有些经济上

① 《中央人民政府政务院关于一九五一年农林生产的决定(1951年2月2日)》,载《1949—1952中华人民共和国经济档案资料选编·农业卷》,社会科学文献出版社,1991年,第39页。
② 《黑龙江克山、海伦、肇源3个县5个村的调查(1952年)》,载《1950—1952年东北农村调查汇集》,第145页。
③ 苏南区委员会农村工作部:《9个乡3个村土改前后雇工情况的调查》(1953年),江苏省档案馆,3006-短-325。
④ 《9个典型乡农村经济调查综合报告》,载《江苏省农村经济情况调查资料》,第11—12页。
⑤ 《丹徒县上党区里墅乡里墅情况调查报告(1951年12月)》,江苏省档案馆。
⑥ 苏州地委、农委:《关于土改后农村雇佣关系的情况及意见(1951年9月5日)》,江苏省档案馆,3006-短-364。
⑦ 苏南区委员会农村工作委员会五队调研组:《江阴县夏港乡关于土地改革前后农村阶级经济情况变化的调查总结(1951年10月18日)》,江苏省档案馆,3006-短-333。

升较快的党员和乡村干部因缺乏劳动力、发展副业等原因开始雇工，如桦川孟家岗有6个党员雇了长工并要求退党，这引起了中央及各级政府的关注。围绕"如何对待成为富农的党员或富农入党的问题"，东北局于1949年12月召开有省市委书记参加的农村工作座谈会展开讨论①。会后，东北局就有关对富农党员的处理意见写报告向中央请示，刘少奇的回复归纳起来有两层意思：一是当时农村经济发展是正常的，提党员富农问题太早了；二是不要用政治手段干预党员的雇工经济行为②。对农村富农成分党员的雇工政策伴随着合作化运动的开展也发生改变，如规定党员"不准许剥削他人（不论是封建剥削或资本主义剥削），不准许党员去做富农"③。

　　虽然中共中央和东北局允许党员及党员干部因缺乏劳动力、农忙季节"抢火色"、出外做革命工作、从事其他职业等原因而雇工不应以剥削论，但由于在党内批判了党员的富农思想，大部分农村党员和党员干部都解雇长工甚至是短工。同时，由于在宣传与实际执行中存在着对党员和普通群众政策混淆的现象，"不许雇人，不许放高利贷，不许剥削，不许投机倒把，不许走旧道路"的口号在村子里很流行④。从而影响农村一般雇佣劳动也在减少。如河北省自1952年农村整党时限制与解雇了党员所雇的长工，对群众影响很大，从此无论什么户雇工就转变以雇佣短工的形式出现，即"雇长工零算账"；有的采取变相和隐蔽的雇工形式：一种是车与人作价换工，1个车工可换5—10个人工；一种是以参加互助组为名，只找价不齐工⑤。据热河省6个村调查：1951年有43户雇长工，12户雇半个活，11户雇月工，167户雇短工，雇工户数占总户数的15.6%。1952年18户雇长工，11户雇半个活，15户雇月工，137户雇短工，雇工户数占总户数的12.2%，比1951年减少了28.7%⑥。富农对

---

①　高岗：《在农村工作座谈会上的发言（1949年1月）》，载《东北解放区财政经济史资料选编（第一辑）》，第619—620页。

②　中共中央文献研究室：《刘少奇论新中国经济建设》，中央文献出版社，1993年，第152—155页。

③　《中共中央关于处理农村中富农成分的党员的党籍问题的新规定（1952年6月9日）》，载《建国以来重要文献选编（第三册）》，1992年。

④　《黑龙江克山县民利村经济调查（1952年）》，载《1950—1952年东北农村调查汇集》，第162页。

⑤　《河北省农村经济情况典型调查资料》，第41页。

⑥　《热河省典型村经济情况调查（1952年12月）》，载《1950—1952年东北农村调查汇集》，第193页。

政策感觉非常敏锐,有些新上升的富农心里更没有底了,他们认为"党员都不允许雇啦,还允许咱吗?"有些富农虽经干部解释"只要遵守雇工政策允许雇活"后,解雇的又找回来了,没有解雇又雇了,但心里总不踏实,"总觉着剥削人不好看。"新富农高老五怕别人反映自己新拴一副犁杖,没有入换工组,见了区干部说:"我今年还是不知道政策,雇了一个活,明年我就入换工组了。"①总之,由于当时党的宣传政策造成富农不安、不摸底的矛盾心理:他们一方面觉着成为新富农不大好看,雇工的话恐怕"将来成问题",不雇工又担心农忙时雇不着短工耽误了农时。

　　加强对雇工权益的保障,对富农雇工也有一定的限制。在农业生产中,土地和劳动力是最基本的生产要素,由于雇主减少雇工导致雇工工资降低,虽然中央和各大局都提出雇工工资待遇应根据两利原则,双方协议②,但各地方政府都根据各自的区域性特征对雇工待遇予以详细说明,山东分局指出,"一般青壮年雇工除本人食宿外,一年工资应不低于养活相当于当地普通中农生活的 1 个人至 1 个半人"。③ 苏南区农村工作委员会强调雇工有参加一切政治社会活动之自由与权利,雇主不得干涉和限制④。为了切实保护雇工的利益,有的省提出在雇工较多的地方,"以村、数个村或区为单位组织雇工工会"⑤。可见,富农面对提高雇工工资的政治与社会压力。

　　由于对富农雇工经营的各种限制和对党的保存富农经济的政策贯彻不力,有的富农怕雇工给戴剥削帽子,怕提高成分,因此不敢雇工或减少雇工,江苏盈中乡富农浦邦达就反映"现在不雇工,将来要好些"⑥。因此,在当时来说,不是富农雇工的太多,而是始终存在着不敢雇工或不愿多雇工的问题。据江苏省 12 个典型调查村统计,1951 年雇工户数比 1950 年减少 57.63%,雇入

---

①　《翁牛特旗五区新富农问题》,河北省档案馆,684-2-116。

②　《华东局发展农业生产十大政策(1951 年 1 月 19 日)》,载《建国以来重要文献选编(第二册)》,1992 年。

③　中共中央山东分局:《关于土地改革后农村土地租佃、买卖、雇佣关系办法的意见(1951 年 10 月 25 日)》,山东省档案馆,A001-01-42。

④　中共苏南区委员会农村工作委员会:《土地改革后农村劳动雇佣关系暂行办法(1951 年 11 月 2 日)》,江苏省档案馆,3006-永-146。

⑤　《吉林省关于农村经济的综合材料(1951 年)》,载《1950—1952 年东北农村调查汇集》,第130 页。

⑥　《9 个典型乡农村经济调查综合报告》,载《江苏省农村经济情况调查资料》,第 11—12 页。

工数减少 64.18%。其中富农雇工减少 2 倍。富农雇工户数和雇工数量所占比重分别减少到 13.5% 和 13.3%[①]。1952—1954 年，从各省典型调查乡富农在雇佣关系所占比重的变化趋势来看也证实了这一点(见表 4-3)[②]。

表 4-3　各省典型调查乡富农阶层雇佣关系调查表

各省调查乡	年度	出雇						雇入					
		户数	占总出雇户数%	长工		短工		户数	占总雇入户数%	长工		短工	
				户数	工数	户数	工数			户数	工数	户数	工数
山西 20 个典型乡	1952 年							3	0.35	1	1	2	470
	1954 年							3	0.42	1	1	2	445
湖北省 12 个典型乡	1952 年	12	2.61			12	239	50	7.85	7	7.5	43	1835
	1954 年	18	4.53			18	209	56	7	2	1.5	54	1512
湖南省 8 个典型乡	1952 年	5	0.76			5	338	55	5.25	2	1.5	53	3236
	1954 年	7	0.88			7	118	61	4.94	2	2	59	2908
江西省 9 个典型乡	1952 年	10	1.53	1		9	111	45	4.08	5	4.5	40	801
	1954 年	9	1.88			9	46	45	4.53	5	4	40	1138
福建省 8 个典型乡	土改结束时	8	3.23			8	180	36	6.09			36	824
	1954 年	17	5.99			17	235	43	8.32			43	1110

土改结束后至 1954 年，山西、湖北、湖南、江西、福建等典型调查乡富农雇入户数占总雇入户数比重均不超过 10%，有的省如山西富农雇工户数所占比重低于 1%。雇佣关系中富农雇主和雇工双方角色并不是完全固化，富农和

---

① 苏南区委员会农村工作委员会：《12 个典型村土改后农村经济变化情况调查(1951 年 12 月 30 日)》，江苏省档案馆，3006-永-148。

② 根据中共山西省委农村工作部编：《土地改革结束时期·1952 年·1954 年山西省 20 个典型乡调查资料》，第 34—35 页；湖北省农村工作部：《湖北省十二个典型乡调查统计表》(1955 年)，湖北省档案馆，SZ18-1-154；湖南省根据湖南省委农村工作部：《塞家渡乡、竹林坑乡、牧马溪乡、蒙福乡、清溪乡、长乐乡、肖家桥乡、卷塘乡、草塘乡 1952—1954 年经济情况调查分析表》(1955 年)，湖南省档案馆，146-1-204，146-1-205，146-1-272，146-1-176，146-1-197，146-1-246，146-1-153，146-1-165 等卷宗整理；江西省委调查组：《关于全省(9 个典型乡)经济调查综合表(1956 年)》，江西省档案馆，X006-2-13；《福建省农村调查(1956 年 6 月)》载《八个省土地改革结束后至 1954 年的农村典型调查》，第 229 页等整理。

其他中农、贫农等普通劳动阶层同时兼具雇工和雇主角色,表4-3中除山西省典型乡富农没有出雇外,其余各省均有富农出雇短工甚至是长工现象。

(二)利益追逐与变相雇工:富农应对策略的调适

和土改前相比,虽然富农的雇工行为大大减少,但由于富农占有生产资料较多、劳动力较少或从事副业经营等原因,雇工经营等仍为其主要的经营方式,只不过在雇工形式方面皆有很大的变化。富农通过组织假互助组、利用亲戚帮工、预付和提高雇工工资等手段拉拢讨好群众,来达到转移负担、躲避风险和增加收益的目的。

1.基于劳动力需求的富农雇工

从土改后富农雇工的原因来看,其中最主要的是因为缺乏劳动力、劳动力转移或扩大副业经营。锦绣乡发生的6例雇佣关系中,2户富农雇工皆是因为无劳力或缺乏劳动力,而且工资都比其他阶层高[1]。由于资金多、土地好、生产资料齐全的特点,富农投资兼做农产品加工、销售及其他副业或商业的较多,河北省8个典型村富农的副业收入占农副业总收入的55.76%,富农阶层的农业剩余仅874斤,而总剩余是2460斤,副业剩余部分超过农业剩余几乎2倍。副业经营需要较多的劳动力,如河北省8个典型村富农雇工户数18户,其中无劳力而雇工的7户,因从事胶皮车运输而雇工的7户,因从事副业生产而雇工的2户[2]。淄川百锡乡全乡549户,雇佣短工者8户,其中劳力在外经商的富农3户[3]。泰安第二区上高乡新富农焦中升占有耕地13.37亩地,1个劳动力,自己专营面食作坊,土地全靠雇短工耕种[4]。另据山东省惠民地区滨县调查资料统计,4个典型村共有20户富农,占总调查户数的4.44%。20户全部有雇工行为,最高者占其土地所需劳动力的80%,低者占30%。如刘荣辉全家4口人,只有1个劳动力,26亩6分地,由于地多人少,有14亩地

---

① 《锦绣乡农业生产的情况与问题》,载《中南区一百个乡调查资料选集(生产部分)》,第61页。
② 河北省财政厅编印:《河北省农村经济情况典型调查资料(1955年)》,第11页,附表十二。
③ 淄博地委农委:《关于农村经济情况与阶级动态调查报告(1952年1月9日—1952年11月6日)》,淄博市档案馆,1-22-55。
④ 中共中央山东分局:《关于泰安第二区上高乡土改后经济情况变化的调查(1954年)》,山东省档案馆,A1-2-231-2。

靠雇短工耕种;郭美珍是军属,全家只有1个劳动力,32亩地,村里代耕14亩,其余18亩80%靠雇短工耕种;张书亭是村青年团支部书记,1个劳动力,30亩地,本人做小买卖,有时给人推小车,土地耕种约60%靠雇短工[①]。泰安第二区上高乡新富农焦中升占有耕地13.37亩地,1个劳动力,自己专营面食作坊,土地全靠雇短工耕种,每年雇工经营收入占总收入的37%[②]。广东新会县北洋乡容扬威雇工养鸭,廖兆喜雇工开蔗寮[③]。可见,该时期的富农在家庭经营中主要以家庭劳动为主,雇工只是其家庭经营的补充。

2.富农策略调适

在规避政治风险和追逐经济利益的过程中,富农巧妙地运用了当时中央针对富农的政策演变,逐渐调整应对策略,如改变雇工形式、提高雇工工资、加入互助合作组织、以招亲戚帮工为名等手段变相雇工,尽量达到既有利又避风。

土改后,各地富农极少雇入长工,部分富农采取隐蔽的方式变雇长工为经常雇短工,或者是以雇佣短工代替过去的长工。如表4-3所示,山西、湖北、湖南、江西和福建等省典型调查乡富农雇工户数所占比重在两个调查年度内有增有减,但各省富农雇进短工户数和短工数远远高于长工数。江西省丰城县小袁渡乡河家垅村2户富农原各雇大长工1人,土改后改雇小长工1人[④]。部分地区富农雇佣长工减少而雇佣短工增加,吴江浦西乡富农土改前雇月季工的15户、雇工15人,土改后减少为7户7人;雇日工户数和工数分别由土改前的16户、145人增加到土改后35户、397人[⑤]。有的富农为了转嫁负担,农业经营方式由雇佣长工转变为出租少量土地、雇佣零星短工。宜兴县前红乡富农谈汉卿土改前使用耕地28.845亩,雇月工耕种,土改后自耕22.05亩,

---

① 中共中央山东分局:《关于滨县二区四个村的阶级变动调查(1954年)》,山东省档案馆,A1-2-231-11。
② 中共中央山东分局:《关于泰安第二区上高乡土改后经济情况变化的调查(1954年)》,山东省档案馆,A1-2-231-2。
③ 中共粤中区委员会调查组:《广东省新会县北洋乡经济调查》,载《农村经济调查选集》,第89页。
④ 《江西省丰城县小袁渡乡的经济情况调查》,载《中南区一百个乡调查资料选集(生产部分)》,第223页。
⑤ 苏南区委员会农村工作部:《9个乡3个村土改前后雇工情况的调查(1953年)》,江苏省档案馆,3006-短-325。

出租 6.795 亩,雇佣 5 个短工①。有的富农暗地请雇工,湖北宜城富农胡大文自有 28 亩田种不了,暗地请雇农帮他除草,不敢公开的给工资,做鞋抵工②。有的富农为了避免提高阶级,在雇工时采取瞒报的方式。如太仓县新建乡富农周秀甫历年都少报雇进人工,1950 年他实际雇进人工为 170 工,开始只报 80 多工,而且人、畜变工也不肯说③。

部分富农拉拢贫困农民成立互助组,利用缺乏耕畜和生产工具的贫困组员为其耕作土地。黑龙江工农村富农李有贵有 22 垧地、2 个劳力和 9 匹马,成立一个 12 户互助组,其中无马贫困户 8 户,说是"人马换工互助组",实质上利用互助组给自己干活④。蔚县第三区马家碾村富农乔玉全和 2 户贫农组织"拨工",1951 年春季,乔玉全给贫农康义元耕地,而康即给乔当了一年长工⑤。揭阳县南河乡 7 户富农中有 3 户与农民"放伴作"⑥。有的富农直接将土地包给互助组耕种,如湖北沔阳县杨步乡富农周良琴把田包给高连香互助组,据互助组组长们谈,该乡这种情况比较多⑦。

部分富农通过预付工资、利用牛工换人工等手段提高其经济收益。如乌山乡骆家边富农张昌孝 2 个劳动力,耕种 41 亩田,自家劳动力缺乏,便趁贫雇农青黄不接时,预付工资,每个忙工 2 升米,低于市价 1 倍。戴家边富农王茂才 1 个劳动力耕种 27 亩,以 1 个牛工换 2 个人工的方法来雇佣贫雇农(当地一般是 1 个半人工换 1 个半牛工)。按当地工价(每个牛工 15 斤稻,人工 12 斤稻)每个人工被他剥削 4 斤半稻⑧。由于人畜交换不等价,有的地方一耕畜一日换人工 5—6 个的现象也存在⑨。部分富农在互助组内把畜工价抬高,把人工工价降低。广东新会县北洋乡富农廖兆喜耕牛 3 头、农具齐全,雇长工 3

①《宜兴县前红乡农村经济情况调查报告》,载《江苏省农村经济情况调查资料》,第 122 页。
②《宜城县龙兴乡农村经济的调查总结》,湖北省档案馆,SZ18-1-5。
③《太仓县新建乡农村经济情况调查报告》,载《江苏省农村经济情况调查资料》,第 213 页。
④《黑龙江克山、海伦、肇源 3 个县 5 个村的调查(1952 年)》,载《1950—1952 年东北农村调查汇集》,第 155 页。
⑤ 中国共产党察哈尔省委员会:《蔚县第三区马家碾村阶级变化总结报告(1952 年)》,河北省档案馆,758-4-406。
⑥《揭阳县南河乡农村经济调查报告》,载《广东省农村经济调查(第二部分)》,第 150 页。
⑦ 沔阳县委会调研组:《沔阳县杨步乡土地改革后农村经济基本情况调查(1953 年)》,湖北省档案馆,SZ18-1-42。
⑧《溧水县乌山乡农村经济情况调查报告》,载《江苏省农村经济情况调查资料》,第 190 页。
⑨《龙关县小化家营阶级情况调查报告(1952 年)》,河北省档案馆,758-4-405。

人,自称为"共耕互助组",除耕种自己 12 亩土地外,还一同到外乡替人犁田 120 亩,犁耙 1 亩收 70 斤谷,而他供给长工吃饭外每个人仅支付 150 斤谷的工资①。

　　部分富农在"感到风声紧"时,就急忙找贫雇农成立互助组,当领导稍有松劲,他们就一脚踢开贫雇农,去雇工单干②。有的富农以招亲戚换工、助工为名雇活或与亲戚家族进行换工。沔阳杨步乡富农周良琴与亲戚换工 24 个,富农彭忠法到农忙时把自己亲戚接来助工③。万全县二区邹家庄富农邹印奎以帮忙的名义雇佣本家邹连奎当长工④。山西省解虞县阎家村富农张寿天的地自己不种,完全让其女婿王全福种,不付工资⑤。

　　新中国成立前后,中共富农政策先后经历了保护富农经济及富农的土地经营方式到合作化运动中对富农经营方式的逐渐限制再到消灭富农"剥削"的演变过程。新中国成立初期,受土改和土改复查运动的影响,多数富农在思想上有顾虑,不敢雇工经营土地,这导致有的富农超过了自身的劳动强度,勉强地耕种土地。相应地,部分农民因劳动力多而找不到雇主,就是找到了雇主也因工资过低而吃亏。针对上述情况,中央和各大区中央局和军政委员会先后颁发布告和指示,提倡"四大自由"以打破群众顾虑,稳定生产情绪。作为"四大自由"的重要内容,各地无一例外地都将提倡雇工自由作为纳入鼓励农民发展生产的主要措施。同时,中共对富农雇工采取既允许又限制的政策。可以说,富农经济和其雇工经营一直处于制度和政策的限制之内,大部分富农一直存在思想上的顾虑,能完全解除思想顾虑而放心大胆地努力生产、雇工经营是个别的。富农经济在限制政策和累进税负担的双重打击下大幅下降,大部分富农的生产和生活情况已下降到中农水平。和土改前相比,出租和雇工、借贷等"剥削行为"虽然大大减少,但由于富农占有生产资料较多、劳动力较

---

① 中共中央中南局农村工作部:《中南区五省 35 个乡 1953 年农村经济调查总结(1954 年 7 月)》,湖北省档案馆,SZ-J-514,第 59 页。

② 《辽西省关于梨树、义县六个村的经济调查总结》,载《1953 年东北农村调查汇集(第二辑)》,第 96 页。

③ 沔阳县委会调研组:《沔阳县杨步乡土地改革后农村经济基本情况调查(1953 年)》,湖北省档案馆,SZ18-1-42。

④ 《万全县二区邹家庄村社会调查(1952 年)》,河北省档案馆,758-4-405。

⑤ 中央宣传部地方工作室工作组:《山西省解虞县阎家村调查报告(1955 年 9 月 21 日)》,山西省档案馆,C54-2007-49。

少或从事副业经营等原因,部分仍采取出租和雇工等经营方式,只不过在租额、雇工形式和工资等方面皆有很大的变化。

面对日益紧张的中共政策和村庄的环境变化,富农采取各种政治、经济上的积极进取的应对策略,对中共的富农政策和村中人际关系加以利用,以争取在乡村社会中的有利位置,并到达其转移负担、躲避风险和增加收益的目的。不少富农采取多种手段逃避财产再分配和升阶级成分:有的富农献田送礼,有的富农挑拨政府和农民关系,有的隐形雇工,有的派子弟参加农会学校,有的凭借较好的文化水平和办事能力取得一定的乡村控制力。富农的拉拢讨好和各种抵抗手段"几乎不需要事先的协调或计划,他们利用心照不宣的理解和非正式的网络……避免直接地、象征性地与权威对抗"[1]。当然,随着集体化高潮的到来,各种讨好和抵抗手段都被当时中央各种强大的制度优势所消解。

---

① [美]詹姆斯·C.斯科特:《弱者的武器》,译林出版社,2011年,第2—3页。

第五章　地权变迁中的基层乡村干部：守夜人与利益追逐者

在土改结束后的土地买卖、租佃等地权交易和流动中,乡村基层干部有着双重身份:他们既是中央各种强制性土地制度和政策的基层执行者,同时也是土地等生产要素流转的实际参与主体。本章通过梳理农村典型调查资料、政府文件和访谈资料,以期还原土地制度变迁中乡村基层干部的社会构成,微观情境下的乡村基层干部与各阶层的关系以及地权交易中的所谓"好干部"和"坏干部"。

一、新中国成立初期的乡村基层干部

土改结束后至集体化高潮前,不管是新区还是老区,中农阶层无论在政治上还是经济上都是农村最活跃的阶层,主要表现在他们在乡村中的政治地位较高、在基层政权中所占比重较大。

（一）基层政权社会构成:中农化

新中国成立初期,东北区、华北区等革命老区土改时间较早,中农化进程较快,中农在乡村中的政治地位较高(中农成分的党员、团员、政府委员、人民代表等在各地所占比重较高),在乡村基层政权中所占比重也较大。以东北区为例,黑龙江、辽宁、吉林等省的典型调查村中,有的村如永安村党员全为中农成分,中农成分比重低的也达到60%以上。中农成分的政府委员和人民代表所占比重更高,均为70%以上,有的村如岭下、胜利、建政三个村中农成分的政府委员占政府委员总数的94.45%(见表5-1)①。

---

① 表5-1根据中共中央东北局农村工作部编:《1950—1952年东北农村调查汇集》,东北人民出版社,1954年,第144、53—54页;中共中央东北局农村工作部编:《1953年东北农村调查汇集(第二辑)》,东北人民出版社,1954年,第13—14、55、95页;中共中央东北局农村工作部编:《1953年东北农村调查汇集(第一辑)》,东北人民出版社,1954年,第33页等整理而成。

表 5-1　东北区典型调查村中农在基层干部中的比重统计表

(单位:%)

调查地区	党员	政府委员	人民代表
黑龙江克山、海伦、肇源 3 个县 5 个村	83.27	77.4	78.73
黑龙江省海伦县永安村	100	90.91	83.33
黑龙江省白城、克山、海伦、肇源 4 县 5 个典型调查村	90.48	89.59	86.2
黑龙江白城县岭下、胜利、建政 3 个村	92.31	94.45	86.57
辽西省梨树、义县 6 个村	65	82	85
吉林省永吉县第十区新兴、新安、新造 3 个村	60.3	87.5	75.5

　　河北省 10 个典型调查村中农"在农村中的政治经济地位,是占着绝对优势的"①。张北县第七区东和尚庄干部 24 人,其中中农 16 人,占干部总数的 66.67%。其他如党员、团员、民兵、宣传员等都是以中农为主②。山西省 20 个典型调查乡党支部中,中农阶层(包括新下中农、老下中农、新上中农、老上中农)的党员占党员总数的 88.73%(见表 5-2)③。

表 5-2　山西省 20 个乡 20 个党支部(分支部)的党员成分情况统计表

成分	党员数	占党员总数的%	占本阶层人口的%
贫雇农	82	10.5	3.36
新下中农	331	42.38	4.84
老下中农	189	24.21	2.34
新上中农	71	9.09	5.17
老上中农	102	13.06	1.81
过去的富农	4	0.51	1.68
过去的地主	2	0.25	1.05

　　根据陕西省 17 个典型乡的调查统计,中农在"农村政治活动方面表现非常积极",15 个乡(缺双庙、花园两个乡)下中农出身的党员占党员总数的

① 《河北省农村经济情况典型调查资料》(1955 年),第 8 页。
② 《张北县第七区东和尚庄关于社会情况调查总结》(1952 年),河北省档案馆,758-4-406。
③ 《山西省农村调查(1955 年 12 月 30 日)》,载《八个省土地改革结束后至 1954 年的农村典型调查》,第 26 页。

54.4%,团员占 59.79%,乡干部(乡长、支书、乡政府委员、人民代表)占47.9%,积极分子占 57.43%;上中农出身的党员占总数的 27.22%,团员占25.56%,乡干部占 42.48%,积极分子占 23.88%。可见,整个中农阶层在乡干部、党员、积极分子、团员中的比重均高达 80%以上[1]。

　　作为新区的中南区,中农阶层在基层政权中所占的比重也较高。湖南安乡县蹇家渡乡,长沙县雲泉乡、衡山县横岳乡、常德县檀树坪乡 4 个乡"中农在政治上最活跃,也最有权威",4 个乡 165 个乡村干部中,中农占 66.66%,132 个党团员中,中农占 62.12%[2]。根据工作基础、基层领导情况、互助合作运动发展情况等将江西省 9 个典型调查乡分为三类。如表 5-3 所示,一类乡党员和支委数量上均高于二类和三类乡,一类乡中农成分(包括新中农和老中农)的党员和支委分别占党员、支委总数的 72.31%和 76.47%。二类乡中农成分(包括新中农和老中农)的党员和支委分别占总数的 81.08%和81.82%。三类乡的党员和支委均为中农阶层掌握,并且以中农阶层的富裕户为主[3]。

表 5-3　江西省典型调查乡支部中的党员与党支委成分统计表

基层干部		总计	贫农	占本类型%	新中农	占本类型%	其中		老中农	占本类型%	其中		其他	占本类型%
							上中农	占本类型%			上中农	占本类型%		
一类乡	党员	130	34	26.15	69	53.07	1	0.77	25	19.23	3	2.31	2	1.54
	支委	34	8	23.53	20	58.82			6	17.65				
二类乡	党员	37	6	16.21	19	51.35	1	2.7	11	29.74	5	13.5	1	2.7
	支委	11	2	18.18	6	54.55			3	27.27	1	9.09		
三类乡	党员	10			7	70	4	40	3	30	2	20		
	支委	1			1	100	1	100						

---

[1] 《陕西省农村调查(1955 年 10 月)》,载《八个省土地改革结束后至 1954 年的农村典型调查》,第 34—35 页。
[2] 中共湖南省委农村工作部办公室:《湖南省四个乡农村经济调查报告》(1954 年 3 月 24 日),湖南省档案馆,146-1-119,第 4 页。
[3] 《江西省农村调查(1956 年 3 月 1 日)》,载《八个省土地改革结束后至 1954 年的农村典型调查》,第 215 页。

从华东区各省来看,基层组织成员中中农阶层也占绝对优势。如表 5-4 所示,安徽省阜阳县河东乡和肖县杨阁乡党员、团员、乡妇联、乡干部、乡人民政府委员会等基层组织成员中,新中农和老中农都占有较高的比重①。福建 4 个典型乡中农成分的党员占党员总数的 92%,中农成分的团员占团员总数的 93.42%,乡干中中农阶层占 88.52%,社干中中农阶层占 79%(见表 5-5)②。

表 5-4　安徽省典型调查乡基层政权阶级成分统计表

基层干部	阜阳县河东乡		肖县杨阁乡	
	总人数	阶层分布	总人数	阶层分布
党员	16	贫农 2 人,新中农 9 人,老下中农 5 人	14	贫农 5 人,占 35.7%;新中农 5 人占 35.7%;老中农 4 人,占 28.6%
团员	28	其中贫农 3 人,新中农 16 人,下中农 9 人	56	贫农 31 人,占 55.36%;新中农 12 人占 21.43%;老中农 13 人,占 23.21%
乡妇联	9	贫农 2 人,新下中农 4 人,老下中农 3 人		
乡干部	5	新中农 4 人、老上中农 1 人	4	新中农 2 人、老中农 2 人
乡人民委员会	10	贫农 1 人,新下中农 5 人,老中农 4 人(上中农 1 人)	13	贫农 2 人,占 15.38%;新中农 4 人占 30.77%;老中农 7 人,占 53.85%

表 5-5　1954 年福建省 4 个乡各阶层政治地位分析表

基层干部	合计	贫农	新下中农	新上中农	老下中农	老上中农	其他劳动人民	小土地出租者
党员	25	2	13	5	1	4		
团员	76	5	26	17	16	12		
乡干	61	5	26	15	7	6	2	
社干	200	42	74	24	19	41		
积极分子	158	14	46	41	32	22	1	2

---

① 《安徽省农村典型调查》,第 7—8、23 页。

② 《福建省农村调查(1956 年 6 月)》,载《八个省土地改革结束后至 1954 年的农村典型调查》,第 247 页。

续表

基层干部	合计	贫农	新下中农	新上中农	老下中农	老上中农	其他劳动人民	小土地出租者
总计	520	68	185	102	75	85	3	2

说明：积极分子指对农业社会主义改造表现积极的人。

除了乡干、党员、团员、村政府委员、人民代表外，中农担任乡村妇女干部、互助组组长和合作社社长等职务的比重也较高。热和省朝阳县五区郭家窝铺村4个社的33个管理委员中，有23个老中农，占70%。8个社主任中有6个老中农，占75%①。松江省双城县三个调查村妇女干部中富裕中农占31.8%、中农占54.5%，互助组组长中32.2%是富裕中农，63.5%是中农（见表5-6）②。

表5-6　松江省双城县三个村基层干部阶级成分统计表

基层干部	合计	富裕中农		中农		贫农	
	人数	人数	%	人数	%	人数	%
合计	229	63	27.5	130	56.7	36	15.8
党员	41	10	24.4	19	46.3	12	29.3
村政府委员	30	5	16.6	17	56.7	8	26.7
人民代表	34	12	35.2	19	55.8	3	9
青年团	34	7	20.6	21	61.7	6	17.7
妇女干部	22	7	31.8	12	54.5	3	13.7
互助组长	68	22	32.2	42	63.5	4	4.3

中农阶层在合作社领导组织中数量的优势已经树立，从湖北省12个乡的20个典型调查合作社的正副社长、社委、会计、生产队长293人中来看，内有贫农67人、占22.87%，新下中农111人、占37.88%，老下中农26人、占8.87%，新上中农36人、占12.29%，老上中农52人、占17.75%，债利生活者1

① 《中共热河省委农村工作部关于赤峰、承德和朝阳等三县七个村的调查报告》，载《1954年热河省农村调查汇集》。
② 《松江省双城县第七区农丰、田茂、进步三个村的调查》，载《1953年东北农村调查汇集（第一辑）》，第18页。

人、占 0.34%。其中有党员 60 人、占 20.48%,团员 46 人、占 15.7%。在正副社长 71 人中,共有党员 32 人,就其成分看,现有贫农 18 人、占 25.35%,新下中农 26 人、占 36.62%,老下中农 4 人、占 5.63%,新上中农 11 人、占 15.49%,老上中农 12 人、占 16.9%。现有贫农和新下中农占正副社长总数的 61.97%①。湖南省 9 个典型乡 23 个农业合作社共有社长(包括副社长)60 人,其中贫农 8 人、新下中农 33 人、老下中农 2 人、新上中农 9 人、老上中农 8 人。201 个社委(包括会计与生产队长)中,贫农 28 人、新下中农 88 人、老下中农 10 人、新上中农 19 人、老上中农 52 人、其他阶层 4 人②。广西省 23 个社正副社长、会计和生产队长共 147 人(男 122 人、女 25 人),贫农 42 人、占 28.57%、中农阶层 103 人、占 70.07%,中农阶层中的新下中农所占比重最高,占 38.78%③。

　　根据 1954 年安徽省 9 个典型调查乡的统计,在合作社担任正副社长(主任)、委员、会计、生产队长等职位的干部中,亦以中农居多。如阜阳县河东乡合作社主要干部中中农阶层占 70.69%,肖县杨阁乡占 85.71%,淮南市胡圩乡占 67.74%,合肥市四河乡占 98.65%,肥西县竹西乡占 55.56%,霍山县大化坪乡占 62.5%,芜湖县马塘乡占 90.91%,淮南市郊区胡圩乡占 67.74%,歙县山岔乡占 94%(见表 5-7)④。

表 5-7　1954 年安徽省 9 个典型调查乡合作社主要干部阶级成分统计表

调查乡	合作社社主任和主要干部成分
阜阳县河东乡	合作社内主要干部共 58 人(男 45 人、女 13 人),其中贫雇农 17 人、新中农 24 人、中农 17 人。
肖县杨阁乡	社内主要干部共 7 人(男 7 人),其中贫雇农 1 人、新中农 1 人、中农 2 人、富裕中农 3 人;社主任成分:富裕中农 2 人,党员 1 人。

---

① 《湖北省农村调查(1955 年)》,载《八个省土地改革结束后至 1954 年的农村典型调查》,第 86 页。

② 《湖南省农村调查(1957 年 7 月 1 日)》,载《八个省土地改革结束后至 1954 年的农村典型调查》,第 121 页。

③ 《广西省农村调查(1956 年 5 月)》,载《八个省土地改革结束后至 1954 年的农村典型调查》,第 299 页。

④ 表 5-7 根据《安徽省农村典型调查》,第 10—11、28—29、64、90—91、110—111、140—141、162—163、228—229、84、199 页整理。

续表

调查乡	合作社社主任和主要干部成分
嘉山县明北乡	42 个干部中新中农 10 人,占 23.8%。21 个正副社长中,有 11 个是新中农,占 52.38%。
淮南市胡圩乡	社内主要干部共 31 人(男 26 人、女 5 人),其中贫雇农 9 人、新中农 5 人、中农 14 人、富裕中农 2 人、小业租 1 人。其中社主任(或社长)成分:贫农 2 人、中农 1 人。
合肥市四河乡	社内主要干部共 74 人(男 61 人,女 13 人),其中贫农 1 人、新中农 36 人、中农 33 人、富裕中农 4 人。其中社主任成分新中农 4 人、中农 2 人、出身农民 4 人、工人 1 人、屠商 1 人。
肥西县竹西乡	农业合作社主要干部共 9 人(男 7 人、女 2 人),其中贫雇农 4 人、新中农 2 人、中农 2 人、富裕中农 1 人。其中社主任(或社长)成分:新中农 1 人。
霍山县大化坪乡	社内主要干部 32 人(男 28 人、女 4 人),贫雇农 12 人、新中农 8 人、中农 9 人、富裕中农 3 人。其中社主任贫农 2 人、新中农 3 人、中农 3 人,均系农民。
芜湖县马塘乡	社内主要干部 11 人(男),贫雇农 1 人、新下中农 2 人、新上中农 5 人、老下中农 1 人、老上中农 2 人。
潜山县骑龙乡	社内主要干部共 31 人(男 26 人、女 5 人),其中贫农 9 人、新中农 5 人、老中农 14 人、富裕中农 2 人、小土地出租者 1 人。3 个社主任中,贫农 2 人、中农 1 人,均是农民出身,其中一个党员、一个团员。
歙县山岔乡	社内主要干部 50 人,其中贫农 3 人、老中农 19 人、新中农 28 人。

说明:社主要干部系指生产队长以上之干部,包括正副社长(主任)、委员、会计、生产队长等。

(二)基层政权新秀:新中农的崛起

土改结束后,中农阶层处于经济上的上升阶段,在群众中具有较高的威信和地位,尤其是中农阶层中的新中农,在基层政权中比较活跃。甘肃省典型调查乡"在乡村政权及农村各组织中新中农成分占绝对优势",有的乡新中农在党员中所占比重高达44%,团员占24%,积极分子占40%,基层政权干部中有的则占到43%[①]。新中农也成为湖北农村政治上的主要核心人物,"乡村干部的三分之二到四分之三都是新中农"[②]。江西省调查乡新中农在党员和支委

---

① 《甘肃省农村调查(1955 年)》,载《八个省土地改革结束后至 1954 年的农村典型调查》,第 77 页。
② 中共湖北省委农村工作部:《湖北省十二个典型乡调查报告(1956 年 4 月)》,湖北省档案馆,SZ-J-526。

中的比重均在 50%以上,有的乡达 100%①。福建省典型调查乡 1954 年新中农党员、团员、积极分子和新中农担任乡干、社干所占比重最大,一般都在 45%以上。贫农的政治地位还不很高,在党团员、乡人民代表和合作社社长中贫农一般只占 7%左右(见表 5-8)②。

表 5-8   福建各阶层政治地位情况

阶层 \ 项目		总计	贫农	新中农	中农	其他劳动人民	其他阶层
		1935	297	759	750	71	58
党员	人数	60	1	12	12	2	1
	占总数%	100	6.67	68.33	20	3.34	1.66
团员	人数	168	11	79	73	2	3
	占总数%	100	6.54	47.02	43.45	1.19	1.79
乡干	人数	183	14	101	61	4	3
	占总数%	100	7.65	55.19	33.33	2.19	1.64
社干	人数	287	39	134	111	2	1
	占总数%	100	13.59	46.69	38.67	0.7	0.35
积极分子	人数	321	26	150	139	3	3
	占总数%	100	8.1	46.13	43.3	0.93	0.93

广西省新中农在农村里的政治地位亦很高,据 10 个乡调查,"新中农已成为乡内党政群组织领导人的重要组成部分之一",新中农党员 43 人,占农村党员总数的 55%;新中农党支部委员 16 人,占支部委员总数的 57%;新中农乡人民代表 106 人,占总数的 48%;新中农乡人民委员 73 人,占总数的 59%;新中农主要干部 19 人,占总数的 56%;新中农团员 108 人,占总数的 48%;新中农团支部委员 21 人,占总数的 46%;新中农积极分子 341 人,占总数的 45%。新中农中的下中农政治地位在农村中较其他阶层重要,占农村总

---

① 《江西省农村调查(1956 年 3 月 1 日)》,载《八个省土地改革结束后至 1954 年的农村典型调查》,第 215 页。

② 《福建省农村调查(1956 年 6 月)》,载《八个省土地改革结束后至 1954 年的农村典型调查》,第 244 页。

户口 19.96% 的新下中农,在基层组织成员中所占的比重很大,如新下中农成分的党员占 41%、党支部委员占 43%、乡人民代表占 36%、乡人民委员占 44%、支书乡长占 38%、团员占 38%、团支部委员占 37%、积极分子占 37%。新中农的小部分上中农,生产资料优越,丰衣足食,年年有余,生活富裕,有的户甚至比一般老中农还富裕。他们在农村有一定的政治地位,但比不上新下中农。在基层组织的成员中,新上中农成分的党员占 14%、党支部委员占 14%、乡人民代表占 12%、乡人民委员占 15%、支书乡长占 18%、团员占 10%、团支部委员占 9%、积极分子占 8%[①]。广东省新会县北洋乡富裕中农在农村中也是当权人物,如潮东里 7 个干部中,除组长、村长以外,其他如治安、生产、水利委员及青年、妇女团体负责人都由富裕中农担任[②]。

　　之所以新中农在乡村基层政权中所占比重较高,一是由于新中农多数由原贫雇农发展而来的,他们是土改中经过"扎根串联"教育培养起来的骨干,经过一系列的斗争锻炼,在乡村各项工作中一直比较积极。二是各地在互助合作、农业生产以及其他工作中,大都是以党支部为领导核心,推动其他组织进行各项工作的。山西阳高县坊城乡友峯村于 1945 年解放后,建立起党的支部组织,44 名党员中有土改时贫雇农出身的 32 名。到 1954 年除 3 名仍为贫雇农外,上升为新下中农 21 名、上中农 8 名。另有老下中农 8 名、上中农 4 名。44 名党员中有 20 个是村中主要骨干力量,"掌握着村中党政群和农业生产合作社的主要领导权"[③]。淮南市郊区胡圩乡党员参加农业社的 9 人,占党员总数的 69.3%。其中有 3 人被选为社长,有 6 人参加了社委,组成了农业社的领导核心[④]。三是农村阶级结构的变化。随着农村经济的恢复与发展,多数贫雇农经济成分上升为新中农。基层政权中的各阶层骨干成分所占比重随之也有所变化。广东中山县外沙乡土改中树立了贫雇农优势,全乡基层干部中只有 1 户中农,1 户工人,其余全部是贫雇农。在土改后的调查年度内

---

①　《广西省农村调查(1956 年 5 月)》,载《八个省土地改革结束后至 1954 年的农村典型调查》,第 259—260 页。

②　中共粤中区委员会调查组:《广东省新会县北洋乡经济调查(1953 年 12 月)》,载《农村经济调查选集》,第 85—86 页。

③　山西省委农村社会经济调查组:《阳高县坊城乡友峯村社会经济调查总结报告(1955 年 12 月)》,山西省档案馆,C29-1-45。

④　《淮南市郊区胡圩乡的调查(1955 年 10 月)》,载《安徽省农村典型调查》,第 87 页。

（1953 年 11 月中旬到 1954 年 2 月），该乡党员、团员、乡委干部和大、小组干部均为富裕中农、一般中农和接近中农的农户，这些主要是由贫雇农上升而来（见表 5-9）①。广东新会县北洋乡从原成分上看，贫雇农当乡村干部及参加党、团的占大多数。全乡 168 个乡村干部、小组长、党、团员中，原成分为贫雇农的 127 人、占 75.6%，中农 35 人、占 20.8%，富裕中农 3 人、占 1.8%，其他劳动人民 3 人、占 1.8%。随着农村阶级结构的变化，骨干成分所占比重也有所变化。在 127 个原贫雇农骨干中，有 58.3% 已上升为新中农和富裕中农。在 168 个组长以上骨干、党、团员中，一般新、老中农成分占 58.9%，富裕中农占 7.2%，现有贫农占 31.5%，其他劳动人民占 1.2%，小商占 0.6%，新富农占 0.6%②。

表 5-9   广东中山县外沙乡干部成分变化表

项别＼阶级	原有成分					现有成分			
	雇农	贫农	中农	工人	小计	富裕中农	一般中农	接近中农	工人
党员	1	7			8	3	4	1	
团员		24			24	8	13	3	
乡委干部	1	22			23	9	9	5	
大、小组长干部	3	57	1	1	62	18	35	8	1

湖南长沙县雲泉乡原有中农（包括富裕中农 20 户）167 户，占总户数 24.5%，现有中农 296 户（包括富裕中农），占总户数 43.46%，伴随着中农经济的快速发展，中农阶层在政治上也已占了绝对的优势（见表 5-10）③。

表 5-10   湖南长沙县雲泉乡干部成分变化表

项别	总人数	原为中农	占总人数%	现为中农	占总人数%
党员	19	3	15.79	10	52.63

① 《中山县外沙乡农村经济情况调查研究》，载《广东省农村调查（第二部分）》，第 3 页。
② 《广东省新会县北洋乡经济调查（1953 年 12 月）》，载《农村经济调查选集》，第 59—60 页。
③ 中共湖南省委农村工作部办公室调研组：《长沙县雲泉乡农村经济调查报告》，湖南省档案馆，第 9 页。

续表

项别	总人数	原为中农	占总人数%	现为中农	占总人数%
团员	18	3	16.66	13	72.22
农协乡政委员	52	9	17.31	30	57.69
民兵	179	50	27.99	112	62.59
妇代	43	13	30.23	26	60.46

当然,由于中共贯彻依靠贫农的阶级路线,贫农阶层在乡村基层政权和组织中也有相当的政治地位,有的地方贫农成分的基层干部和党团员甚至占居主导地位。1955年,江西省9个典型调查乡177名党员中,贫农40名,占22.6%;322名团员中,贫农79户,占24.53%;116名乡人民委员中,贫农23名,占19.27%;896名积极分子中,贫农214名,占23.88%①。据广西10个典型乡贫农成分的党员18个,占农村党员23%;贫农成分的党支部委员7个,占25%;乡人民代表58个,占26%;乡人民委员29个,占22%;乡党支书乡长8个,占23%;团员47个,占21%;团支部委员9个,占20%;积极分子277个,占36%②。1954年,安徽淮南市郊区胡圩乡贫农在乡村基层政权及在各种基层组织中,都占主要领导地位。党员中贫农占92.3%,党支委中贫农占66.6%,乡人民代表中贫农占72.7%,党支书、乡长三人中贫农就有2人,团员中贫农占54.5%,团支委中贫农占80%,积极分子中贫农占73.7%③。霍山县大化坪乡贫农在各种基层组织中也占领导优势,党员中贫农占52.94%,党支部委员贫农占50%。团员中贫农占36%,团支委贫农占45.45%。妇女组织中贫农占45%,乡人民代表和委员中贫农也占50%以上④。江苏省典型调查乡贫雇农阶层在基层政权中所占的比重也较高,宜兴县前红乡团员中贫雇农占64.91%,乡委员中贫雇农占59.46%,生产委员中贫雇农占63.64%,组干代表中贫农占63.46⑤。太仓县新建乡党员中贫农占66.67%,团员中贫农占

①　《江西省农村调查(1956年3月1日)》,载《八个省土地改革结束后至1954年的农村典型调查》,第208页。
②　《广西省农村调查(1956年5月)》,载《八个省土地改革结束后至1954年的农村典型调查》,第258页。
③　《淮南市郊区胡圩乡的调查(1955年10月)》,载《安徽省农村典型调查》,第86页。
④　《霍山县大花坪乡的调查(1955年12月)》,载《安徽省农村典型调查》,第159页。
⑤　《宜兴县前红乡农村经济情况调查报告》,载《江苏省农村经济情况调查资料》,第124页。

67.42%,乡委员中贫农占 75.86%,生产委员中贫农占 86.67%,劳动模范中贫农占 91.67%①。其他各调查乡中,贫雇农成分的党员在基层政权中也占有较高的比重,如武进县胜东乡全乡共有党员 8 人,其中贫农 4 人、雇农 2 人②。青浦县盈中乡党支部成立于 1951 年 10 月,全乡有党员 8 人,其中贫农 6 人③。句容县延福乡党支部于 1951 年成立,6 个党员中有雇农 2 人,贫农 4 人,全部参加互助组,有 4 人任组长④。江宁县麒麟乡 1952 年 8 月成立党支部,党员 5 人,"均为贫农成分"⑤。

土改后,由于贫农在生产、生活上存在不少困难,往往是仰求于人,因而在政治上尚未直起腰来。有的贫农虽然当了干部,但还是不敢大胆的工作。安徽省嘉山县明北乡 10 个贫农干部中,在群众中有威信的只有 3 人。赵郢选区统购计算评议委员张金城说:"我们干部很难当,干狠了什么都借不到。"⑥

二、参与式体验:地权交易中的乡村干部

(一)无所适从:对中央地权变迁政策的理解和认识

20 世纪中期,农村土地制度经历了从土改到合作化的频繁变动,农民的土地产权也由个人私有跃变为集体所有,期间中共领导人对农民间的土地买卖、租佃和雇佣关系的政策也发生了很大的变化。前述新中国成立初期,为了尽快恢复和发展农民个体经济,各大区先后颁布了春耕生产十大政策,倡导"四大自由"(如中南区、华东区、西北区、华北区、东北区)。多数乡村基层干部能正确宣传和贯彻中央、上级政府的政策,某种程度上解除了农民在发展生产上的顾虑。同时,由于受政策信息不对称、文化水平低、工作能力和方法欠缺等因素的制约,部分基层乡村干部对中央政府颁发的各项政策存在认识上的偏差,因而在实际的宣传及政策实施中脱离了政府的预设轨道。

① 《太仓县新建乡农村经济情况调查报告》,载《江苏省农村经济情况调查资料》,第 222 页。
② 《武进县胜东乡农村经济情况调查报告》,载《江苏省农村经济情况调查资料》,第 141 页。
③ 《青浦县盈中乡农村经济情况调查报告》,载《江苏省农村经济情况调查资料》,第 157 页。
④ 《句容县延福乡农村经济情况调查报告》,载《江苏省农村经济情况调查资料》,第 172 页。
⑤ 《江宁县麒麟乡农村经济情况调查报告》,载《江苏省农村经济情况调查资料》,第 187 页。
⑥ 《嘉山县明北乡的调查(1955 年 12 月)》,载《安徽省农村典型调查》,第 63 页。

　　土改后，基层干部对土改中分得的土地看得很重，认为将土地出卖是不恰当的，因而对土改后农民买卖田地的行为或者明确反对或者加以制止。如苏南胡巷乡宅基村副村长说："刚刚土改，政府又没有章程，哪个会想到卖田，差不多的我也不许他卖。"①部分干部对农民间土地、劳动力、资金等生产要素的流转——租佃关系、雇佣关系和借贷关系——也持否定态度，如常熟县兆丰乡干部看到农民欲将田出租，即说要将此田收回②。有的村干部听到有雇人的就不高兴③。部分干部虽然知晓政策允许农民出典、出租土地，但也提出"要有一个正当的理论"④。部分乡村干部自身对土地买卖、租佃等模糊认识，对因转业而出卖、出租土地的正常现象，"也没有明确的认识"⑤。辽南驼龙寨村干部对买卖土地的阶层、原因等不甚了解，如强调"一律不准买卖"，结果导致农民间的土地交易以租佃形式出现。不关心卖地户困难，更谈不到给以帮助，单纯强调"地富和二流子卖地均可"⑥。

　　部分干部存在以"旧道路"帽子乱扣人现象，对农民宣传："兑地，租地，出租房子，做小买卖，组内换工不给钱，自私自利、不服从领导，不响应政府号召都是旧道路。"上述基层干部对中共土地政策认识、理解上的偏差，对农民影响很大。富农出租田不收租，只要佃户出粮，原因是田多做不了，请工又怕人家说剥削，租给人家种也怕说是剥削。中农对增加生产也有顾虑，剩余谷子不愿借出来，怕说"有谷子放账""剥削别人"。缺乏劳动力的农民也不敢出租，甚至手工业者或小商贩也停止手工业或做小贩，而从事耕种土地。农民因怕说剥削，有余粮不敢往外借，借出了也不敢叫别人知道。雇主和被雇者双方都保守秘密，这些情况在各地比较普遍。富裕中农彭山说："旧道路可真多，我们左也转不得，右也转不得，左右两难，一动就是旧道路，叫我们往哪走啊！"有的农民说："你们宣传一有打葫芦语的地方，咱们就来了顾虑""新道路到底

①　苏南区委员会农村工作委员会：《胡巷乡土改后土地买卖赠送的情况》（1951年9月23日），江苏省档案馆，3006-永-149。
②　中共苏州地委、农委：《关于土地改革后农村土地租佃关系的情况及意见》（1951年10月5日），江苏省档案馆，3006-永-149。
③　《辽东省通化地区4个村调查（1951年）》，载《1950—1952年东北农村调查汇集》，第109页。
④　苏南农村工作团：《土改后农村土地买卖问题的调查研究》，江苏省档案馆，3006-永-146。
⑤　《辽东省通化地区4个村调查（1951年）》，载《1950—1952年东北农村调查汇集》，第109页。
⑥　《辽南4个村阶级关系变化的调查（1951年）》，载《1950—1952年东北农村调查汇集》，第114页。

怎样走,咱们没解决"①。土改结束后,农民内心本就对田地的买卖顾虑很大,再加上乡村干部的劝阻和制止,农民间的土地买卖现象大大减少。湖北孝感专区咸宁有 2 户贫农春季就想卖田,把田价讲好了,但农会说今后没有田再分了,结果就不敢卖②。有的户要买地又怕政府不允许,而采取先少买点试探政府允许不允许,如允许时逐步多买。如宁城县王家营子村纪换章从土改后至1951 年春共买了 12 亩地,均是零星买进的③。

此外,部分干部在基层工作中对农民进行耐心地宣传教育不够,执行政策有些偏差和强迫命令作风,增加了他们的顾虑。江宁县麒麟乡乡长认为,"做工作就要强迫命令,不然就不能完成任务"。农民反映:"我们不敢提意见,一开口就要被干部带大帽子,吃不消。"农民对这种生硬的工作态度反映比较大,淮南市郊区胡圩乡:"我们乡里这几个干部比市里干部好大。"④

由于基层乡村干部对中共政策理解和宣传的偏差,农村出现了土地买卖不向政府登记、地权紊乱的现象:有的户不应卖地而卖了地,有的户买的地不够合理。买卖地初期是偷买偷卖,试着买,政府不干涉再多买(如陈玉珠,先买 2 小亩,以后就买了 15 大亩);还有的买地户认为:"反正地价不高,种一年再要回去也够本。"买卖地的手续也相当紊乱,只把地照交给了买主,普遍未到政府登记。有的一张地照 3 块地,只卖 2 块地,也把地照全交给了买主,还有的根本没有地照⑤。当然,大部分地方发生的土地买卖均经过基层政权的批准,吴县陆墓区韩家村中农王正祥,原种 24 亩田,因儿子生病、媳妇病死,又再重娶新媳妇,共用去 40 多担米,加之五六亩田被水淹,为急于交公粮,在取得乡村干部同意后,将自己 3.3 亩田押给本村中农陈大祥,押得稻谷900 斤⑥。

与此同时,部分干部对"四大自由"领会不足,错误地将政策中"允许"宣

---

①　《黑龙江克山县民利村经济调查(1952 年)》,载《1950—1952 年东北农村调查汇集》,第161—162 页。

②　襄阳地委:《孝感专区 5 个乡农村经济调查》(1953 年 3 月 14 日),湖北省档案馆,SZ18-1-41。

③　《宁城县王家营子村经济调查》(1952 年),758-4-406。

④　《淮南市郊区胡圩乡的调查(1955 年 10 月)》,载《安徽省农村典型调查》,第 87 页。

⑤　《宁城县宏庙子村经济情况调查》(1952 年),河北省档案馆,无档案号。

⑥　苏南区委员会农村工作委员会:《吴县陆墓区徐庄乡、胡巷乡土地买卖与租佃关系调查(1951年 9 月 23 日)》,江苏省档案馆,3006-永-149。

传为"提倡"，使买卖、出租土地和放贷成了光荣。河南襄县草寺乡党员王兰芳带头买地 7 亩，党员孙天西买地 4 亩，并放债小麦 1 石、黑豆 7 斗。党员孙马庚，解放前有 4 亩地，3 口人，土地改革分地 10 亩，自贯彻"四大自由"后又买地 7.5 亩，出租土地 4.5 亩，其余雇佣小伙耕种，自己不参加劳动①。揭阳县南河乡团支书兼民兵中队长土改后带头买进房屋两间、田地 0.715 亩。因此影响一般新富裕户也随之大胆进行买屋、买厕池，仅棉树村在土改后买进房屋的共 20 户，占总户数的 4.3%，典入房屋的 2 户，占总户数的 0.4%，买进厕池的 17 户，占总户数的 3.7%②。有的基层干部甚至代人买地，如辽南双台子村长、支书每次"立契饭"必到，"并以为自得"。驼龙寨支书甚至代沈阳商人买地③。

部分干部在宣传十大政策中的"雇工自由"时，有鼓励和提倡雇工的倾向。江西省彭泽县棉区丰产运动中种植棉花需要劳动力较多，干部对雇工"多视为翻身后的好形象"。因此，该县雇工经营比较普遍，特别是乡干部、青年团员、劳动模范"带头"雇长工。该县一区芙蓉乡 11 个乡干部中有 5 个雇长工，其中包括乡长、乡农会主席（都是青年团员）在内。二区船形乡、双合乡、青山乡的乡长、乡主席都雇了长工。七区也有类似情形④。在贯彻生产政策宣传借贷自由中，虽然打开了互助互借之门，解决了部分贫雇农在生产中的困难，但在宣传借贷自由的政策时，乡干部带头放高利贷。如高利贷较发达的曲江共和乡，乡干部侯年春放出猪肉 100 斤、共值 800 斤谷，利息高达 90%，区干部还对他表扬。导致其他富裕户竞相效尤，该乡猪利由 1952 年的 3300 斤谷迅速增至 1953 年的 14161 斤谷⑤。

乡村基层干部文化水平低也是理解和宣传中央相关政策有偏差的一个重

① 《曹寺乡土地改革后农村经济情况》，载《中南区一百个乡调查资料选集（生产部分）》，第25 页。
② 《12 个典型乡借贷、雇佣、租佃等关系及商业活动情况的调查》，载《广东省农村经济调查（第一部分）》，第 41 页。
③ 《辽南 4 个村阶级关系变化的调查（1951 年）》，载《1950—1952 年东北农村调查汇集》，第114 页。
④ 新华社江西记者组：《江西彭泽县农民向富农方向发展趋势严重（1952 年 2 月 18 日）》，载《中华人民共和国经济档案资料选编·农村经济体制卷（1949—1952）》，第 492 页。
⑤ 《12 个典型乡借贷、雇佣、租佃等关系及商业活动情况的调查》，载《广东省农村经济调查（第一部分）》，第 41 页。

要原因,土改后的党员和基层干部大部分是农民出身,文化教育程度都比较低。如察北地委沽源县一区东滩 11 个党员中,初小文化程度的 2 人,其他均是文盲①。山西平顺县北甘泉乡 1938 年建立支部,1954 年共有 41 个支部,占人口的 3.1%。41 名党员中,文化程度为文盲的 14 人、粗通文字者 15 人、初小程度者 9 人、高小程度者 3 人②。

(二)允许—限制—禁止:对党员雇工、出租问题的政策演变

上述乡村干部之所以对土地买卖、租佃、雇佣等发展生产的政策认识不明确,还有一个非常重要的原因,即党内关于党员雇工、出租和放贷问题政策变化对乡村基层干部产生重要的影响。

自 1951 年开始的全国农村整顿党的基层组织运动中,发现了部分老区存在着党员干部雇工问题,其中以东北、华北、华东地区较为普遍。1951 年,吉林全省近 200 个农村党员雇佣长、短工③。热河土城子村全村 10 名党员干部中,连续雇 3 年活的 2 名(支部书记、治安员),连续雇 2 年活的 2 名(生产委员、民政委员),大量雇短工的 2 名。村长于 1951 年雇入 210 多个短工,自己完全脱离了生产④。沽源县姚沟台村共有党员 41 名,雇长工的占 19.5%,王家营子村共有党员 25 个,雇长工的占 36%。姚沟台 1950 年雇长工的 16 户(其中党员干部 4 户)、雇长工 16 个,1951 年雇长工的 45 户(其中党员 8 个、干部 5 个)、雇长工 38 个,占该村总户数的 26.3%;1950 年王家营子雇长工的 6 户(党员干部 5 户)雇长工 5 个半,1951 年雇长工的 20 户(9 个党员,6 个干部)雇长工 15 个,占该村总户数的 27.4%⑤。山东牟平县全县 187 个党员雇

① 中共察北地委:《沽源县一区东滩典型调查总结(1951 年 1 月 15 日)》,河北省档案馆,758-2-350。
② 《山西省农村调查(1955 年 12 月 30 日)》,载《八个省土地改革结束后至 1954 年的农村典型调查》,第 26 页。
③ 《吉林省关于农村经济的综合材料(1951 年)》,载《1950—1952 年东北农村调查汇集》,第129 页。
④ 《热河省典型村经济情况调查》,1951 年 8 月,河北省档案馆,684-1-93;《热河省典型村经济情况调查(1951 年)》,载《1950—1952 年东北农村调查汇集》,第 139 页。
⑤ 中共察北地委:《关于沽源县姚沟台、王家营子两个村土改后经济发展情况的调查》(1951年),河北省档案馆,758-2-350。

佣长工[①]。河北黄骅县 21 个村 344 名党员中雇长工者 119 名，高邑县东良庄 12 名党员中雇长工者 10 人，怀柔县大中风乐村支书、副支书、支宣等主要干部均雇长工，徐水县小公村共产党员徐家军（团支书）雇一长工，自己开着杂货铺，不参加互助组也不愿工作[②]。有的党员通过出雇劳动力而获得工资收入，如万全县二区邹家庄村 14 个党员有 12 个卖短工[③]。河北邯郸农村党员和乡村干部雇佣劳动逐年发展，根据曲周县褚庄、大郭头、恒庄 3 个村统计，1950 年党员雇工占雇工总数的 47.37%，1951 年党员雇工占雇工总数的 42.11%，1952 年党员雇工占雇工总数的 41.46%。肥乡西彭固、北屯庄、马小屯、北口等 4 个村支部书记因从事其他副业，都雇佣长工。如西彭固支部书记雇着长工，自己去当砖窑经理。北口支部书记雇长工，自己去糊纸车纸马[④]。党员雇长工对群众的影响很大，如成安道东堡、封边董两村有 4 个党员（3 个支书、1 个支委）雇长工，两村就有 15 户雇长工的。相反，兴小营、南姚堡、蔡庄 3 个村党员没有雇长工的，这些村只有 2 户雇长工[⑤]。

　　针对各县区农村中出现的党员雇工等问题，各大区均做了相应处理并向中央做了汇报。华东局一方面指出个别党员要继续单干，不应强迫他们参加互助组织；对有多余资金的个别党员，指导他们添置和改进农具，以提高农业生产。同时，对要雇工的党员特别指出，"作为一个共产党员，如果剥削雇工，把自己变成一个直接剥削者，则是违反党的原则的"，"应说服他们参加劳动互助组，以解决劳动力不足的困难"。中央对华东局的上述请示做了肯定批复[⑥]，此时，中共强调参加互助组以"保持党的纯洁性"。

　　1952 年 8 月，东北局提出上报中共中央："党员已经雇工者，必须限定于

① 中共山东文登地委会陈雷、徐天瑞：《文登专区农业生产互助运动的新阶段》，《中国农报》第 19 期，1952 年 10 月 10 日，载《国民经济恢复时期农业生产合作资料汇编（下册）》，第 768 页。
② 中共河北省委：《省委发给各地委市委并报华北局的材料》（1952 年 5 月 8 日），河北省档案馆，855-1-202。
③ 《万全县二区邹家庄村社会调查》（1952 年），河北省档案馆，758-4-405。
④ 中共邯郸地委：《关于农村阶级分化情况的调查报告（1952 年 7 月 10 日）》，载《中华人民共和国经济档案资料选编·农村经济体制卷（1949—1952）》，第 493 页。
⑤ 中共邯郸地委：《关于农村阶级分化情况的调查报告（1952 年 7 月 10 日）》，载《中华人民共和国经济档案资料选编·农村经济体制卷（1949—1952）》，第 493 页。
⑥ 《中共华东局关于土地改革后农村工作任务的指示（1951 年 9 月）》，载《封建土地制的覆灭：新中国成立初期山东的土地改革》，第 117—118 页。

秋后结束,以后再不得雇工。"对于党员出租问题,指出"凡是家有劳动力者,均不应将土地出租"①。1953 年 2 月,华北局明确规定,党员经过党的教育后,如果仍存在"雇佣工人经营商业为其主要生活来源;以放债或专放高利贷为主要生活来源,以出租土地为主要生活来源"而变质为富农和其他剥削成分者,一律"开除其党籍"②。上述东北局和华北局的请示,中央均做了相应的批复,"处理原则是正确的"。

由于在党内批判了党员的富农思想,大部分农村党员和党员干部纷纷解雇长工甚至是短工。各大区鼓励依靠出租土地维持生活的党员干部参加互助组或生产合作社,并按照互助组或生产合作社内的规定换工分粮,使得农村党员干部出租土地也更加谨慎。

随着农业互助合作运动的开展,对农村富农成分的党员雇工政策更加严厉。1952 年,中共中央认为 1949 年 7 月关于对待农村富农成分党员"暂保留其党籍"的规定,"今天已不适用,应即作废"。并明确规定共产党员"不准许剥削他人,不准许党员去做富农",如果继续进行富农的或其他方式的剥削,"则应无条件地开除其党籍"③。新中国成立初期的农村整党运动是与当时的农村合作化运动相辅相成的,中共从阶级批判的高度,反对党内的富农现象,鼓励党员带头走互助合作的集体化道路。

(三)趋利:地权交易中的行为选择

新中国成立初期的乡村基层政权结构设计中,大部分乡村干部都是农民出身,没有完全脱离农业生产。同时,部分干部兼职太多,成日忙于基层事务,引起工作和家庭农业生产的矛盾。安徽歙县山岔乡社主任身兼团支书、副乡长等职,开会误工多,半年就误 50 多个工④。常熟县扶海乡党员沈明德,身兼乡委员、互助合作委员、爱国增产推动委员、调解委员、乡宣传员召集人、县区

---

① 《东北局关于县区村整党与对党员雇工放债等问题的指示(1952 年 8 月 12 日)》,载《建国以来重要文献选编(第三册)》。

② 《中共中央华北局两项规定》,《人民日报》1953 年 2 月 26 日。

③ 《中共中央关于处理农村中富农成分的党员的党籍问题的新规定(1952 年 6 月 9 日)》,载《建国以来重要文献选编(第三册)》。

④ 《歙县山岔乡的调查(1955 年 11 月)》,载《安徽省农村典型调查》,第 208 页。

人民代表、中心民校副校长、互助组长等职务，平均每个月有十天以上的会议①。句容县延福乡周家边村雇农陶义福，共产党员和劳动模范，身兼常年互助组长、乡党支部书记、县农会副主席、乡农会副主任等职。由于没有脱离农业生产，白天下田做活、晚上开会，"工作和休息时都有群众在周围听他讲话，和他研究问题"。该户的生产水平虽高，但由于底子太亏，生产资料缺乏，尚未摆脱贫困生活②。句容县延福乡村长由于出席会议过多，小麦收成每亩只有三十多斤，不及当地平均产量的一半。乡委员赵大顺身兼八职（乡治安委员、团支部副书记、民兵副连长、互助组长、合作社监事、中苏友好干事、读报组长、民校校长等），忙得不可开交，因此"耽误了生产"③。太仓县新建乡大同村互助组长身兼6职（副乡长、村代表、俱乐部主任、乡水利委员会主任、业余教育委员会主任、金融委员），工作很忙，在组里做活时间很少④。

有的乡村干部因耽误自家农业生产而受到家属的埋怨，武进县胜东乡村农会会长平时工作负责，1952年由于经常出席会议无法参加田间劳作，秋季支出1.2石米的雇工工资，而且无法做到精耕细作。其家人常常说："领导别人生产，自家田里荒产了。"⑤青浦县盈中乡党员陆有德由于开会影响农业收入，其妻反映"思想通，肚皮空"⑥。

上述情况导致各地乡、村、社组干部中不同程度存在"怕当干部""埋头生产，不问政治"的个人发家思想，有的党、团员不愿开会，感觉开会是个负担，感觉生产不好领导。江宁县麒麟乡农会副主任身兼9职，乡里每次开会都要他出席，对其生产影响很大，他反映："又要我做行政工作，又要我领导全乡互助组，样样都要我做，究竟哪样才好？"⑦太仓县新建乡大同村农会长（贫农），土改中分得7亩田，又得同族遗产6亩，买了马及水车、犁耙等全套农具，1951年辞职不干，连群众会议也不参加⑧。武进县胜东乡乡委员卞锡和每当乡里

①　《常熟县扶海乡农村经济情况调查报告》，载《江苏省农村经济情况调查资料》，第236页。
②　《典型户调查报告》，载《江苏省农村经济情况调查资料》，第252页。
③　《句容县延福乡农村经济情况调查报告》，载《江苏省农村经济情况调查资料》，第172页。
④　《太仓县新建乡农村经济情况调查报告》，载《江苏省农村经济情况调查资料》，第223页。
⑤　《武进县胜东乡农村经济情况调查报告》，载《江苏省农村经济情况调查资料》，第142页。
⑥　《青浦县盈中乡农村经济情况调查报告》，载《江苏省农村经济情况调查资料》，第157页。
⑦　《江宁县麒麟乡农村经济情况调查报告》，载《江苏省农村经济情况调查资料》，第188、180页。
⑧　《9个典型乡农村经济调查综合调查》，载《江苏省农村经济情况调查资料》，第16页。

开会总是别人代理,群众反映:"乡委员倒要我俚领导了。"① 宜兴县前红乡农民代表朱扣小在土改中工作积极,现在连会也不大出席,他说"分了田就是为了生产,当了干部晚上要开会,生产搞不好"。② 江宁县麒麟乡一村村长(贫农)土改时积极,土改后分到田,埋头生产,开会不到,也不发动群众兴修水利,自己往南京去做木匠③。

　　各地党员因收入增加而买地的情况比较普遍,如龙关县小化家营全村 19 个党员有 7 个买地,其中支部宣传委员岳禄买地 7 亩④。水磨湾村有 5 个党员买水地 2.7 亩、旱地 3.6 亩,计 6.3 亩⑤。张北七区玉代湾全村有 2 个党员买地 28 亩⑥。赤城县第二区双山寨村 1950 年 2 户(都是党员)买卖土地 11 亩,其中党员赵满贯 1 人买了 10 亩山荒地⑦。当然,大部分党员是通过勤劳生产和节俭积累有较充裕的资本而买地,蔚县第三区马家碾村党员马茂(党员)土改前是贫农,土改后分得土地和生产工具,同时租种土地 14 亩,通过勤劳生产和节俭积累买进 2.3 亩上等蔴地⑧。部分基层干部通过出租和雇工等途径发展个体经济。如河南项城县尚店乡乡长兼党支部书记雇请 1 个长工,只管吃饭,不给工资。乡民兵中队长放账 1165 斤,只顾自己发家致富,对工作不闻不问⑨。承德县三区上台子村党员唐玉亭不从事农业劳作将部分土地出租⑩。山西省曲沃吉星社党支部副书记张书庭计划买地雇长工开烟房⑪。

　　部分党员利用其在村中的政治资源和优势,无偿租种土改后保留的机动

①　《武进县胜东乡农村经济情况调查报告》,载《江苏省农村经济情况调查资料》,第 142 页。
②　《宜兴县前红乡农村经济情况调查报告》,载《江苏省农村经济情况调查资料》,第 115 页。
③　《江宁县麒麟乡农村经济情况调查报告》,载《江苏省农村经济情况调查资料》,第 187 页。
④　《龙关县小化家营阶级情况调查报告(1952 年)》,河北省档案馆,758-4-405。
⑤　《宣化县第一区水磨湾村阶级关系调查(1952 年)》,河北省档案馆,758-4-405。
⑥　《察北地委张北七区玉代湾调查(1952 年 9 月)》,河北省档案馆,758-4-406。
⑦　《赤城县第二区双山寨村初步阶级情况调查》(1952 年 9 月 16 日),河北省档案馆,758-4-406。
⑧　中国共产党察哈尔省委员会:《蔚县第三区马家碾村阶级变化总结报告》(1952 年),河北省档案馆,758-4-406。
⑨　《河南项城县尚店乡土地改革后生产情况调查》,载《中南区一百个乡调查资料选集(生产部分)》,第 13 页。
⑩　《承德县三区上台子村经济情况调查》,载《1954 年热河省农村调查汇集》,第 67—68 页。
⑪　《关于山西省 101 个农业合作社的经济调查报告》,载《山西农村经济调查》1958 年,第 9 页。

田而增加土地收入。如大同县第七区西韩岭村土改遗留下来军田地有 23 亩，其中由村干部租种 14.2 亩，每年只交公粮，不纳租金，村民认为"主要是村干部占便宜"①。广东惠阳县沥林乡机动田和保管田较多，全乡机动田 326.74 亩，占全乡总田地亩数的 8.87%，超出土改法规定应留标准的 7 倍多。其中又以黄村留的最多，全村留出机动田 65.2 亩，占全村田亩总数的 14.2%。65.2 亩机动田中，有 64% 是保管田，都是由干部耕种。租种机动田的贫雇农、中农每年要交产量的 18%—20% 的公粮，沥林、朱屋、黄树下村的农民除交 18% 公粮外，尚要交 16.4% 的租额给村政府，负担占产量的 34.4%。民兵队、妇女会、学校租种的机动田占 14.2%，而且只交公粮不交租②。

在乡村借贷关系中，各地干部、党员一般自由零星借贷，利息轻微或无利放贷，高利贷者一般来说还是个别现象，但在群众中的影响较大。河南项城县尚店乡全乡放债者共 92 户，放出小麦 32750 斤。放债户中，内有区干部（杨廷兰）一人，放债 2200 斤，大台乡村干部 10 户，放债 5565 斤（内有团员 1 个、党员 1 个）。乡委员以上干部 4 户，放债 2334 斤（内团员 2 个放债 1518 斤）。分会委员以上干部 5 个，放债 905 斤，组长以上干部 6 个，放债 1963 斤。以上新老干部共 26 户、放债 12967 斤③。

有的党员、干部为追逐个人经济利益，同时存在买地、租地、放债、雇工等行为，江宁县麒麟乡乡长 1952 年春买田 4.5 亩，雇长工 6 个月，占用公田 4.6 亩，参加互助组欠 40 个工，不付工资，并利用职权，叫群众给他做白工④。溧水县乌山乡中共候补党员端礼荣在 1951 年将剩余粮食买进土地 2 亩，放出小麦 1.2 石，要收稻 400 斤，在群众中失去威信⑤。王家营子支部宣传委员（军属）种地 220 亩，有牛 13 头（9 头能拉犁），借出四五匹布的粮食，雇长工 1 个。姚沟台村武装干部有牛 7 头（4 头能拉犁），耕地 80 亩，雇长工 1 个，将 6 石莜

① 《大同县第七区西韩岭村社会调查（1952 年）》，河北省档案馆，758-4-406。
② 《广东惠阳县沥林乡土改后的农村经济情况》，载《中南区一百个乡调查资料选集（生产部分）》，第 247—248 页。
③ 《河南项城县尚店乡土地改革后生产情况调查》，载《中南区一百个乡调查资料选集（生产部分）》，1953 年 2 月，第 12—14 页。
④ 《江宁县麒麟乡农村经济情况调查报告》，载《江苏省农村经济情况调查资料》，第 187 页。
⑤ 《溧水县乌山乡农村经济情况调查报告》，载《江苏省农村经济情况调查资料》，第 191 页。

麦以五分利借出①。黑龙江海伦县工会主席出租 2.4 坰地,以 5 分利贷出十多石大豆和 8 石粗粮。区委书记出租 5.3 坰地,贷出 20 多石粮,仅出租土地的收入即"可以过着丰衣足食的生活",向外抬粮完全是利上滚利年复一年的生息②。黑龙江克山县同安村党员中 5 名雇工,其中有 3 个支委,占全体支委的 75%;放高利贷的党员 7 名,占全体党员 53.8%;买房子买地的和出租土地的党员 6 名,占 46%③。黑龙江沿海村 14 名党员中,5 名党员雇工、5 名党员放高利贷,支书连雇三年大活④。

有些党员、干部在经济地位上显著上升,有的甚至发展为新富农。如山西阳曲高村支部书记张海洋本来很富裕,从银行贷款 400 万元,赁了一辆胶皮车,雇工 2 个,买马 2 匹,从事商业投机活动。静乐温家坪支部书记李补怀骗领国家羊毛自产自销证,大量贩卖羊毛,发展成了富农⑤。

极少数党员、干部甚至出现了贪污挪用现象,如湖南长沙县草塘乡 4 个主要乡干部(党员)均挪用了公款⑥。湖北 9 个信用合作社中,有 5 个社、13 个社干部和 4 个乡干部贪污信用社公款 65 元,另有 3 个社的干部挪用公款 733元,其中,社干部 6 人挪用 385 元,乡干 19 人挪用 43 元。总计贪污挪用 798元,占资金总数的 17.6%。不仅是影响了信用社的资金周转,而且引起社员对信用社的不满⑦。

---

① 中共察北地委:《关于沽源县姚沟台、王家营子两个村土改后经济发展情况的调查》(1951年),河北省档案馆,758-2-350。

② 《黑龙江省海伦县第 16 区永安村、西安村经济调查(1951 年)》,载《1950—1952 年东北农村调查汇集》,第 56 页。

③ 新华社东北总分社:《东北一个农村借贷关系调整(1952 年 9 月 29 日)》,载《中华人民共和国经济档案资料选编·农村经济体制卷(1949—1952)》,第 497—498 页。

④ 《黑龙江克山、海伦、肇源 3 个县 5 个村的调查 1952 年》,载《1950—1952 年东北农村调查汇集》,第 155 页。

⑤ 中共山西忻县地委:《关于农村阶级分化情况的调查报告》(1952 年 7 月 16 日),载《中华人民共和国经济档案资料选编·农村经济体制卷(1949—1952)》,第 488 页。

⑥ 中共湖南省委农村工作部调研组:《湖南省农村调查(1957 年 7 月 1 日)》,载《八个省土地改革结束后至 1954 年的农村典型调查》,第 142—143 页。

⑦ 《湖北省农村调查(1955 年)》,载《八个省土地改革结束后至 1954 年的农村典型调查》,第 100 页。

三、好干部抑或坏干部:互助合作运动中的乡村干部

(一)带头与强迫入组入社:互助合作运动中的动员方式

　　土改结束后,农村党员及主要由党员构成的乡村干部大部分政治觉悟较高,多数党员、干部思想作风和工作作风均很正派,并能积极负责工作,在群众中威信很高,群众反映良好。如山西省 20 个典型调查乡 20 个党支部中,80%以上的党员"忠心耿耿地进行着党在农村的各项工作"①。在各地的典型调查材料中,大部分党员和基层干部能响应中央号召,集中力量领导农业生产工作,开展农业增产运动。并带头参加互助组、合作社,在组内、社内能团结互让,起骨干作用。在互助合作组织的影响带动下,各地根据不同的自然经济情况、耕作习惯、生产条件,因地制宜,开展推广良种、兴修水利和推广新式农具等技术改革运动。溧水县乌山乡徐母塘村贫农张才宽土改后生产积极性提高,产量逐年提高,同时担任村干部和人民代表,在互助合作运动中带头组织互助组,1952 年发动互助组员进行修塘筑坝②。宜兴县前红乡行政组组长邵仁华土改前只有田 0.268 亩,土改中分到 16.957 亩,家里吃口重生活有困难,但工作毫不松懈,是全村劳动模范③。太仓县新建乡脱离生产的乡干 3 人(农会主任、乡长、武装委员)均为党员,不脱离生产的副乡长 1 人、副农会主任 1人、村干部 72 人、组干部 164 人(内有兼职)。他们大部分是互助组里的骨干分子,对于工作一般都非常积极,肯负责任。该乡农业生产和互助合作运动迅速发展,成为农业生产工作中的核心力量④。

　　在互助合作运动初期,部分基层干部虽然工作积极,但缺少办法,工作中存在单纯的强迫命令作风,使群众对"组织起来"的好处认识不够,河南项城县尚店乡干部强迫命令入组织互助组时,要挟群众说:"不参加互助组,买卖

---

①　《山西省农村调查(1955 年 12 月 30 日)》,载《八个省土地改革结束后至 1954 年的农村典型调查》,第 26 页。
②　《典型户调查报告》,载《江苏省农村经济情况调查资料》,第 257—258 页。
③　《宜兴县前红乡农村经济情况调查报告》,载《江苏省农村经济情况调查资料》,第 124 页。
④　《太仓县新建乡农村经济情况调查报告》,载《江苏省农村经济情况调查资料》,第 222 页。

牲口不给打证明。"①有些干部在贯彻党的政策时,口号生硬,方法简单化。
1952 年秋种中溧水县民政科干部朱汉武在乌山乡简单地宣传,"组织起来是
生路,不组织起来是死路"②。不可避免地使群众对组织起来怀疑和惧怕,部
分地区的互助合作组织很快垮台。1951 年曹屯村干部在群众大会讲,"谁不
参加互助组,就是走资本主义道路和地主路线"。会后让群众讨论,一个晚
上,除地主、富农外,都组织起来了,但到冬季大部分垮台③。锦绣乡大章村中
农章启隆还因乡干部强迫入互助组和干部打过架④。

部分领导干部有单纯追求发展数字的任务观点,对互助组政治领导及具
体帮助不够,强调要组织农户百分之百,对业已组织的不认真加以巩固提高,
也使有些互助组不能坚持。陕西泾阳三渠乡组织起来占农户总数的 94%,群
众称为"贷款组,吃麦组",大荔八鱼乡八鱼村一个晚上编了 32 个互助组⑤。
土城子等七个村的换工组都是于 1949 年春季由区、村干部强迫编成的。土城
子村干部一晚上就编了 54 个组,宁城王家营子村按行政组的大小、户的居住
远近编成 21 个组,这不仅违反了组织起来的原则,并使农民认为,"组织换工
组就是为了拉帮穷人,因而很快的全垮了"。1950 年纠正强迫命令后,随之又
产生了放任自流的偏向。如哑叭店村 1950 年春耕时又重新组织起来 19 个
组,但由于领导上放任自流,换工组内缺乏领导骨干,春耕后又垮了 13 个组,
只有 6 个组坚持到夏锄后散伙⑥。

(二)厌倦疲沓情绪与怕当干部:互助合作运动中追逐个人利益

土改和土改复查结束后,部分乡村干部存在着"松气现象",认为地主打
倒了,群众也发动起来了,土改和土改复查误了好多工夫,这回可要生自己的
产了。部分党员干部在思想上发生了变化,如怕当干部,想单干致富、追逐个

---

① 《河南项城县尚店乡土地改革后生产情况调查》,载《中南区一百个乡调查资料选集(生产部
分)》,第 13—14 页。
② 《9 个典型乡农村经济调查综合调查》,载《江苏省农村经济情况调查资料》,第 15 页。
③ 《河南省项城县尚店乡经济调查(1953 年 12 月)》,载《农村经济调查选集》,第 32 页。
④ 《锦绣乡农业生产的情况与问题》,载《中南区一百个乡调查资料选集(生产部分)》,第
71 页。
⑤ 《陕西省农村调查(1955 年 10 月)》,载《八个省土地改革结束后至 1954 年的农村典型调
查》,第 50 页。
⑥ 《热河省典型村经济情况调查(1951)》,载《1950—1952 年东北农村调查汇集》,第 138 页。

人利益等。有些担任干部的党、团员认为"组织起来倒是好，就是解决不了我的问题"，"自己经常开会，组织起来误下工还得齐工，要组织就得开会顶工"。部分经济上升较慢的党员、干部觉得比不上人家，不光彩，认为"多工作多吃亏"，想退出不干，以便致力于寻求个人发展。揭阳县南河村常年互助组组长林临居常对人说"现在要想生活好，就是看各人的本领如何"，自从事养鸭副业后便放松了对互助组的领导，甚至有时误工养鸭①。

部分区、村干部对互助合作运动尚未引起足够重视，有的党员甚至带头不参加互助组、合作社。湖北大李营乡的党员无一人参加互助组。鲁岗乡9个党员中，有一个埋头生产拒绝过组织生活，有3个经营商业，支部组织委员放高利贷、买青苗②。江苏溧水县乌山乡党员陈维金、孙仁荣不参加互助组，并将复员费中的23担稻放5分利的高利贷③。张北县第七区东和尚庄党员雇长工不愿参加互助组，5名党员中只有1名参加互助，2名雇长工，2名单干④。据热河北票3个村调查，在63名党员干部中，不参加生产的3名，参加生产而未加入换工组的51名，参加组而未起领导骨干作用的9名。宁城王家营子村24个党员干部中，只有2个参加了换工组⑤。河南项城县尚店乡乡农会主任、团支书将土地出租，不愿互助⑥。

部分党员、基层干部甚至带头破坏党组织的政策。部分党员、干部有困难就参加互助组，困难解决了便又退组。如尚店村党员赵树芳，原来没有牲口，参加了谭中原互助组，1952年公家贷给他120元，买了一匹马，感到牲口问题解决了，便又退了组⑦。部分党员干部带头搞临时组，带头单干，带头搞"二人合作社"。承德县上台子村组织委员郝喜山担任合作社副主任，在社里多分粮食，嫌开会多、麻烦，干了一年又退了社⑧。热河朝阳郭家窝铺村村长（党

① 《揭阳县南河乡农村经济调查报告》，载《广东省农村经济调查（第二部分）》，第145页。
② 中共中央中南局农村工作部：《中南区五省35个乡1953年农村经济调查总结》（1954年7月），SZ-J-514，第54页。
③ 《溧水县乌山乡农村经济情况调查报告》，载《江苏省农村经济情况调查资料》，第191页。
④ 《张北县第七区东和尚庄关于社会情况调查总结（1952年）》，河北省档案馆，758-4-406。
⑤ 《热河省典型村经济情况调查（1951）》，载《1950—1952年东北农村调查汇集》，第139页。
⑥ 《河南项城县尚店乡土地改革后生产情况调查》，载《中南区一百个乡调查资料选集（生产部分）》，第13—14页。
⑦ 《河南省项城县尚店乡经济调查（1953年12月）》，载《农村经济调查选集》，第33页。
⑧ 《承德县三区上台子村经济情况调查》，载《1954年热河省农村调查汇集》，第67—68页。

员)很少参加劳动,1954 年雇零工 150 多个,在互助组内找价不还工。承德县上台子村党组织委员郝希山(老社副主任),入社一年想找便宜未找上而退社单干①。部分参加互助组的干部与党员,充当挂名组长,很少参加生产,田交互助组代耕,如江南昌县小蓝乡罗来贵,兼任省劳模、乡农协主席,将自有的 4 亩田与租入的 4 亩机动田交互助组代耕,充当挂名组长②。党员在互助合作运动中表现不好虽是少数的或个别的,但影响很大。个别地方在发放贷款时,出现了干部利用职权徇私舞弊的现象。如江西省黄沙乡信用社主任、乡民兵队长(均新上中农)生活较富裕,均在信用社借贷款,引起了群众不满③。带头单干、带头破坏互助合作运动一方面显示出基层干部的情感和欲望,同时也是对现状不满的一种应对。

(三)排斥与打击:互助合作运动中对贫困农民的态度

前述,土改后的乡村基层干部以中农阶层为主体,其中占一定比重的新中农干部大部分是由贫雇农阶层上升来的,他们虽然经济地位不断提高,但与贫农仍保持着密切的联系。他们对贫雇农的态度基本上是同情的,在互助组、合作社社内处理互利问题上,一般均能靠近贫农,并积极支持和帮助贫农。如安徽嘉山县明北乡 39 户新中农中,有 26 户与贫农的关系搞得很好,占 66.66%。贫农有困难,即自动供给粮食、耕牛、农具等。新下中农王玉凯把耕牛农具给贫农张正清用,两家好得像一家子④。

同时,从调查资料中也注意到,由于乡村基层政权中多系中农掌权,因此对中农的政策倾斜多,对贫农的照顾和扶持较差。在土地占有分散的乡村,斗争果实少,无法满足各个阶层需求的情况下,贫困阶层往往吃亏。湖北麻城县四山乡土改时中农当权,贫农查顺天 4 口人,应分土地 3.8 亩,但只分进 2.7 亩,而且土质很差,顶不上一般土地 2 亩的收入⑤。向阳村 34 名人民代表中,

---

① 《中共热河省委农村工作部关于赤峰、承德和朝阳等三县七个村的调查报告》,载《1954 年热河省农村调查汇集》,第 5 页。
② 《南昌县小蓝乡的农村经济情况》,载《中南区一百个乡调查资料选集(生产部分)》,第 139—140 页。
③ 《江西省农村调查(1956 年 3 月 1 日)》,载《八个省土地改革结束后至 1954 年的农村典型调查》,第 184—185 页。
④ 《嘉山县明北乡的调查(1955 年 12 月)》,载《安徽省农村典型调查》,第 64 页。
⑤ 《湖北省十二个典型乡调查报告》(1956 年 4 月),第 4 页。

中农 20 名,富裕中农 9 名,新富农 1 名,贫农仅 3 名,其他 1 名。1951 年全年开 13 次人民代表会议,没有一次讨论贫困户的问题①。

　　有的地方基层干部几乎都是中农,贫困农民的问题在村领导中很少有人反映到上级去,国家银行给农民的贷款大半被中农所享用。湖北调查乡新中农因多系乡村干部、积极分子,自己掌握了粮票买粮食较多②。在贷款、救济中也缺乏依靠与扶持贫农的观点。合肥市郊区四河乡贫农贷款额只占信用社贷款总额的 23.14%,老中农却占 43.51%③。项城县尚店乡先后贷粮贷款 5次(豆种、麦种、贸易、饲料、生产等贷款),贷放麦种时有的贫农没有贷到,相反中农文彦荣却贷了 87 斤(贫农最多只贷 60 斤)④。当阳县黄林乡张连金互助组贷饼 800 斤,本来是为了解决 5 户贫农缺肥困难的,结果都叫中农挑去了,贫农组员只得到 30 斤。孝感县太子乡贫农张火田断炊两天后,要求信用社贷款 5 元,信用社怕他还不起,申请了五次没有贷给。在收回农贷方面,1954 年麻城县四山乡限定农民把三年的贷款一次还清,还不起的就"关祠堂学习",一夜"讨论"到天亮,结果有 18 户贫农因还贷而影响生活,致破产⑤。在社会减免中,有少数乡产生平均减免、减免不当、用减免来照顾干部等现象。根据江西淇塘、韩峰、新华等 3 个乡的统计,1955 年不该减而减的有 318 户(其中绝大多数是中农),占减免户的 66.25%,不该减的税额有 69703 斤,占减免税额的 47.38%。丰城爱国乡将社会减免用来照顾干部,由村内干部各分一些,余粮户也得到了减免,同时有少数应减未减和应多减而少减的贫苦农户没有得到适当的照顾。群众反映说"干部自私自利"。⑥

　　土改后,贫雇农一般土地少且质量差,没有牲口,农具不全,单干困难,因此迫切要求组织起来走社会主义道路。但在多数地区,他们遭到群众甚至是干部的讽刺、挖苦,有的讽刺贫农说,"土改时我们都是一样分的 2.2 亩田,为

---

① 《农村工作的新情况和新问题——从讷河向阳村经济调查谈起(1951 年)》,载《1950—1952年东北农村调查汇集》,第 65 页。
② 《湖北省十二个典型乡调查报告(1956 年 4 月)》,第 60 页。
③ 《合肥市郊区四河乡的调查(1956 年元月)》,载《安徽省农村典型调查》,第 106、108 页。
④ 《河南项城县尚店乡土地改革后生产情况调查》,载《中南区一百个乡调查资料选集(生产部分)》,第 14 页。
⑤ 《湖北省十二个典型乡调查报告(1956 年 4 月)》,第 5 页。
⑥ 《江西省农村调查(1956 年 3 月 1 日)》,载《八个省土地改革结束后至 1954 年的农村典型调查》,第 199 页。

什么你们不行?"①有的社领导认为"贫农多了蹩脚,社搞不好","贫农挑皮,不好领导",不愿吸收贫农入社②。贫雇农在参加互助组、合作社时往往受排挤,据对湘鄂赣三省 10 个乡的调查,贫农参加互助合作组织的占本阶层户数的 40%,比中农阶层(45%)少,且多数又是比较好的贫困户③。合肥市郊区四河乡全乡有 12.5% 的贫农,因中农的排斥而不能入社④。嘉山县明北乡松庄选区贫农罗保中、薛庆云因无耕牛、农具不能入组,而将耕地出租自己去帮工⑤。潜山县骑龙乡贫农程怀宗连续五六次要求入社,均遭拒绝,"他太困难,要他入社,以后各种事情又要被他拖腿,还是不要他好"⑥。山西省解虞县阎家村贫农张麦福多次报名要求入社,社干部嫌他土地少拒绝接受入社,并说,"你入社不能靠社,社不能帮助解决困难",以致又在外边干了一年⑦。阳高县坊城乡友峯村 1954 年建社时,由于顾虑贫雇农劳力弱、生产资料不足,怕影响到社的巩固,吸收的社员都是中农阶层,"纯粹是一个中农社"。虽然经过 1955 年扩社吸收了 15 户贫雇农,但仍有 50% 的贫雇农留在社外⑧。1955 年,兴县蔡家崖村 9 户贫农只有 1 户入了社。毛主席"关于农业合作化问题"的报告下达到该乡后,公开排斥贫农入社的现象虽然停止,但蔡家崖合作社主任仍不愿吸收贫农入社⑨。

即使加入互助组、合作社,贫雇农地位也比较低。由富裕中农当权的互助组、合作社存在打击和侵犯贫农利益的现象。湖北浠水县望城乡虽然互助基础较好,领导骨干较强,贫农绝大部分都参加了互助组,但在个别落后选区,贫农实际处于雇工地位。如三选区施望书互助组,一般农户的肥料都下了田,贫

① 《淮南市郊区胡圩乡的调查(1955 年 10 月)》,载《安徽省农村典型调查》,第 87 页。
② 《赤峰县大西牛波罗村经济情况调查》,载《1954 年热河省农村调查汇集》,第 38 页。
③ 中共中央中南局农村工作部:《中南区五省 35 个乡 1953 年农村经济调查总结(1954 年 7 月)》,第 50 页。
④ 《合肥市郊区四河乡的调查(1956 年元月)》,载《安徽省农村典型调查》,第 106、108 页。
⑤ 《嘉山县明北乡的调查(1955 年 12 月)》,载《安徽省农村典型调查》,第 50 页。
⑥ 《潜山县骑龙乡的调查(1955 年 10 月)》,载《安徽省农村典型调查》,第 179 页。
⑦ 中央宣传部地方工作室工作组:《山西省解虞县阎家村调查报告(1955 年 9 月 21 日)》,山西省档案馆,C54-2007-49。
⑧ 山西省委农村社会经济调查组:《阳高县坊城乡友峯村社会经济调查总结报告(1955 年 12 月)》,山西省档案馆,C29-1-45。
⑨ 《山西省农村调查(1955 年 12 月 30 日)》,载《八个省土地改革结束后至 1954 年的农村典型调查》,第 9 页。

农施启江既办不到肥也要不到工,他说:"还是有台子的人好,我没有台子(没吃喝),都不愿到我家里来。"①合肥市四河乡红星社原规定耕牛折价三年分期还清,但在老上中农主任郑全群的支持下,一季即全部扣清,致使很多贫农背债②。湘潭县清溪乡石联农业合作社,9 个社干中新上中农 3 个、老上中农 2个,社长系老上中农,社长的耕牛折价入社,按市价只值 30 元,却折价 40 元,贫农刘少农有田 3 亩,入社评产时故意压低产量 180 斤③。望城乡三星社栽秧后开除 3 户有困难的社员(贫农 2 户,新下中农 1 户),社长王伯清说:"这算丢了几个包袱,留在社里真麻烦,总是要你帮助解决这困难,那困难,尽是困难。"④

在农村信用社贷款方面,部分中农成分的社干因顾虑贫农贷款多还不起,认为贷给贫农是进了"死水坑",因此对贫农贷款不主动、不热情,甚至还有排斥贫农的现象。湖北望城、将台、太子、传湾等乡有 126 户贫农没有加入信用合作社,其中因无力交纳股金而未批准入社的即有 78 户,占未入社户数的61.91%⑤。湖南典型调查乡的 8 个信用社中,除两个会计系贫农外,其余 8 个主任和 6 个会计中有 12 个是中农和富裕中农,因此在贷款时"对贫农卡得紧、对中农和富裕中农放得松"⑥。江西省 9 个信用合作社主要干部 22 人中,有贫农 2 人、占 9.09%,新下中农 12 人、占 54.55%,新上中农 2 人、占 9.09%,老下中农 4 人、占 18.18%,老上中农 2 人、占 9.09%。黄沙乡贫农邹万芹(烈属)几次向信用社要求借款买耕牛,都没有借到,而新富农黄清堂放出高利贷300 多元,信用社反而贷给他 15 元⑦。

土改结束后,随着农村经济的恢复、发展和农村社会结构的中农化现象,

① 《湖北省浠水县望城乡经济调查(1954 年 3 月)》,载《农村经济调查选集》,第 107 页。
② 《合肥市郊区四河乡的调查(1956 年元月)》,载《安徽省农村典型调查》,第 108 页。
③ 《湖南省农村调查(1957 年 7 月 1 日)》,载《八个省土地改革结束后至 1954 年的农村典型调查》,第 121 页。
④ 《湖北省农村调查(1955 年)》,载《八个省土地改革结束后至 1954 年的农村典型调查》,第 86 页。
⑤ 《湖北省农村调查(1955 年)》,载《八个省土地改革结束后至 1954 年的农村典型调查》,第 99 页。
⑥ 《湖南省农村调查(1957 年 7 月 1 日)》,载《八个省土地改革结束后至 1954 年的农村典型调查》,第 132 页。
⑦ 《江西省农村调查(1956 年 3 月 1 日)》,载《八个省土地改革结束后至 1954 年的农村典型调查》,第 184—185 页。

中农不仅在经济上占绝对优势,在农村基层政权中的比重也较高:一方面,他们中的多数享受了土地改革、互助合作运动的政策红利,从亲身体验来讲对党的各项政策都能积极拥护,进而在基层政权中能得到上级党政干部的青睐。如安徽阜阳县河东乡新中农高其才因办社积极,被选为社主任。新中农骆素珍在社内积极带头生产,被确定为建党对象①。另一方面,中农成分的乡村干部多从事农业生产,一般经济基础较好,拥有较好的土地、牲畜、农具等生产资料,劳动力较强。如辽西省黄西村30个互助组有18个组长是中农,占了互助组长的十分之六。"这些中农多是有车马有力量,谁的经济力量较优越谁就当组长。"②他们有闲暇时间也有经济实力来接待上层工作人员和处理乡村日常事务(据资料记载,当时许多村干部往往身兼数职,经常自己贴钱在家里招待下乡干部)。而贫雇农阶层在生产资料的占有上仍感不足,他们首先关注的是生活和生产问题,一般无暇顾及乡村公共事务。他们对农业合作化运动一方面表示积极拥护,同时部分贫农怕误工、生活困难不愿出头领导。如贫农程文清说:"老实说我们贫农心里是积极的,总是怕当上干部,误了工影响了生活。"③同时,和当时被划为阶级斗争对象的地主、富农阶层相比,中农同贫雇农阶层和其他劳动阶层的关系较融洽,办事比较灵活和公平,在基层政权选举和乡村事务中往往能得到其他阶层的认可。

基层乡村干部在国家和农民层面的地权变迁中兼具多重身份:一是作为中央在地方的代理人,基层乡村干部不得不在令人眼花缭乱的政策变迁中,坚决贯彻和遵循上级政策的宣传和实施。由于受信息和能力等因素的制约,他们对中央政府颁发的各项政策存在认识上的偏差,因而在实际的宣传及政策实施中脱离了政府的预设轨道;二是作为乡村基层政权的代言人,根据各地生态环境而采取的不同乡村实践,一定程度上也对乡村地权交易的规模、方式、内容产生影响;三是作为追逐个人利益的经济人。当其所从事的基层事务和自身农业生产发展冲突时,对个人利益的追逐体现了其经济人特性,部分党员干部利用其在村中的政治资源和优势,通过雇工、出租、放贷、经营农副业等方

---

①《阜阳县河东乡的调查(1956年元月)》,载《安徽省农村典型调查》,第7页。

②《辽西省三个村调查的概要总结(1952年)》,载《1950—1952年东北农村调查汇集》,第212页。

③《潜山县骑龙乡的调查(1955年10月)》,载《安徽省农村典型调查》,第179页。

式发家致富,在互助合作运动中追求个人单干、不问政治、排斥和打击贫困农民。当然,党员干部出现的这些"富农现象"和"自利性",与中共"改造个体经济,走集体化道路"的方向是相违背的。新中国成立初期,通过土改、土改复查、农村整党等一系列群众运动,国家权力对乡村社会和基层党组织、政权实施了有效控制。但在乡村微观情境中,基层干部并未如传统观点所强调的成为国家忠实的代理人,更多的是作为乡村社会的代言人和追逐利益的经济人出现,并以此抗衡国家意志(如带头破坏互助合作运动)。

第六章　地权变迁与农家经济：
基于乡村实践情境

前述土改后土地买卖、典当、租佃等地权交易形式是比较普遍的,但地权交易发生的原因和各种原因所占比重发生了变化,地权转移和流动成为农民经济生活中调剂土地与劳动力、土地与资本等生产要素的经常性活动。通过研究发现,在国家强制性土地制度变迁和农民自发的土地产权流动中,传统的乡土惯例和日常生活秩序依然发挥着重要作用。当国家政策与传统惯例、习俗发生冲突时,农民采取或积极或消极的自我调整来适应国家政权渗入并维持传统秩序延续。地权交易虽然是农民从事生产经营活动、发展个体经济的重要组成部分,但不足以支撑"两极分化"的传统论点,农民经济地位的上升或下降与土地产权流动没有明显的相关性或关联性甚微。

一、地权变迁与资源配置

土改结束后至集体化高潮前,在土地产权私有存在的短短几年时间内,农民间的地权交易呈多元化趋势,地权转移和流动成为农民调剂土地与劳动力、土地与资本等生产要素的经常性的活动:部分农民因生产生活困难、缺乏劳动力和生产工具、调剂远近、从事其他职业等原因而出卖、典当土地,部分农民因为劳动力有剩余、农业收入增加、自然调剂、从事其他职业有富余资金等原因买进土地;部分农民因劳动力多而强、扩大土地经营规模、调剂远近等原因承租土地,部分农民因田多劳动力少、从事其他职业等需要出租土地。

(一)土地买卖原因

从各阶层农户买地户来看,主要基于以下几种原因:

一是传统乡村社会对土地的珍视。农民往往用占有土地来衡量其安全感,"地是活的家产,钱是会用光的,可地是用不完的"①。民间流行的谚语"根老果实,种田万万年,做生意六十年""黄金万两不如买田几方"等都反映了农民对于土地重视的心理。土改后,大部分农民仍然存在着"富裕了,有余钱买地"的想法②,除了人强马壮、农业收入高、经济条件上升的富裕农民买地心切,部分农民即使生活不富裕,甚至借债买田,肥西县竹西乡新中农吴宏海背债买了2亩田,他说:"田是宝,有田就有好日子过。"③

二是收入有剩余而买地。部分农民因劳力较强、占有较多较好的生产资料(如耕牛、农具、肥料齐全)、农业收入有剩余而买进土地。如万全县二区邹家庄村贫农安凤楼5口人,2个整劳力,原有地10亩,又买了10亩④。苏南淮阴县三树区临湖乡后陈庄贫农陈洪贵家中3人,父子全能劳动,是全村有名的生产能手,自耕8亩,买进2亩地、典进2亩。彭庄军属陆仁丰是"全乡最好的中农",全家8口人,3个整劳动力,2个媳妇都能劳动,原自耕30亩,农业收入有剩余,1952年即买进12亩土地⑤。

三是属于土地远近、肥瘦和婚嫁等自然调剂性质。这部分农民主要是因为土地距离住处较远导致自耕或收租多有不便,此时田主一般会卖出远田再就近买入。如安徽肖县杨阁乡因土地在外乡或离家远耕作不便,或因自己原土地孬,卖孬田买好田的富农1户、地主1户、新中农2户、贫农1户、新上中农1户、老上中农1户⑥。

四是转移资金从事农业经营。这部分买地户多为市镇小商人和其他从事副业、手工业经营的农户,他们将多余资金投向经营农业。据常熟县唐市区白茆乡上塘村(包括一部分小市镇)统计,土改后买进土地的共19户、60.5亩,其中南货店2户,买进3亩;铜匠1户,买进3亩3分;染坊1户,买进2亩;剃头2户,买进4亩8分;茶馆3户,买进8亩;行船1户,买进3亩;肉店1户,买

①　费孝通:《江村经济——中国农民的生活》,商务印书馆,2001年,第162—163页。
②　《辽西省黑山县二区崔家屯村经济发展情况调查(1951年)》,载《1950—1952年东北农村调查汇集》,第101页。
③　《肥西县竹西乡竹西、姚公两个选区的调查(1955年12月)》,《安徽省农村典型调查》,第134页。
④　《万全县二区邹家庄村社会调查》(1952年),河北省档案馆,758-4-405。
⑤　江苏省农村工作部:《淮阴县三树区临湖乡调查工作报告》,1953年,江苏省档案馆,3062-长-10。
⑥　《肖县杨阁乡的调查(1956年1月)》,载《安徽省农村典型调查》,第26页。

进5亩;米行2户,买进13亩5分;小布店1户,买进5亩;中农2户,买进7亩7分;贫农3户,买进5亩2分,买田户多数为非农户①。

也有部分农民靠放债盘剥致富而买地的,如太仓县惠民乡胜利村中农徐桂生就靠投机经商放债盘剥以致债户押地给他。东海县六区陶李乡黄邦于土改后只有20亩土地,后收粮放债已经买了80多亩地,群众称他"买地合作社"。南通县金沙区金东乡吴荣村原有4.8亩土地,因几年来囤积粮食和豆饼兼放高利贷盘剥缺粮缺肥的农民,去年买进6.2亩,今年又买进3亩,今后还准备买田。睢宁县凌城区薛庄村刘振生土改前仅有土地9亩,因放债仅去年就买田6亩,现放有粮食16石②。

从各阶层卖地原因来看:

一是因严重生产、生活困难而卖地。土改中贫困农民虽然分得了土地和部分耕畜农具,但是由于原来债务多、底子空,土改后在经济上未彻底翻身,因遭受疾病丧亡、负债、破产等特殊变故导致生产、生活十分困难,不得不将田地卖掉以救急。部分老弱病残孤寡户因丧失劳动力无法从事农业经营,同时又无力雇工或收租,再加上要交纳公粮,土地对他们而言反而成为负担。如肥西县竹西乡贫农李广才5口人,土改分得7.5亩田,耕畜、农具全无,依靠人工换牛工,庄稼年年种得迟,产量低收入少,生活困稚。1952年青黄不接时,家里断炊,将一亩多地卖给了新上中农李广凤③。部分好吃懒做的烟民、二流子也易将分得的土地出卖。

二是土地和劳动力的正常调剂。田多劳动力少、调换远近、婚嫁等原因也成为农民卖地的重要原因,此类属于良性调整性质。如辽东省通化地区临江胜利村1951年有31户卖地,其中18户搬家回山东(因原籍山东,稍有富余就愿意回家乡)卖地143亩,转业到矿山的6户、卖地32亩5分,换地的(卖了再买)2户、卖地19亩,不会种水田的1户、卖地5亩,因上述原因出卖土地占总卖地数的92.3%④。土改后,河南、湖北、江西、江苏、安徽等省典型调查乡

---

① 江苏省委农村工作部农村工作团:《常熟县唐市区白茆乡调查报告》(1953年6月5日),江苏省档案馆,3062-长-14。

② 江苏省农村工作部:《农村经济调查综合资料》,江苏省档案馆,3062-永-4。

③ 《肥西县竹西乡竹西、姚公两个选区的调查(1955年12月)》,载《安徽省农村典型调查》,第134页。

④ 《辽东省通化地区4个村调查(1951年)》,载《1950—1952年东北农村调查汇集》,第108页。

(村)仍保留娘家以田地作为女儿陪嫁嫁妆的习俗,若此陪嫁田距离丈夫家较远,往往会把此田卖掉,再就近买进一块。安徽肥西县贫农张永才卖掉其爱人从娘家带来的土地(距离住处太远),又买进1.9亩①。有的地方寡妇改嫁后而将其在丈夫家分到的田和房产卖掉。如湖北武胜乡贫农解登发离婚后,其妻子所得1.5亩田卖给了他。新阳乡1户贫农寡妇改嫁后将其田3.2亩作谷5石卖给了他原丈夫之弟②。

三是卖田以获得货币从事副业生产。如前述河北省典型调查村从事胶皮车运输等副业比种地利润大,纳税轻,来得快,不少富农及一些富裕农户积极向运输业发展,甚至有的农户把土地卖掉搞胶皮车。10个典型调查村因发展副业而卖地的户数和土地数分别占总卖地户数和卖出土地数的13.15%和14.37%,如南水泉村1948年7户6辆胶皮车,1952年即增至17户14辆胶皮车,1953年即新添26户22辆胶皮车,占全村总户数的27%。该村因发展副业而卖地的户数所占比重最高,分别占该村卖地总户数和总土地数的50%和62.82%。南刘庄1953年秋后有8户买胶皮车跑运输,该村因此原因而出卖的土地数占总卖地数的21.21%③。

四是思想有顾虑。这部分卖地户以经济条件较好的富农和富裕中农为主,他们一般田地多劳动力少,怕提高阶级成分、逃避公粮负担而卖地。如阜阳县河东乡中农阎治中5口人,33亩地,因怕负担,于1953年春卖地3.76亩④。部分农户劳动力少、土地多,为了减少公粮负担而卖地。肥西县竹西乡上中农张王俊,5口人,两个劳动力,有田30.8亩,耕种不了,1953年出租9亩没有收到租,1954年便将出租土地全部卖掉⑤。部分卖田户认为出租田地得益太少,却担上一个剥削的名义,因而选择卖掉。如句容县三区春城乡丁庄村出租6.9亩田的中农方思建说,"我出租了几亩田,除交粮外收不到多少,还担上

① 《肥西县竹西、姚公两个选区的调查》,载《安徽省农村典型调查》,第134页。
② 湖北省农村工作委员会农村经济处:《农村经济情况参考资料》(1952年1月),湖北省档案馆,SZ18-1-3。
③ 河北省财政厅编印:《河北省农村经济情况典型调查资料》(1955年10月),河北省档案馆,F327-2-C2,第7页,附表三、表四。
④ 《阜阳县河东乡的调查(1956年元月)》,载《安徽省农村典型调查》,第5页。
⑤ 《肥西县竹西乡竹西、姚公两个选区的调查,(1955年12月)》,载《安徽省农村典型调查》,第134页。

剥削的名义,抽回来又不好意思(因是一向出租的),不如干脆卖掉它"①。

以上为各省典型调查乡(村)土地买卖主要成因,但由于各地自然生态环境的差异,具体的买卖土地原因则比较复杂,如河南开封县双庙乡大牛寨村因生病卖地的 5 户,卖地 7 亩 9 分;因死人丧葬卖地的有贫农、地主各 1 户,卖地 3 亩 6 分;因修补房屋卖地的有中、贫农各 1 户,卖地 3 亩 8 分;为买耕畜而卖地的有富农 1 户,卖地 2 亩 1 分;因离婚要带地而卖的中农 1 户,卖地 3 亩;因出外作路费而卖地的有贫农、地主各 1 户,卖地 3 亩 2 分;远地换近地的中、贫农各 1 户,卖地 3 亩 7 分。以上共 15 户卖地 27 亩 3 分。买地方面,有干部薪金收入的中农 1 户,买地亩 5 分;卖牛买地的 2 户,买地 2 亩 8 分;卖树买地的贫农 2 户,买地 6 亩;作小生意的中农 1 户,买地 3 亩;生产搞得好的有余粮,并有工资收入的中农 2 户,贫农 5 户,共买地 10 亩 2 分;远地换近地的中、贫农各 1 户,买地 6 亩半,共 15 户,买地 29 亩②。

再来看各类土地买卖原因所占比重,据山西阳高等典型调查乡卖地情况来看,因主要劳动力衰弱无力从事耕作和遭遇天灾人祸等原因而卖地者占卖地总户数的 60%。因主要劳动力在外工作当工人、教员、医生等,耕作困难而卖地者占 20%。因远地换近地、坏地换好地而卖地者占 13.33%,因卖了多余土地作其他用项的占 4.67%;买地方面,因生产发展家有余粮、余钱而买地者占买地户数的 46.83%。因土地不足、担心生活下降,节衣缩食,东挪西凑而买入者占 39.27%。为调整土地而买地者占 7.9%。因准备修房而买入者占 5%③。

河北省 12 个典型调查村买地以农民生产有节余、副业和工资收入增加、调换远近等为主,其中因生产节余和副业收入增加而买地的分别占总买地户数的 37.29% 和 28.18%;卖地以生活困难、婚丧疾病、发展副业、盖房或投资、换地、征购及迁移等原因为主,其中因生活困难和婚丧疾病而卖地所占比重最高,其次为因换地和发展副业而卖地(见表 6-1)④。

---

① 中共苏南区委员会农村工作委员会:《句容县三区春城乡丁庄村调查工作总结》(1951 年 10 月 25 日),江苏省档案馆,3006-短-363。

② 河南省农村工作部:《开封县双庙乡经济调查总结》(1954 年),河南省档案馆,J11-1-62。

③ 《山西省农村调查(1955 年 12 月 30 日)》,载《八个省土地改革结束后至 1954 年的农村典型调查》,第 22 页。

④ 《河北省农村经济情况典型调查资料》,第 3 页。

表6-1　河北省12个典型村买卖土地原因统计表

买地

项别	生产节余	副业收入	工资收入	换地	其他	合计
户数	113	84	46	40	15	298
占买地总户数%	37.92	28.19	15.44	13.42	5.03	100
土地	519.63	322.6	222.07	122.27	55.59	1242.16
占买地总数%	41.83	25.97	17.88	9.84	4.48	100

卖地

项别	生活困难	婚丧疾病	发展副业	盖房或投资	换地	征购及迁移	其他	合计
户数	84	59	38	24	47	24	13	289
占卖地总户%	29.07	20.42	13.15	8.3	16.26	8.3	4.5	100
土地	340.04	414.31	208.22	125.9	116.35	214.99	29.36	1449.17
占卖地总数%	23.46	28.59	14.37	8.69	8.03	14.83	2.03	100

　　1954 年,据江西省石门、淇塘、韩峰、蓝田、谢家等 5 个典型调查乡 13 户卖地户统计,因生活困难连年负债而卖地者占总卖地户数的 53.85%,因天灾疾病和丧失劳动力无法耕种而卖地者占 23.08%,因从事其他职业自己不善经营而卖地者占 7.69%,因距离远耕作不便而卖地者占 15.38%。46 户买地户中,属于调剂性质的占 46.24%,属于自发趋势的占 38.79%,属于其他原因的占 14.99%①。信丰县胜利乡调查年度内买入土地者 11 户,占总户数的 3.48%,其中因生活富裕为增加收入者 5 户,占买地总户数的 45.45%。属于资本主义自发势力性质的 5 户,占买地总户数的 45.45%。因劳力强、增加收入而买地的 1 户,占买入总数的 9.09%;卖地者 13 户,占总户数的 4.11%,因调剂性质而卖地者占卖地总户数的 53.85%,因生活困难卖地者占 30.77%,因天灾、疾病而卖地者占 7.69%,因劳力少无力耕种者占 7.69%②。九江县石门乡买入土地的户数 22 户,因富裕而买入者占总买入户数的 45.45%,因田地远而卖远田买近田者占 22.73%,因缺秧田而买入者占 4.55%,因转以农业为主而买入土地的其他劳动人民(手工业者)占 4.55%。此外,还有因结婚而带入土地者 3 户、因赡养继承继而增加土地者 2 户;卖地者 12 户,其中因地远卖出者占总卖地户数的 33.33%,因病亡等造成生活困难而卖地者占 25%,因婚嫁带出土地者占 8.33%③。

　　1954 年,据广西省 10 个乡 46 户卖地户的调查,因调剂性质而卖地者占总卖地户数的 39.13%,因生活困难而卖地者占 32.61%,因缺乏劳力而卖地者占 17.39%;79 户买地户中,因土地少、增加收入而买地者占总买地户数的 72.15%,因土地远近调换的占 11.39%,属资本主义自发倾向性质的占 16.46%④。

　　土改后各地也出现土地典当现象,典入和典出土地的原因和土地买卖关系类似。农民一般因遭遇不可抵抗的困难、调剂、怕升阶级等原因典出土地,

---

①　《江西省农村调查(1956 年 3 月 1 日)》,载《八个省土地改革结束后至 1954 年的农村典型调查》,第 205—206 页。

②　江西省农村工作部:《江西省信丰县胜利乡经济调查报告》(1954 年 8 月 10 日),江西省档案馆,X006-2-4。

③　中共九江地委调查组:《九江县石门乡农村经济调查总结》(1954 年 7 月 31 日),江西省档案馆,X006-2-6。

④　《广西省农村调查(1956 年 5 月)》,载《八个省土地改革结束后至 1954 年的农村典型调查》,第 264 页。

典入土地的农户一般为劳力较强、田不够种的中农和贫农。如襄阳谭庄、光化白莲寺、宜城龙兴3个乡土改后新的典当关系中，因婚丧病害而典出的占40%，因人多劳动力少生活困难而典出者占30%，因田多种不了思想有顾虑而典出的占10%，因欠旧债的占10%，因好吃懒做的占10%①。部分富裕户田种不完又怕提升阶级而当出，富裕中农蓝德海4口人，主要劳动力1个，种田不内行，44.9亩地根本种不过来，又怕划他为富农，土改后当了4.16亩给胡木生（贫农）。当入土地的一般是劳动力强农具齐全，田不够种的上升户。贫农胡木生5口人，14.58亩田，有多余的劳动力，田不够种而当入5.16亩水田。部分农民想发财多下田（即抓到手的意思）而当入，如贫农曾度德7口人，已业田28.12亩，过去旧当5.16亩，这样已种不过来，又在1952年当入外乡田6.84亩②。部分农民为防老和土地多好娶媳妇，如訾慎国怕儿子将来不养他老，典入土地2亩。骆素珍为儿子好说媳妇而典入土地装门面③。

（二）土地租佃成因

从土地出租来看，主要有以下几个方面的原因：

一是无劳力或缺乏劳力。此类出租户多属于缺乏劳力的老弱孤寡户和人口多、劳力少、生活负担重的户。为照顾这部分贫困户的生产生活困难，土改中分给他们的土地数量高于其劳动力负担，但同时造成他们从事农业生产有困难。部分农民家中主要劳力参加了革命工作，生产上有困难。他们为维持基本生活、生产而将所得田地部分或全部出租，此类出租户在各地所占比重较高。如嘉山县明北乡贫农赵学香土改后父亲死去，自己年龄小不能生产，将12亩土地全部出租，自己帮人放牛。贫农于端生有地10.8亩，自己是驼背，儿子又小不能耕种，将土地全部出租。贫农赵志纯，只有几亩土地，耕牛、农具全无，无法进行生产，将土地全部出租，自己出外帮大工④。

二是属于田地调剂。此类出租户由于分得的田多为外乡田或离家较远且

① 襄阳地委：《襄阳专区4个乡借贷、租佃与典当买卖关系的调查》（1953年3月10日），湖北省档案馆，SZ18-1-41。
② 沔阳县委会调研组：《沔阳县杨步乡土地改革后农村经济基本情况调查》（1953年），湖北省档案馆，SZ18-1-42。
③ 《阜阳县河东乡的调查（1956年元月）》，载《安徽省农村典型调查》，第6页。
④ 《嘉山县明北乡的调查（1955年12月）》，载《安徽省农村典型调查》，第59页。

零星分散,或者田地质量差业主不愿耕种,因而将远田、差田出租再就近租入肥田,以方便其从事农业耕作或规模经营。此类出租田属于良性调整性质,在各地尤其是土地零碎分散的丘陵和山区所占比重较高。如霍山县大化坪乡属于山区,该乡此类出租户占总出租户数的 50%强①。四川省 3 个典型调查村此类出租户占 60.2%②。

　　三是劳动力转移而出租。部分农户由于家中主要劳动力外出从事其他职业(当教师、参加工作、当店员、做工、经营副业),家中缺乏农业劳动力或不善于农业经营而将田地出租。青浦县城北乡仓园村贫农蔡林角 2 口人,劳力 1人,本来做作坊生意,土改中分到 12 亩荡田,因为劳力少,又没有很好的农业技术,将 6 亩田出租③。松江县长娄乡吴家桥 3 户出租户均因自己要出外做工,种田技术又不熟练,就包种出去。如黄和官是竹匠,土改中分到 1.8 亩土地,自己没工夫种,就包种给中农陈友林。牛阿海做撑船生意,分到 4 亩田,就包种给中农任雨楼,包种工资每亩 7 斗。张世庆做豆腐,分到 3.8 亩,租给本村中农孙伯泉④。此类出租户在河北、广东、苏南等典型调查乡(村)中占有相当比重。

　　四是思想有顾虑。新中国成立初期,在经历农村减租减息、土改和土改复查等群众性运动后,经济条件比较好、阶级成分高的富裕户如富农、富裕中农和上中农普遍存在怕斗争、怕升阶级等思想顾虑。同时按照农业税累进制,这部分农户的公粮负担比较重,他们为躲避阶级斗争同时为减轻公粮负担而将田地出租。此类农户怕被称作剥削而不敢收租,只要求公粮由佃户负责。苏南 12 个典型调查村有 80%的租佃关系是由佃入户负担全部公粮,不交租米⑤。

　　五是因生活富裕不愿劳动或土地占有较多而出租。土改后,少数农民因占有土地较多或有工资薪金收入和外汇收入,不愿从事农业生产。如广东中

---

① 《霍山县大花坪乡的调查(1955 年 12 月)》,载《安徽省农村典型调查》,第 159 页。
② 中共中央西南局农村工作部:《西南区农村经济变化典型调查》,1954 年,附录第 15 页。
③ 中共苏南区委员会农村工作部:《青浦县城北乡仓园村土改后经济情况》(1952 年),江苏省档案馆,3006-短-325。
④ 中共苏南区委员会农村工作委员会:《松江县长娄乡吴家桥村土改后经济情况》,江苏省档案馆,3006-短-353。
⑤ 苏南农协会调查组:《12 个典型村调查情况综合汇报》(1952 年),江苏省档案馆,3006-短-242。

山县榄边乡小土地出租者林伦燦全家 7 人,占有土地 9.419 亩,侨汇收入占全年总收入的 72.4%。除了留下小部分土地种些杂粮喂猪外,其他全部出租①。新会县北洋乡富裕中农林善敏 4 人,2 个劳动力,有田 6.77 亩,丈夫在加拿大做生意,每年寄回港币 200 元,美金 100 元。因生活好,怕耕田辛苦而出租 1.3 亩②。从统计数据来看,这部分出租户占的比重极低。

从租入土地用途来看,土改后农民承租土地并非是因贫困而丧失土地的表现,主要基于以下几个方面的原因。

一是分得的田不够种。这部分农户劳动力多、耕畜农具齐全,如曲江县共和乡中农钟焦考一家 5 口人,有劳动力 4 个,自己有田 12 亩,不够耕种而租入 5.4 亩。富农吴汉光一家 9 口,劳动力 7 人,劳力绰绰有余,便租田耕种③;二是劳动力、耕畜强、农具多,租田耕种以扩大土地经营规模。如荆门县曾集乡陈克云正劳力两个、自有 13.86 亩,租入中农陈大生的田 1.19 亩④;三是调剂性质。这部分农民主要是将远田出租再租入近田,如芜湖县马塘乡新下中农梁英文,因别人耕种困难的田和他的田连片,而租入 2 亩 3 分田⑤。新会县北洋乡新中农林善邦,全家 9 人,3 个劳动力,有 11.92 亩地,因田远出租 2.052 亩,再租入 2.144 亩⑥。此外,各地土改时留有一部分公田和机动田,因租额很低,劳力、耕畜和农具强的农户都愿租入耕种。

土地租佃关系在土改后发生了变化,租出土地大部分不以剥削为目的,而是因为劳动力不足或耕畜、农具等生产资料不够;反之,租入土地也不是因为没有土地而受人剥削,一般是因为有剩余劳动力和比较充足的生产资料。而属于调剂远近、肥瘦田的租入、租出则属于良性调整性质。

下面再来看一下各类原因在土地租佃关系中所占比重:

---

① 《中山县榄边乡(大车、西江里两村)农村经济调查报告》,载《广东省农村经济调查(第二部分)》,第 131 页。
② 《新会县北洋乡几种关系及农民的资本主义自发势力的调查》,载《广东省农村经济调查(第三部分)》,第 90 页。
③ 《曲江县共和乡农村经济调查》,载《广东省农村经济调查(第二部分)》,第 213 页。
④ 荆门县委调研组:《荆门县第八区曾集乡农村调查资料》(1952 年),湖北省档案馆,SZ18-1-6。
⑤ 《芜湖县马塘乡的调查》(1956 年元月),载《安徽省农村典型调查》,第 225 页。
⑥ 《新会县北洋乡几种关系及农民的资本主义自发势力的调查》,载《广东省农村经济调查(第三部分)》,第 90 页。

　　根据河北6个典型村统计,出租土地者50户,占总户数的5.06%,其中无劳力的孤寡老弱户42户,占总出租户的84%。因土地多劳力少的7户,占总出租户的14%。其他1户,占总出租户的2%①。如表6-2所示,1949—1954年,热河省7个典型调查村因缺乏劳力和从事其他职业而出租的所占比重较高,其中1949年因转业而出租的土地占总出租土地数的51.14%,1954年因缺乏劳力而出租的土地占总出租土地数的比重高达70.11%②。

表6-2　热河省7个典型村各阶层土地出租情况调查统计表

年份	出租		出租原因								
	户数	土地(亩)	缺劳动力		缺畜力		转业		其他		
			亩数	%	亩数	%	亩数	%	亩数	%	
1949	31	210.2	45.9	21.84	43.8	20.84	107.5	51.14	13	6.18	
1952	56	356.2	167	46.88	16.2	4.55	135.9	38.15	37.1	10.42	
1953	77	430.93	162.43	37.69	27.1	6.29	121.3	28.15	120.1	27.87	
1954	52	311.43	218.33	70.11	7	2.25	35.3	11.33	50.8	16.31	

　　1954年,根据江西省9个典型调查乡297户出租户的调查,因缺少劳力或丧失劳力的198户,占总出租户数的66.66%。因从事其他职业或自己缺乏生产资料不善经营的63户,占总出租户数的21.21%。因田远耕作不便的36户,占总出租户数的12.12%③。江西吉安淇塘乡出租户共75户,占总户数的18.46%,其中因丧失劳力而出租者占总出租户数的72%,因田远不便种者占21.33%,因从事其他职业而出租者占5.33%,因好吃懒做而出租者占1.33%。在调查年度内租入土地的134户,占总户数的32.02%,其中属于劳力有剩余而租入的占总租入户数的65.38%,属于调剂性质的占16.3%,属于代亲戚代

① 河北省财政厅编印:《河北省农村经济情况典型调查资料》(1955年),河北省档案馆,F327-2-C2。
② 中共热河省委农村工作部:《1954年农村经济情况调查表》(综合),1955年2月20日,684-7-46。
③ 《江西省农村调查(1956年3月1日)》,载《八个省土地改革结束后至1954年的农村典型调查》,第206页。

耕的占 7.69%，为了增加收入的占 0.78%①。信丰县胜利乡在调查年度内有出租土地者有 20 户，占总户数的 6.32%，其中因地多、劳力少出租者占总出租户数的 50%，因孤寡丧失劳力而出租者占 15%，因从事其他职业而出租者占 15%，因调换耕作而出租者占 15%，因从事商业活动而出租的占 5%；租入 49 户，占总户数的 15.5%，其中因劳力有剩余而租入者占总租入户数的 71.43%，因人多、生活不够开支而租入者占 14.28%，因调剂性质而租入者占 14.29%②。丰城县爱国乡土地出租者共 75 户，其中因孤寡残废缺乏劳力而出租者占总出租户数的 49.33%，因从事其他职业者占 30.67%，因耕作不方便者占 14.67%，因缺乏生产资料占 2.67%，因田多劳力少或弱者占 1.33%，因轻农业重副业者占 1.33%；租入 107 户，其中因耕作不方便而租入者占总租入户数的 53.27%，因田少不够耕种者占 28.04%，因劳力有剩余者占 18.68%③。

　　湖南省 8 个典型调查乡因田多或劳力少、田远耕作不便、从事其他职业和逃避公粮负担等原因而出租。无劳力或劳力不足主要是鳏寡孤独烈军工属户，如牧马溪乡 1952 年出租的 17 户，其中鳏寡孤独缺乏或无劳动力者 7 户、占 41.2%，参军 2 户，占 11.8%。1954 年出租的 35 户，其中孤寡户无法耕种 12 户、占 34.3%，缺乏主要劳动力 7 户、占 20%，参军 2 户，占 5.7%。7 个典型乡中均出现因缺乏或无劳力而出租者，而且所占比重较高，其中长沙县卷塘乡因缺乏或无劳力出租者所占比重最高，该乡 1952 年因无劳力或缺乏劳力而出租者占 78.9%，1953 年因无劳力或缺乏劳力而出租者占 70%。7 个乡因田远耕作不便而出租土地者亦占有一定比重，如牧马溪乡 1952 年因田远不便耕作而出租者 8 户、占总出租户数的 47.1%。1954 年因田远不便耕作而出租的 14 户、占总出租户数的 40%。肖家桥乡 1952 年因耕作不便而出租的 13 户、占总出租户数的 52%。竹林垸乡、蒙福乡、清溪乡、长乐乡等乡因田地多或缺乏生产资料等原因所占比重较高，如蒙福乡 1952 年出租 21 户，其中因土地多经营

---

①　江西省委农工部：《吉安淇塘乡农村经济调查总结》(1954 年 8 月 5 日)，江西省档案馆，X006-2-3。

②　江西省农村工作部：《江西省信丰县胜利乡经济调查报告》(1954 年 8 月 10 日)，江西省档案馆，X006-2-4。

③　中共南昌地委农村经济调查组：《南昌专区丰城县爱国乡农村经济调查报告》(1954 年 8 月 1 日)，江西省档案馆，X006-2-8。

不善 7 户。1953 年出租 21 户,其中因土地多耕作不了 8 户、占 38.1%。1954 年出租 21 户,其中因土地多劳力不足 8 户、占 38.1%。竹林垸乡、长乐乡、卷塘乡、蒙福乡等均出现农民因从事其他职业、劳动力转移而出租土地的现象,如长乐乡 1952 年因劳力转移而出租的 15 户、占总出租户数的 25.9%,1953 年因劳力转移而出租的 21 户、占总出租户数的 32.3%,1954 年因劳力转移而出租的 17 户、占总出租户数的 22.4%。有的乡如清溪乡和竹林垸乡因逃避公粮负担而出租土地。清溪乡 1952 年因逃避负担而出租的 2 户,占总出租户数的 3.5%;1953 年因逃避负担而出租的 1 户,占总出租户数的 1.6%;1954 年因逃避负担而出租的 9 户,占总出租户数的 10.7%。安乡县竹林垸乡 1952 年因减轻负担而出租的 3 户、占总出租户数的 7.1%;1953 年因怕负担而出租的 5 户、占总出租户数的 12.8%。个别乡出现出租剥削,如沅陵县肖家桥乡 1952 年因剥削出租的 2 户,占总出租户数的 8%;1953 年因剥削出租的 5 户,占总出租户数的 14.7%(见表 6-3)①。

8 个典型调查乡因劳力多或田地少、便于耕作等原因而租入土地,其中肖家桥乡 1952 年、1953 年全部因劳动力强而租入土地,竹林垸乡 90% 以上的农户亦因劳动力强而租入土地,其他如卷塘乡、牧马溪乡、蒙福乡、长乐乡因此原因而租入土地的农户所占比重均在 60% 以上。因便于耕种而租入土地所占比重较高的以牧马溪乡、长乐乡、塞家渡乡等为主。至于因其他原因而租入土地以清溪乡和卷塘乡为主,清溪乡 1952 年因人多生活不够而租入者 11 户、占 12.4%,帮亲友代耕者占 10.1%,为增加收入者占 24.7%。1953 年因人多生活不够而租入者占 14.1%,帮亲友代耕者占 14.1%,图收入多而租入者占 21.8%。1954 年因人多生活困难而租入者占 12.6%,因调剂耕种而租入者占 7.4%,帮亲友代耕占 15.8%,图收入多者占 20%。卷塘乡 1952 年种小菜而租入者 6 户、占总租入户数的 9.1%,1953 年种菜用地而租入者 8 户,占总租入户数的 11.4%(见表 6-4)②。

---

① 表 6-3 根据湖南省委农村工作部:《竹林垸乡、牧马溪乡、蒙福乡、清溪乡、长乐乡、肖家桥乡、卷塘乡 1952—1954 年经济情况调查分析表》(1955 年),湖南省档案馆,146-1-205,146-1-272,146-1-176,146-1-197,146-1-246,146-1-153 等卷宗整理。

② 表 6-4 根据湖南省委农村工作部:《竹林垸乡、牧马溪乡、蒙福乡、清溪乡、长乐乡、肖家桥乡、卷塘乡、塞家渡乡 1952—1954 年经济情况调查分析表》(1955 年),湖南省档案馆,146-1-205,146-1-272,146-1-176,146-1-197,146-1-246,146-1-153,146-1-204 等卷宗整理。

表6-3　湖南省7个典型调查乡出租土地动因比例表

（单位:%）

调查乡	田地多或缺乏生产资料			无劳力或劳力不足			田远耕作不便			从事其他职业			逃避负担		
	1952	1953	1954	1952	1953	1954	1952	1953	1954	1952	1953	1954	1952	1953	1954
安乡县竹林垸乡	14.3	10.3		28.6	51.3		33.3	12.8		16.7	12.8		7.1	12.8	
沅陵县牧马溪乡				53		60	47		40						
沅陵县蒙福乡	33.3	38.1	38.1	42.9	38.1	38.1	19	14.3	19	4.8	9.5	4.8			
湘潭县清溪乡	17.9	18.7	15.5	48.3	50	41.7	30.3	29.7	32.1				3.5	1.6	10.7
湘潭县长乐乡	3.4	13.8	18.4	51.7	36.9	44.7	19	16.9	14.5	25.9	32.3	22.4			
沅陵县肖家桥乡	8			32	58.8		52	17.6		7.9	8.8				
长沙县卷塘乡	7.9			78.9	70		5.3	4			22				

表 6-4　湖南省 8 个典型调查乡租入土地动因比例表

(单位:%)

调查乡	劳动力多或强			田地少			便于耕作			其他		
	1952	1953	1954	1952	1953	1954	1952	1953	1954	1952	1953	1954
安乡县竹林垸乡	94.7	94.3	93.8	5.3	5.7	6.2						
沅陵县牧马溪乡	73.3		82.8				20		17.2			
沅陵县蒙福乡	69.6	64.3	50	30.4	35.7	50						
湘潭县清溪乡	49.4	44.9	44.2				3.4	5.1	7.4	47.2	50	48.4
湘潭县长乐乡	82	79.8	76.5				18	20.2	23.5			
沅陵县肖家桥乡	100	100	100									
长沙县卷塘乡	89.4	88.6					1.5			9.1	11.4	
安乡县蹇家渡乡	17.4						24.8					

　　1954 年广西省 10 个典型乡因土地多劳力不足而出租的占 59.64%,因远近调剂而出租者占 27%,属资本主义自发倾向者占 23.35%;因土地少劳动多、增加收入而租人者占总租入户数的 86%,因生活困难而租入的占 7%,因远近调剂而租入者占 7%。从性质上看,主要是农民内部的关系,其中一部分农民因缺乏劳动力或劳动力不足而出租,另一部分农民则因劳力多想增加收入而租入土地。租额普遍比解放前降低,实际上大部分租额是以由租入者代交公粮免交租金的形式为最普遍①。

　　从上述土地买卖、典当、租佃原因和各类原因所占比重来看,土改后发生的地权交易与土改前截然不同:土改后出租土地的原因主要是田远不便耕作,或者缺乏劳动力,或者虽有劳力但缺乏肥料和其他生产资料,或者生活困难出外兼营其他职业以及失业工人因复业外出等。而租入土地者以劳动力强、工具耕畜齐备的农民为主。

二、地权变迁与惯例习俗

(一)土地证颁发中的习俗与政策冲突

　　传统乡村中土地是农民赖以维持生计的最重要的生产要素,农民对土地

---

　　①　《广西省农村调查(1956 年 5 月)》,载《八个省土地改革结束后至 1954 年的农村典型调查》,
　　　　第 265 页。

产权天然存在着尊重和敬畏，"土地的占有通常被看做习惯上和法律上承认的土地所有权"①。农民传统的土地产权理念是"地凭文书官凭印"，"千年纸张会说话，一定要弄清楚"，"种地凭文书，分的地没有文书老觉得没有把柄。"颁发土地证前，各地农民普遍觉得地权未确定，生产不安心，他们对于已分得的土地不敢大胆经营。北岳地委平山一区西庄群众说，"地连个凭据也没有，稀里糊涂种上算了，不上粪也闹两季"。有的人怕土地还会平分，"听说土改两三年才完成，谁知道今年冬天还闹不闹？"新安不少群众也说："今天你看着那地姓王，明天谁知道它姓什么？"②获鹿东焦村因地权尚未确定，农民们很不安心，"都觉得养种的地是人家的，不三不四的手里没凭据"。有的说："地权不规定心里不安，谁知今年种了明年又归谁呢？""有了地穷人高兴了，可是有粪谁也不往分的地里上。"③

　　立契约在广大农民心目中，是确定地权最重要的环节，也是分配果实后农民所重视的问题之一。只有立好新约、量过了地，农民"才认为是有了真凭实据，放下心来"。冀中解放区深县张刘郭庄1948年8—9月首先通过村农代会宣传颁发土地证的消息，"贫农、富裕中农都很欢喜，地主富农也高兴"。贫农张连才说："地凭文书官凭印，俺分了六亩地，什么执照也没有，这回要发给土地证，以后种地可就更放心了。"富裕中农张保申说："发了土地证，种着地心里也就不敲小鼓了。"地主张根全和富农张仲勋，因为开群众大会没有叫他们参加，会后便找干部问："给俺发土地证吗？发了土地证，自己的东西就牢靠了。"贫农刘德昌领到土地证后，双手捧着说："今年分的地和俺的房屋，都在这上哩，这就是我的命根子。"也有的说："土地证发了，掏劲干吧！过好了日子是自己的。"④

　　对村民来说，加盖上县、区、乡政府红印的地契相当神圣。在他们妥为收藏之前，很多人将地契放置在家神（通常是观音菩萨、财神、灶王爷或者土地爷）前面，点放爆竹、烧香供奉⑤。辛集七街农民领到土地证，如获至宝，在

---

①　费孝通：《江村经济》，商务印书馆，2001年，第154页。

②　《家产地业都到手　放心生产闹发家　平山一区新安、西庄发了土地证》，《人民日报》1948年9月14日第一版。

③　《获鹿东焦村开老农座谈会　研究春耕生产》，《人民日报》1949年2月3日第二版。

④　《确定地权发展生产　张刘郭庄颁发土地证》，《人民日报》1948年9月17日第一版。

⑤　李怀印：《乡村中国纪事：集体化和改革的微观历程》，法律出版社，2010年，第18页。

1948 年旧历腊月十八日开大会演戏庆祝发土地证后，大家见面时常把"腊月十八请财神"当作口头禅①。

农民对"旧契""旧文书"非常重视，但对"土地证"这个名称则不很习惯。各地在发证过程中出现"追交旧文契，当众焚毁"的现象，结果增加群众顾虑。有的群众不愿交出旧契，"怕交了旧文书焚毁了而新文书又发不下来弄乱了"。针对农民对缴出旧地契顾虑大的情况，各地在颁发土地证时，不强调收征旧地契，只宣布"旧地契作废，今后以新颁土地证为准"②。冀中区宣布"旧文书作废，今后按新文书办事，但不强调收旧契。群众愿意保存的仍交群众保存，只是按照登记"③。冀南四地委在发证中反复讲明土地证的法律保证，如果农民仍愿保存老契"可听自便"，但做到使群众思想上了解"换契是脱了旧衣裳换上新衣裳。土地的阔步、亩数变了，老红契已经不能和土地说话了"④。

发证过程中，基层政府一般能做到尊重农民的传统习惯，如在填写登记时，"群众要求写正楷，不喜欢涂抹得一片片黑"。晋绥行署要求土地证填发前，首先按户填写草底，经过逐户校对清楚后，用墨笔楷字正式填写。填写后在自然村村民大会上宣布，再以行政村为单位集中，派代表呈请县政府审核盖印。为防纠纷，凡与土地相关连之财产，如农民过去习惯在地契上写明"木土石水相连"，仍在土地证上批注清楚⑤。新安村先由平分委员会号召群众登记土地四至，写好后交平分委员会审查，分委会审查完毕，聘请十个掌笔先生，分别填写土地证⑥。在颁证过程中，如发生土地买卖现象，也充分尊重农民请"中人"的旧有惯习，请农会干部及邻居做中人，另请教员或别人来写文约。写契时尊重群众的习俗，如"改正错字的地方必须要盖章，前约拿出来当面烧毁"。新约的一切手续办好了，就到地里去勘察一番，给买主指明四至，并当

---

① 《冀中农民热爱土地证如获至宾》，《人民日报》1949 年 2 月 17 日第二版。
② 《河北省人民政府政策研究室关于颁发土地证的几点意见》，载《河北政报》第 3 期，1950 年 2 月 1 日。
③ 《中共冀中区党委结束土改总结（1949 年 3 月 10 日）》，载《河北土地改革档案史料选编》。
④ 苏幼民：《冀南四地委试发土地证　地权确定农民安心生产》，《人民日报》1948 年 12 月 15 日第二版。
⑤ 《晋绥行署、农会通知各级加紧填发土地证　早日确定地权发展农业生产》，《人民日报》1948 年 9 月 6 日第一版。
⑥ 《家产地业都到手　放心生产闹发家　平山一区新安、西庄发了土地证》，《人民日报》1948 年 9 月 14 日第一版。

面丈量,这一切都"做得认真而隆重"①。

土地房产证颁发前后,农民的思想发生重大变化,土地证未发以前群众在思想上是有所顾虑的,怕"割韭菜"(再斗争),发家致富的劲头不足。有的贫雇农怕调已分得的土地,在新分土地上,不施肥或少施肥,房屋不修,有的还想重分一次;中农怕在结束土改时"推平",有的还怕没收旧文契,有黑地户怕报出受罚,有的怕"斗富""合大堆""追负担"。土地房产证颁发后,各阶层农民发家生产热情很高,普遍计划安家,修理房舍,着手农副业生产。冀南四地委从 1948 年 10 月底在南宫大小高村、三土营等七村试发了华北人民政府颁发的土地证。张土营翻身农民王祥魁说:"宅子地这可是我的了,又有了牛和车,我一定好好做活过日子。"②子镇村发证后,全村有组织的开展了冬季生产运动,除积肥、纺织、弹轧花、运输等生产外,还积极准备磨坊和豆腐坊③。冀南 1949 年发证后,"送粪、锄麦、浇水、耙地、植树、种大麻……到处都是紧张劳动的新气象"。④ 北岳土改结束确定地权政策公布后,各地群众生产热情大为提高。四区燕头村贫农团长郑老双说:"地权确定有了根,这得好好干哩!"全村1948 年种麦超过去年三分之一,每亩平均施肥八大车。由于群众情绪增高,在秋收种麦中各地牲畜也大量增加。1948 年 3 月全县共有耕畜 11282 头,9 月已增加到 21484 头,增加将近一倍⑤。晋绥解放区农民在政府颁发土地证后大量购买牲畜,河曲县自蒙古输入牲畜千余头,南新绛县亦购进牲畜千余头⑥。

颁发土地证,是完成土地改革工作最后的一个重要步骤,各省(区)在结合土改颁证过程中大部分能做到尊重当地农民传统习惯,因而推动了土改的顺利进行。土地证的颁发对彻底废除封建地主土地所有制,确定与保障农民的土地所有权及提高农民的生产积极性,恢复与发展农村生产起着极大的推动作用。

---

① 唐西民:《泰西分果实经验》,《人民日报》1946 年 12 月 22 第二版。
② 苏幼民:《冀南四地委试发土地证　地权确定农民安心生产》,《人民日报》1948 年 12 月 15 日第二版。
③ 张恩魁、贾克勤:《子镇村发下土地证　冬季生产立即开展》,《人民日报》1948 年 12 月 20 日第二版。
④ 《地权确定农村气象一新 冀南农民紧张春耕 正耙地开渠赶种早种作物》,《人民日报》1949 年 3 月 30 日第一版。
⑤ 王波:《地权确定有了根　行唐增加牲口万头》,《人民日报》1948 年 10 月 23 日第二版。
⑥ 《颁发土地证消除了顾虑　晋绥农民添买牲口》,《人民日报》1948 年 9 月 27 日第二版。

(二)地权变迁中的生产习惯与政策抵抗

前述土改后中共在政策层面上保护和鼓励农民间的土地产权流动,实现农村劳动力和土地等生产要素的优化配置,借此鼓励农民发家致富,进而恢复和发展农村经济。同时,出于防止两极分化和资本主义自发趋势的考虑,对土地买卖、典当和租佃进行各种限制,使正常的乡村地权交易市场始终无法完全实现。农民对正常的买地、出租亦心存顾虑,买进怕人家说自己想发财,出租怕人家说自己是剥削,这对农村正常的生产秩序造成了影响。土改后,各级政府为防止出现封建地租剥削,对租佃年限和租额都做了统一要求,对农民正常的租佃关系造成了很大影响。

一是部分农民应出租而不敢出租,勉强耕种。土改前,部分乡村小土地出租者、小手工业者和小商贩因从事其他职业,不擅长种田或缺乏农业劳动力,而将土地出租或雇工经营。土改后这部分农民均分到土地,因怕算"剥削"怕被"斗争"而不敢出租或雇工,甚至有人想卖田又无人要,"上面也不会准许","只好自己勉强种下去"。如吴县陆墓区勇仁村 3 个组 57 户,有 90%是做竹器生意。解放后,一度无生意,主要靠种田做散工维持生活。土改后竹器业产销好转,这部分农民一半靠种田、一半靠做竹器谋生。他们中部分人觉得种田是个负担,放给人家种,又怕人家说是剥削(如中农计小妹出租 8.3 亩,他不报是出租田,说是与佃户併种),自己种又不太会,光靠种田不够生活,出外做竹器又不能,故他们反映说:"我伲做竹器的还是靠做竹器,种田不是我们的行当。"①

二是不订立租约、租额和租种年限,农民生产有顾虑。土改后由于农民对农业生产十大政策认识不够,农民间新建立的租佃关系大部分没有契约。有的虽写了租约,但都没有规定年限、租额。关于租额,大部分地方的租佃双方未定,主要是"看政府公布后,大概如何就收多少"。南汇县石西村租额均按政府规章,"不知多少合乎标准"②。镇江专区句容、高淳县 4 个典型村大多未

---

① 苏南区委员会农村工作委员会:《吴县陆墓区徐庄乡、胡巷乡土地买卖与租佃关系调查》(1951 年 9 月 23 日),江苏省档案馆,3006-永-149。
② 中共南汇县委员会:《南汇县泥城区北窑乡石西村情况调查报告》(1952 年 8 月 28 日),江苏省档案馆,3006-短-324。

曾讲明租额多少,业佃双方都认为只要代缴公粮就行①。青浦县城北乡仓园村贫农王陈氏 5 口人,劳力 1 人,有土地 16.8 亩,自耕田 6 亩,代耕 6.8 亩,其余出租给中农王友其 2 亩、贫农吴木根 2 亩,出租原因为缺乏劳力及农具,租金双方没有协定,他本人说"看政府如何好了"。②。由于租额未经明确,群众仍有顾虑,如六村孤老王余氏 5 亩多田,自己无劳力经营又不敢出租,送人种则自己的生活无法维持,结果荒芜失收③。同时,出租土地不订立契约和年限,从发展生产的角度来看是不利的。因为佃入户对租进的土地不作长期打算,存在着"种一季,算一季"的临时思想,如马公圩佃入户钟发荣说"种田没有契约不牢靠,多施肥料多出工夫,田脚种好,把田一抽,还不是白吃辛苦,白吃本钱"。④ 因而在施肥及精耕细作等方面较差,久之必然会使地力日渐衰竭,导致农业减产。

三是租佃关系非正常发展,退佃的超过新建立的。土改后,部分承租户思想上只愿代交公粮,不愿交租。如新合乡中农沈全根说:"国民党反动派时有交租来,毛主席来了,只有缴粮,没有缴租的道理了。"⑤部分农民怕收不到租而将出租土地收回,吴县陆墓区合义村部分农民怕收不到租将出租土地收回,该村小土地出租者钱春发家中无整劳力,怕收不到租米,生活难于维持。今年收回 14 亩田,请长工耕种。小土地出租者陶大男因怕收不到租米,将出租田 8.3 亩中的 3.5 亩收回自种。结果到农忙时,因自己无劳动力,请长工又请不到,最后仍出租给人种。该村土改后退佃的甚至超过了新建立的。土改后退佃的 19 户,90.37 亩,新建立的仅 4 户,14.29 亩(见表 6-5)⑥。江阴县夏港乡解放后原有的租佃关系纷纷退佃收回,三村农民向工商业家租入的土地几

① 《镇江专区句容、高淳县 4 个典型村的调查情况报告》(1951 年 12 月),江苏省档案馆,3006-短-330。

② 中共苏南区委员会农村工作部:《青浦县城北乡仓园村土改后经济情况》(1952 年),江苏省档案馆,3006-短-325。

③ 《潜江县第五区上莫市乡农村调查资料》(1952 年 12 月),湖北省档案馆,SZ18-1-7。

④ 苏南农协会调查组:《12 个典型村调查情况综合汇报》(1951 年 10 月),江苏省档案馆,3006-短-242。

⑤ 中共苏州地委、农委:《关于土地改革后农村土地租佃关系的情况及意见》(1951 年 10 月 5 日),3006-永-149。

⑥ 苏南区委员会农村工作委员会:《吴县陆墓区徐庄乡、胡巷乡土地买卖与租佃关系调查》(1951 年 9 月 23 日),江苏省档案馆,3006-永-149。

表6-5　徐庄乡合义村土改前后各阶层租佃关系变动情况表

阶层	全村户数	田亩总数	原有的			退佃的			新建立的			维持原状的			营业析出的		
			户	人	亩	户	人	亩	户	人	亩	户	人	亩	户	人	亩
雇农	3	11.6															
贫农	91	724.28	5	17	15.79	3	11	9.77	2	5	5.25	1	3	0.8	3	8	5.72
中农	36	437.77	9	27	43.8	8	23	24.5				2	2	2.6	5	17	16.7
富农	16	322.54	7	36	54.3	4	19	31	1	6	7	2	10	8.5	3	18	14.8
小土地出租	5	82.5	5	17	72	4	16	25.6	1	4	2	4	15	15.8	5	17	28.6
自由职业者	1	10															
合计	152	1588.69	26	97	188	19	69	90.37	4	15	14.25	9	30	27.7	16	60	65.82

乎都被抽回,八村小土地出租者也收回了一些出租地。根据全乡的统计,退佃抽回的包括手工业资本家 1 件、小土地出租者 7 件、中农 13 件、其他 6 件、富农 4 件、贫农 4 件,总计 35 件。而新建立的仅 13 件,小土地出租者与贫农的 5件、其他与中农的 3 件、其他与贫农的 2 件、中农与贫农的 2 件、贫农与贫农的1 件。退佃的原因:工商业家、小土地出租者怕二次土改,收回自己雇工经营保险些;怕担剥削名,收租米不好听;贫农分到田不愿种租田了,怕田种不熟又要负担公粮;收回来转租给亲友耕种,收租方便些,如小土地出租者鲁仲明将出租的一亩半田收回来给他叔叔种,说便宜也给自己人讨①。

三、地权交易与农家收入

　　针对革命史观下学界关于土改结束后农村出现"两极分化"的传统论点,近年来部分学者从地权分配变化趋势和社会阶层分化的角度进行重新审视,如张晓玲将基尼系数应用于新中国成立初期的地权分配研究当中,其测算结果表明,土改后地权分配基尼系数有增大趋势,但增幅有限,地权变动微弱,其导致农村出现"两极分化"的说法不能够成立②。胡英泽以山西省永济县为例探讨了土改后至高级社之前的土地买卖,通过地权分配吉尼系数统计同样显示吴村的地权分配趋于平均化③。从土改结束后农村社会结构变化趋势来看,李伯雍、苏少之、王瑞芳、邢乐勤、杨娜等对新中国成立初期的乡村阶层分化进行分析和探讨,认为土改后的农村未出现两极分化,而是出现了"中农化"趋势④。苏少之、张晓玲对土改后农村居民收入的基尼系数测算进一步支持了上述学者关于农村阶层变化趋势的"中农化"论点⑤。从地权交易主体来

---

① 苏南区委员会农村工作委员会五队调研组:《江阴县夏港乡关于土地改革前后农村阶级经济情况变化的调查总结》(1951 年 10 月 18 日),江苏省档案馆,3006-短-333。
② 张晓玲:《从基尼系数看土地改革后农村地权分配》,《中国经济史研究》2014 年第 1 期。
③ 胡英泽:《土改后至高级社前的乡村地权变化》,《中共党史研究》2014 年第 3 期。
④ 李伯雍:《土地改革后农村阶级变化的趋向》,《中共党史研究》1989 年第 1 期;苏少之:《论我国农村土地改革后的"两极分化"问题》,《中国经济史研究》1989 年第 3 期;王瑞芳:《新中农的崛起:土改后农村社会结构的新变动》,《史学月刊》2003 年第 7 期;邢乐勤:《论土改后中国农村社会阶层的分化》,《浙江学刊》2003 年第 3 期;杨娜:《浅析建国初期中国农民阶级的社会分化》,《探索》2004 年第 2 期。
⑤ 苏少之、张晓玲:《新中国土改后农村阶级变化再探讨——基于测算农村居民收入基尼系数的角度》,《中国经济史研究》2011 年第 1 期。

看,基于私人产权基础上的地权流动主要发生在普通劳动阶层之间,尤其是中农阶层在地权交易中占居主导地位,也进一步印证了土地买卖、租佃等地权交易不会导致两极分化①。

新中国成立初期,中共各级政府通过改进农业生产技术、实施国家贷款、大力推动合作化运动、实行农业税政策"依率计征、依法减免、增产不增税"等措施扶持农民经济恢复和发展。在这种条件下,劳动力占有多寡、强弱和是否开展多种经营成为影响农民经济是否上升的关键因素。

根据福建典型村 213 个上升户的分析,因劳动力较强且改善经营而上升的有 141 户,占总户数的 66.2%,因开展多种经营而上升的 72 户,占总户数的 33.8%②。江苏省常熟县扶海乡有充足劳动力的农户经济上升较快,贫农中上升为中农的 4 户和 2 户生活水平提高的中农,都是劳动力多劳动力强。贫农蔡龙顺和黄老太,同样分到一份田,蔡龙顺因劳动力强,年年有余粮,而黄老太因劳动力弱,生活较苦③。和贫雇农阶层相比,中农特别是富裕中农农业收入(包括粮食及经济作物)所占总收入比重较小,副业及其他收入比重较大。据广东省 12 个乡统计,1953 年整个中农阶层农业收入占总收入的 67.5%,副业及其他收入占 32.5%(其中富裕中农的农业收入占 63%,副业及其他收入占 37%);而贫雇农阶层则农业收入占总收入的 75%,副业及其他收入占 25%(其中接近中农水平户农业收入占总收入的 74%,副业及其他收入占总收入的 26%;有的严重困难户及开始下降户农业收入占总收入的 77%,副业及其他收入占 23%)④。另据河北 10 个典型村从事副业的农户统计,从事买卖、轧花、手工业、胶车运输等副业收入的农户 355 户,占总调查户数 1700 户的 20.88%。从所经营副业种类及各阶层收入来看,搞胶皮车运输业者投资大、收入多,大都是富农及富裕农户。经营副业的富裕中农每户平均副业收入超过贫农每户收入两倍多(见表 6-6)。由此可见,农民副业及其他收入所占比重与其经济情况和阶级地位呈正相关关系,副业收入所占比例愈大,其经济情

---

① 张静:《建国初期长江中下游地区乡村地权市场的特征分析》,《中国农史》2008 年第 1 期。
② 经济资料编辑委员会:《八省农村经济典型调查》,财政经济出版社,1957 年。
③ 江苏省委农村工作部农村工作团:《江苏省常熟县扶海乡农村经济情况调查报告》(1953 年 2 月 20 日),江苏省档案馆,3062-长-14。
④ 《12 个典型乡阶级变化情况调查》,《广东省农村经济调查(第一部分)》,1954 年 4 月,第 7 页。

表6-6　河北省10个典型村副业收入分阶层综合统计表

阶层	户数	各种副业收入										副业总收入	
		买卖		轧花		手工业		胶车运输		其他			
		收入折榖	占收入%	收入折榖	占收入%	收入折榖	占收入%	收入折榖	占收入%	收入折榖	占收入%	合计	户均
富农	12	201.9	38.41	53.3	10.15	0.8	0.16	259.1	49.31	10.3	1.96	525.4	43.8
富裕中农	39	142.3	9.93			61.3	4.29	870.1	60.76	358.3	25.02	1432	36.7
上中农	79	331.7	15.77	3.3	0.16	220.6	10.49	1365.6	64.93	181.6	8.65	2102.3	26.6
中农	139	764.4	25.13	20.2	0.66	883.3	29.04	1276.5	41.97	97.7	3.21	3042.1	21.9
下中农	64	531.7	38.59			446.2	32.39	323.3	23.47	76.4	5.55	1377.6	21.5
贫农	22	54.7	17.13			119.9	37.54	53.3	16.84	90.9	28.47	319.3	14.5
合计	355	2026.7	23.03	76.3	0.87	1732.1	19.69	4148.4	47.14	815.2	9.27	8799.2	24.8

说明:本表综合统计的10个典型村是黄骅小六间房,晋县西石村,石家庄市北杜村,唐山市华岩新庄,龙庄村,定县小寨也村,阜平县白河村,怀来县南小泉村,宁河县大田庄,康保县李先生地村。本表所列买卖关系系指小卖铺,布店等。其他栏系猪养蜂,养种猪,务医等副业或其他非农业生产性质的收入。10个典型村总户数1700户,其中有副业的355户,占总户数的20.88%。

况和阶级就愈高,"副业经营活动成为决定各阶层所处经济地位和阶级成分的重要标志之一"①。

　　如表 6-7 所示,1953 年中南区湘鄂赣豫粤 5 省农村阶层构成呈现"贫农中农化、中农富裕化"的特点,约占农业人口四分之一的地区(河南的全部地区、湖北的经济作物区、广东的部分沙田区与经济作物区)中农已占农村总户数的 70%以上。河南中农增加 83.29%,湘鄂赣三省中农增加 77.92%,广东中农增加 156.42%。贫农上升的中农和老中农日益富裕化,富裕中农增加的速度十分迅速,河南增加 931%,湘鄂赣三省增加 196.87%,广东增加 196.38%。富裕中农大部分是由原贫农和中农上升的。新富裕中农土地和劳动力所占比重虽然较低,但人均土地和户均劳动力数却高于平均水平,而且比贫农和一般中农的人均土地和户均劳动力数都要高②。

表 6-7　1953 年中南 5 省劳动力、土地占有情况统计表

阶层	湘鄂赣 10 个乡				河南省 9 个乡				广东省 12 个乡			
	土地		劳动力		土地		劳动力		土地		劳动力	
	占总数 %	人均	占总数 %	户均	占总数 %	人均	占总数 %	户均	占总数 %	人均	占总数 %	户均
总平均数	100	2.21	100	2.16	100	2.92	100	2.56	100	1.89	100	2.19
贫农	27.96	2.01	29.55	1.91	10.42	2.29	12.6	1.93	32.59	1.73	34.53	1.95
新下中农	21.58	2.19	23.29	2.32	28.93	2.19	30.22	2.68	24.48	2.1	26.39	2.35
新富裕中农	10.57	2.28	10.96	2.67	24.57	3.24	22.24	3.04	10.14	2.29	8.75	2.9
老下中农	22.19	2.36	20.18	2.25	25.06	2.95	24.73	2.48	17.39	1.94	16.78	2.65
老富裕中农	6.11	2.44	5.56	2.74	3.26	4.33	2.45	3.11	2.69	3.04	1.74	2.97
富农	4.69	2.56	3.95	2.56	2.97	2.92	2.85	2.83	3.48	2.48	2.61	2.75

说明:表中各阶级阶层还包括其他劳动人民、地主及其他剥削阶级。

---

① 《河北省农村经济情况典型调查资料》,附表十三。
② 中共中央中南局农村工作部:《中南区 1953 年农村经济调查统计资料》,SZ-J-517,表 6、表 8、表 4、表 10、表 12 整理。

　　根据国家统计局调查的统计资料,1954 年土地流转率较高的是陕西、辽宁、吉林、黑龙江等地多人少的东北和西北地区。在中南和华东区,江西、福建、浙江三省的土地流转率较高。土地租佃关系中,陕西、辽宁、吉林、黑龙江、青海等省租入土地均在 1000 亩以上,其中黑龙江租入土地 3688 亩。从土地流转率与收入水平的关系来看,山东省和河北省虽然在行政划分上分别属于华东区和华北区,但是从自然地理因素而言,两省均属于华北地区范围。如表 6-8 所示,河北省的土地流转率高于山东省,户均总收入、户均副业收入、户均手工业收入、户均商业收入均比山东省高 1.07%、47.81%、24.93%、11.06%、161.39%。从华东区土地流转率最高、最低的福建和安徽省来看,福建省土地流转率比安徽高 9.05 个百分点,户均总收入、户均农副业收入、户均副业收入、户均手工业收入和户均出租生产资料收入分别比安徽高 38%、27.67%、46.79%、423.55%、79.39%。这反映了土地流转率与衡量经济发展水平的户均收入等统计指标呈明显的正相关性[1]。

　　新中国成立初期,随着农村生产力的恢复与发展,各阶层农民收入普遍增加,经济地位随之普遍上升。那么,在农民收入构成中,地权流动与农民经济地位上升有没有相关性呢? 如农民土地出租收入在新上升户总收入中所占比重较大,则说明这部分农户收入来源主要是出租土地,反之,说明新上升户的经济地位上升与之无关或是相关性较小。如表 6-9 所示,各阶层农民收入构成中农业收入所占比重最高,副业次之,其他收入所占比重较低。分阶层而言,新富裕中农副业收入所占比重均高于平均水平,湘鄂赣 10 个典型乡新富裕中农副业收入所占比重比平均水平高 3.5 个百分点,广东 12 个典型乡新中农和新富裕中农副业收入所占比重比平均水平高 6.43 个百分点[2]。

---

①　根据中华人民共和国统计局:《1954 年全国农家收支调查资料》(1956 年 5 月),广东省档案馆,MA07-61·222 整理。

②　中共中央中南局农村工作部:《中南区 1953 年农村经济调查统计资料》(1954 年 7 月),湖北省档案馆,SZ-J-517,根据表 6、表 10 整理而得;中共中央中南局农村工作部:《中南区 35 个乡 1953 年农村经济调查总结》(1954 年 7 月)湖北省档案馆,SZ-J-514。

表 6—8　1954 年各省土地流转和收入比重统计表

(单位:元)

省份	户均土地(亩)	土地流转率%	户均总收入	农副业收入		副业收入		手工业收入		商业收入		出租生产资料收入	
				户均	占总收入%	户均	占总收入%	户均	占总收入%	户均	占总收入%	户均	占总收入%
陕西省	28.85	12.5	1010.81	857.69	84.85	351.85	34.81	16.15	1.6	4.36	0.43	3.15	0.31
辽宁省	30.13	13.94	1112.19	828.27	74.47	205	18.43	10.5	0.94	2.4	0.22	8.23	0.74
吉林省	44.49	10.92	1015.85	853.24	83.99	301.33	29.66	4.49	0.44	0	0	2.94	0.29
黑龙江省	58.47	13.95	1036.42	865.11	83.47	211.43	20.4	2.62	0.25	1.33	0.13	2.01	0.19
河北省	17.5	3.63	687.36	526.26	76.56	189.96	27.64	9.22	1.34	6.73	0.98	2.64	0.38
山东省	14.34	2.15	680.11	552.7	81.27	128.52	18.9	7.38	1.09	6.06	0.89	1.01	0.15
江苏省	11.87	8.83	686.15	554.79	80.86	139.19	20.29	6.35	0.93	3.76	0.55	2.69	0.39
安徽省	14.11	5.48	611.78	519.73	84.95	155.17	25.36	6.37	1.04	2.61	0.43	2.96	0.48
浙江省	8.08	12.33	659.49	559.94	84.91	199.11	30.19	6.4	0.97	1.98	0.3	5.46	0.83
福建省	11.46	14.53	844.28	663.56	78.59	227.77	26.98	33.35	3.95	1.61	0.19	5.31	0.63
河南省	16.88	5.51	667.28	559.87	83.9	157.17	23.55	10.51	1.57	3.61	0.54	3.09	0.46
湖北省	14.43	5.19	659.39	591.91	89.77	216.24	32.79	8.93	1.35	1.86	0.28	1.15	0.17
湖南省	11.59	8.13	641.7	531.28	82.79	179.4	27.96	15.26	2.38	4.58	0.71	2.88	0.45
江西省	12.23	14.09	577.02	482.02	83.54	128.64	22.29	13.78	2.39	2.54	0.44	4.13	0.72
广东省	10.13	4.94	785.97	654.51	83.27	188.64	24	10.53	1.34	2.91	0.37	1.64	0.21
四川省	10.99	6.5	711.35	626.93	88.13	169.01	23.76	9.4	1.32	0.99	0.14	2.49	0.35
总计	21.48	8.63	792.49	659.99	83.28	206.73	26.09	10.63	1.34	3.13	0.39	2.88	0.36

说明:农副业收入包括种植,动物饲养和副业生产。副业收入包括采集渔猎、农产品初加工、自产自用手工业品、农户出卖手艺等收入;土地流转率为 1954 年土地买卖、租佃总数占 1954 年年初总土地数的的比重[(买入土地+卖出土地+租入土地+租出土地)/1954 年年初总土地数]。

表6-9　1953年中南区5省新上升阶层收入来源统计表

调查乡	新富裕中农			总计		
	农业收入	副业收入	其他收入	农业收入	副业收入	其他收入
湘鄂赣10个乡	73.98	18.13	7.89	78.29	14.63	7.08
河南9个乡	90.37	4.36	5.27	91.92	4.97	3.11
广东12个乡	60.82	31.42	7.75	65.09	24.99	9.92

　　再从土地租佃率与农民收入之间的关系来看,如表6-10所示,1952—1954年,湖北和湖南两省典型调查乡人均收入和土地租佃率分别增加了6.53%和11.01%,发生租佃关系的户数占总户数的比重增加更多。湖南省人均总收入和土地租佃率均呈下降趋势,分别下降了25.42%和3.78%。这表明土地租佃关系发展趋势与农户收入水平变化趋势一致,二者呈明显的正相关。换言之,伴随着地权流动规模的增加,农民收入水平也有所增加,农民间的土地产权流动促进了经济水平的上升。

表6-10　湖北、湖南两省人均总收入与租佃率关系表

(单位:折合稻谷市斤)

省份		1952年	1954年	1954年占1952年的%	1954年比1952年增加%
湖北典型乡	人均总收入	1207.8	1286.7	106.53	6.53
	户数租佃率	17.56	21.76	123.92	23.92
	土地租佃率	5.27	5.85	111.01	11.01
湖南典型乡	人均总收入	1432.7	1068.5	74.58	−25.42
	户数租佃率	30.63	28.26	92.26	−7.74
	土地租佃率	7.14	6.87	96.22	−3.78

　　再以两省为例进一步分析在农户经济上升中土地出租收入扮演的角色?如表6-11所示,1954年,湖北新上升中农阶层户均收入水平均高于各阶层平均水平,但户均出租收入分别低于平均水平37.5%和59.38%。新富农户均收入和户均出租收入均高于平均水平;湖南省9个典型调查乡中新富农和新中农户均收入分别比平均水平高154.56%和10.08%,但户均出租收入分别

比平均水平低 14. 39%和 66. 59%,同湖北典型调查乡情况类似,两个新上升富裕阶层户均出租收入占户均总收入的比重均低于平均水平。可以看出,新中农和新富农出租收入在总收入中所占比重甚小,甚至低于各阶层平均水平,说明农民经济水平上升与出租土地关系不大①。

表 6-11　湖南、湖北新上升阶层出租收入与总收入关系表

(单位:折合稻谷市斤)

调查乡	收入	新下中农	新上中农	新富农	总户数
湖北典型乡	户均收入	5630. 85	7378. 01	9420. 5	5566. 07
	户均出租收入	28. 6	44	140. 8	70. 4
	户均出租收入/户均收入	0. 51	0. 6	1. 49	1. 26
湖南典型乡	收入	新中农		新富农	总户数
	户均收入	5378. 87		12438. 8	4886. 38
	户均出租收入	28. 8		73. 8	86. 2
	户均出租收入/户均收入	0. 54		0. 59	1. 76

从典型户调查来看,农户间的地权交易和农户的阶级成分变化也没有必然的联系。表 6-12 中显示了典型调查户在土改、卖(典)出和买(典)入、租出和租入时以及调查时等三个时间段内的阶级成分,时间集中于土改后的1949—1952 年之间。从卖(典)出土地方来看,85 户卖(典)出户(其中 9 户为外村)中,大部分卖(典)出户的阶级成分在三个时期内没有发生变化,只有 5户土改时和卖地时均为中农、调查时变为贫农,2 户卖出时由中农变为贫农,2户卖出时由贫农变为中农。从买(典)入方(其中 5 户为外村)来看,1 户买入者土改时和买地时中农、调查时为贫农,2 户土改时为中农、买入土地时变为贫农,7 户土改结束和买地时为贫农、调查时上升为中农,3 户土改时和典入土地时为贫农、调查时为中农;从土地租佃关系来看,24 户典型调查户中(其中有一例为外乡租入、租出),只有 1 户出租户土改时为雇农、出租时变为贫农,1 户土改时为富农、出租时变为中农,1 户土改和出租时均为富农、调查时变为中农。3 户租入土地者土改时为贫农、租入土地时上升为中农。

---

① 表 6-10、表 6-11 根据《湖北省十二个典型乡调查统计表》《湖南蹇家渡乡、竹林垸乡、牧马溪乡、蒙福乡、清溪乡、长乐乡、肖家桥乡、卷塘乡、草塘乡 1952—1954 年经济情况调查分析表》等表格整理。

表6-12　山东省淄博桓台县高楼乡土改后土地买卖、典当情况统计表

(单位:市亩)

卖(典)出土地										买(典)进土地									
户主姓名	卖或典	土改时阶级成分	卖(典)出时阶级成分	现在阶级成分	家庭人口	原有土地	卖(典)出土地亩数	卖(典)出土地时间	卖(典)出土地收入(折合市斤)	户主姓名	买或典	土改时阶级成分	买入土地时阶级成分	现在阶级成分	家庭人口	原有土地	买(典)入土地亩数	买(典)入土地时间	买(典)入土地收入(折合市斤)
傅马金	卖	中	中	中	3	7.374	1.374	1951	1801	张文村		贫	贫	贫	13	15.485	1.374	1951	1801
傅正朝		中	中	中	8	19.797	1.903	1951	1260	于守散		贫	贫	贫	6	4.27	1.903	1951	1260
于同飞		中	中	中	4	6.638	0.638	1950	6727	于启路		中	中	中	13		0.638	1950	6727
傅吉荣		中	中	中	5	4.785	2.96	1950	2353	于守贤		贫	贫	贫	6		2.96	1950	2353
傅仁恒		中	中	中	6	6.978	1.057	1951.11	2942	于守六		中	贫	贫	4		1.057	1951.11	2942
甄俊峰		中	中	中	8	7.94	0.846	1952.8	2112	吕启广		中	中	中	3		0.846	1952.8	2112
宗祯三		贫	贫	贫	8	5.762	3	1952	4667	吕布林		中	贫	贫			3	1952	4667
宗传忠		中	中	中	3	6.4	3.5	1952	6000	于守普		贫	中	中	6		3.5	1952	6000
宗传重		中	中	中	3	2.61	0.8	1952	400	宗修如		贫	中	中	5		0.8	1952	400
宗玉华		中	中	中	15	31.3	1.5	1950	2000	外村							1.5	1950	2000
傅朝祥		中	中	中	1	1.903	1.903	1951.2	3783	于淮书		贫	中	中	9		1.903	1951.2	3783
于守连		中	中	中	2	5.623	0.317	1952.6	960	外村							0.317	1952.6	960
于文江		贫	贫	贫	7	5.632	0.803	1951	1216	外村							0.803	1951	1216
宗安菊		贫	贫	贫	1	1.691	3.805	1952.8	7264	外村							3.805	1952.8	7264

续表

卖（典）出土地										买（典）进土地									
户主姓名	卖或典	土改时阶级成分	卖（典）出时阶级成分	现在阶级成分	家庭人口	原有土地	卖（典）出土地亩数	卖（典）出土地时间	卖（典）出土地收入折谷市斤	户主姓名	买或典	土改时阶级成分	买入土地时阶级成分	现在阶级成分	家庭人口	原有土地	买（典）入土地亩数	买（典）入土地时间	买（典）入土地收入折谷市斤
宗承本		贫	贫	贫	1	1.057	1.057	1952.6	1600	外村							1.057	1952.6	1600
外村							1.903	1952.4	3026	傅郁礼		贫	中	中	8		1.903	1952.4	3026
外村							2.114	1949	2915	于宗		贫	贫	贫	6		2.114	1949	2915
外村							3.171	1950.11	6304	傅为柱		贫	贫	贫	2		3.171	1950.11	6304
外村							1.268	1950	1495	傅郁家		贫	贫	贫	3		1.268	1950	1495
外村							2.114	1951.11	1765	严守照		贫	贫	贫	5		2.114	1951.11	1765
外村							0.646	1952	420	于文进		贫	贫	贫	7		0.646	1952	420
外村							0.634	1951	352	于军	典	贫	中	中	4		0.634	1951	352
外村							0.634	1952	6727	于启行		中	中	中	12		0.634	1952	6727
傅郁家		中	中	中	3	4.1	1.057	1951	1750	傅为祯		中	中	中	7		1.057	1951	1750
宗亚太		中	中	中	2	3.298	1.6	1952	2400	于守通		中	中	中	4		1.6	1952	2400
傅广文		中	中	贫	6	3	2.2	1950	3148	张全文		中	中	中	4		2.2	1950	3148
于文祥		贫	中	中	6	3	0.846	1952	2102	于启秀		中	中	中	8		0.846	1952	2102
外村							2.537	1951.6	4034	张会仁		中	中	中	2		2.537	1951.6	4034

续表

卖(典)出土地

户主姓名	卖或典	土改时阶级成分	卖(典)出时阶级成分	现在阶级成分	家庭人口	原有土地	卖(典)出土地亩数	卖(典)出土地时间	卖(典)出土地收入(折谷市斤)
付顺陌	卖	中	中	贫	2	3.259	1.5855	1951.12	1601
付虎文	卖	贫	贫	贫	5	3.014	2.114	1952.4	4194
付虎文	卖	贫	贫	贫	5	3.014	1.057	1949	4071
付光礼	卖	贫	贫	贫	5	3.293	3.383	1952	2942
付赵氏	卖	贫	贫	贫			2.114	1951	2942
付赵家	卖	贫	贫	贫	4	3.381	1.586	1950	2582
付乃巨	卖	中	中	中	3	4.2	1.057	1951	928
付乃巨	卖	中	中	中	3	4.2	0.634	1952.4	462
傅柯成	卖	中	中	中	1	1	0.846	1950	1681
于如玉	卖	中	中	中	4	3.361	0.85	1950	1681
付由恒	卖	贫	贫	贫	1	3	0.698	1950	840
付由恒	卖	贫	贫	贫	3	3	1.374	1950	1681
傅朝盈	卖	中	中	中	8	2.984	1.268	1950	1481
傅朝盈	卖	中	中	中	8	2.984	0.846	1950	1345

买(典)进土地

户主姓名	买或典	土改时阶级成分	买入土地时阶级成分	现在阶级成分	家庭人口	原有土地	买(典)入土地亩数	买(典)入土地时间	买(典)入土地收入(折谷市斤)
张文度	买	贫	贫	贫	4		1.5855	1951.12	1601
于守成	买	贫	贫	贫			2.114	1952.4	5773
傅乃尊	买	贫	贫	贫	5	3.293	1.057	1949	4071
吕家华	买	贫	贫	贫			3.383	1952	2942
于文	买	贫	贫	贫			2.114	1951	2942
傅乃禄	买	贫	贫	贫			1.586	1950	2582
付乃飞	买	贫	贫	贫			1.057	1951	928
张为正	买	贫	贫	贫			0.634	1952.4	462
王现和	买	中	中	中	10	8.4	0.846	1950	1681
王现和	买	中	中	中	10	8.4	0.85	1950	1681
王现和	买	中	中	中	10	8.4	0.698	1950	840
于守果	买	贫	贫	贫	4	1.189	1.374	1950	1681
傅玉教	买	贫	贫	贫	6	3.126	1.268	1950	1481
于启珍	买	贫	贫	贫			0.846	1950	1345

续表

卖(典)出土地										买(典)进土地									
户主姓名	卖或典	土改时阶级成分	卖(典)出时阶级成分	现在阶级成分	家庭人口	原有土地	卖(典)出土地亩数	卖(典)出土地时间	卖(典)出土地收入(折合市斤)	户主姓名	买或典	土改时阶级成分	买入土地时阶级成分	现在阶级成分	家庭人口	原有土地	买(典)入土地亩数	买(典)入土地时间	买(典)入土地收入(折合市斤)
于义芝	卖	中	中	中			1.48	1950	1499	于守瑞	买	贫	贫	贫			1.48	1950	1499
宋玉可	卖	中	中	中	4	2.747	0.634	1952	1268	于守有	买	贫	贫	贫	3	1.441	0.634	1952	1268
于陈氏	典	贫	贫	贫	2		2.96	1951	1155	宗怀兰	买	贫	贫	贫			2.96	1951	1155
于启荣		贫	贫	贫	1	3.492	0.634	1951	320	傅维绪	买	贫	贫	贫	2	5.289	0.634	1951	320
于守恒	卖	中	中	中			1.268	1951	814.8	于文岗	买	中	中	中	5	5.178	1.268	1951	814.8
甄月棵		中	中	中			1.057	1951	1265	于启星	买	贫	中	中	6	3.382	1.057	1951	1265
于启成		中	中	中			1.268	1952	1260	于文书	买	中	中	中	6	5.664	1.268	1952	1260
于光辉		中	中	中	7	11.663	2.114	1949	1681	于文贵	买	中	中	中	19	13.995	2.114	1949	1681
于		中	中	中	1	2.114	1.691	1949	2689	于守喜	买	中	中	中	6	2.989	1.691	1949	2689
于举文		中	中	中	8	12.48	1.691	1951	2689	于启兰	买	中	中	中	13	12.418	1.691	1951	2689
付乃冲		中	中	中			1.057	1952	630.7	于文楼	买	中	中	中	5	4.4	1.057	1952	630.7
付乃冲		中	中	中			1.057	1952	260	于启皆	买	中	中	中	9	7.265	1.057	1952	260
甄奎	典	贫	贫	贫	6	5.23	0.42	1951	410	甄俊新	典	贫	贫	贫	3	3.18	0.42	1951	410
于长春	典	中	中	中	4	4.683	1.057	1951	720	于文尧	典	中	中	中	11	6.087	1.057	1951	720

续表

户主姓名	卖或典	土改时阶级成分	卖(典)出时阶级成分	现在阶级成分	家庭人口	原有土地	卖(典)出土地亩数	卖(典)出土地时间	卖(典)出土地收入(折合市斤)	户主姓名	买或典	土改时阶级成分	买入土地时阶级成分	现在阶级成分	家庭人口	原有土地	买(典)入土地亩数	买(典)入土地时间	买(典)入土地收入(折合市斤)
傅朝成	卖	中	中	中	7	13.617	1	1951.2	1600	于守兴	典	贫	中	中			1	1951.2	1600
于王氏	卖	中	中	贫	2	1.89	1.2	1950	2400	宗玉稹	买	中	中	中	6	9.91	1.2	1950	2400
宗湘氏	卖	中	中	贫	3	5.25	2	1951	3467	宗玉训	买	中	中	中	11	10.59	2	1951	3467
于赵氏	卖	中	贫	贫	1	2.33	0.8	1951	3467	傅朝年	买	中	中	中	4	7.53	0.8	1951	3467
宗玉春	卖	中	中	中	7	12.82	2	1951	2400	宗付兰	买	贫	贫	贫	6	7.9	2	1951	2400
宗立生	卖	中	中	中	3	6.798	0.6	1952	5867	宗学顺	买	中	中	中	3	4.2	0.6	1952	5867
宗怀云	卖	中	中	中	1	3.06	1	1950	467	宗怀通	买	中	中	中	1	2.94	1	1950	467
傅乃苞	卖	中	中	中	8	10.83	0.5	1951	933	宗玉来	买	贫	贫	贫	5	5.1	0.5	1951	933
于马氏	卖	中	中	贫	2	2.2	0.8	1950	2400	宗玉恰	买	中	中	中	5	4.85	0.8	1950	2400
于学岩	卖	中	中	中	2	3.11	2	1951	4134	宗守柱	买	中	中	中	15	16.8	2	1951	4134
于洪土	卖	中	中	中	5	4.18	1	1950.12	1891	于守通	买	中	中	中	4	4.163	1	1950.12	1891
于本徐	卖	中	中	中	12	8.96	0.846	1950.11	1991	于守根	买	贫	贫	贫	5	4.961	0.846	1950.11	1991
于本甫	卖	中	中	中	48	43.6	1.268	1950	3756	于守文	买	贫	贫	贫	2	1.86	1.268	1950	3756
宗安长	卖	中	中	中	8	9.16	3.805	1952.5	7985	于守甫	买	中	中	中	50	46.6	3.805	1952.5	7985

续表

卖（典）出土地										买（典）进土地									
户主姓名	卖或典	土改时阶级成分	卖（典）出时阶级成分	现在阶级成分	家庭人口	原有土地	卖（典）出土地亩数	卖（典）出土地时间	卖（典）出土地收入（折合市斤）	户主姓名	买或典	土改时阶级成分	买入土地时阶级成分	现在阶级成分	家庭人口	原有土地	买（典）入土地亩数	买（典）入土地时间	买（典）入土地收入（折合市斤）
于启章	卖	中	中	中	7	5.32	2.537	1951.9	1600	于明业	买	中	中	中	9	12.13	2.537	1951.9	1600
于启焕	卖	中	中	中	10	8.69	2.114	1952	960	于守以	买	贫	贫	贫	8	6.85	2.114	1952	960
傅文庆	卖	中	中	中	2	1.93	1.057	1951	2186	甄俊祥	买	贫	贫	贫	13	10.35	1.057	1951	2186
于学楷	卖	中	中	中	5	4.66	0.846	1952.8	1280	于太杰	买	贫	贫	贫	4	2.81	0.846	1952.8	1280
于守通	卖	中	中	中	4	4.163	1.057	1950.12	1536	于守甫	买	中	中	中	48	49.5	1.057	1950.12	1536
于守达	卖	中	中	中	2	5.623	0.317	1952.6	960	于家西	买	中	中	中	7	5.8	0.317	1952.6	960
于启华	卖	中	中	中	8	9.16	0.423	1951	1600	于未柱	买	中	中	中	3	4.2	0.423	1951	1600
于启三	卖	中	中	中	3	2.13	1.057	1952	1792	朱柱三	买	中	中	中	12	10.86	1.057	1952	1792
于牛氏	卖	中	贫	贫	1	2.95	0.423	1951.3	2101.5	于启贯	买	中	中	中	4	3.763	0.423	1951.3	2101.5
于	卖	中	中	中	4	6.976	0.634	1950.10	840.8	于文升	买	中	中	中	4	4.999	0.634	1950.10	840.8
于启申	卖	中	中	中	2	3.721	0.634	1950	2773	于朝文	买	贫	贫	贫	7	4.228	0.634	1950	2773
于启文	卖	中	中	中	2	3.575	0.423	1952	672.2	于文朝	买	贫	贫	贫	7	4.228	0.423	1952	672.2
	卖	中	中	中	4	4.313	1.057	1950	924	于启欧	买	中	中	中	13	15.411	1.057	1950	924
于寿吉	卖	中	中	中	8	5.64	1.57	1951	1260.13	于官		中	中	中	13	16.584	1.57	1951	1260.13
于文友	卖	中	中	中	7	20.725	2.537	1950	4202.9	于文训	买	中	中	中	6	5.151	2.537	1950	4202.9

表6-13　山东省淄博桓台县高楼乡土改后出租、租进土地情况

(单位:市亩)

出租土地									租进土地								
户主姓名	土改时阶级成分	出租土地时阶级成分	现在阶级成分	家庭人口	原有土地	出租土地亩数	出租土地时间(年月)	地租收入(市斤)	户主姓名	土改时阶级成分	租进土地时阶级成分	现在阶级成分	家庭人口	原有土地	租进土地亩数	租进土地时间	地租支出
甄王氏	中农	中农	中农	1	2.165	0.41	1951.6	120	于启甲	贫农	贫农	贫农	3	1.893	0.41	1951.6	120
于启波	中农	中农	中农	3	3.94	2.114	1952.3	185	于守	贫农	贫农	贫农	3	2.101	2.114	1952	158
于启波	中农	中农	中农	3	3.94	2.114	1950.9	384	于启常	贫农	中农	中农	6	5.808	2.114	1950.9	384
于启金	中农	中农	中农	1	1.537	0.423	1951.9	64	甄田来	中农	中农	中农	4	4.49	0.423	1951.9	64
于启水	中农	中农	中农	6	7.125	2.325	1951.6	228	于守	中农	中农	中农	6	6.368	2.325	1951.6	228
于守顺	贫农	贫农	贫农	5	4.346	0.085	1950.4	30	宋怀连	贫农	贫农	贫农	5	3.816	0.085	1950.4	30
外乡									于淮书	中农	中农	中农	7	4.147	2.114	1952.3	320
于守淮	贫农	贫农	贫农	1	1.268	1.268	1950.2	150	甄张祥	中农	中农	中农	5	6.732	1.268	1950.2	150
于新书	中农	中农	中农	2	2.608	0.423	1952.4	126	胡度亭	贫农	贫农	贫农	6	6.244	0.423	1952.4	126
宗怀普	中农	中农	中农	5	16.85	4.228	1951.8	317	于守言	中农	中农	中农	7	5.973	4.228	1951.8	317
于启度	中农	中农	中农	1	2.114	2.114	1952.7	320	于文行	中农	中农	中农	4	4.186	2.114	1952.7	320
于牛氏	贫农	贫农	贫农	1	1.978	1.268	1951.6	324	于文馨	中农	中农	中农	7		1.268	1951.6	324

续表

出租土地									租进土地								
户主姓名	土改时阶级成分	出租土地时阶级成分	现在阶级成分	家庭人口	原有土地	出租土地亩数	出租土地时间(年月)	地租收入(市斤)	户主姓名	土改时阶级成分	租进土地时阶级成分	现在阶级成分	家庭人口	原有土地	租进土地亩数	租进土地时间	地租支出
于广恒	贫农	贫农	贫农	2	3.171	1.057	1950.4	384	于文浩	贫农	贫农	贫农	4	2.959	1.057	1950.4	384
于文洲	贫农	贫农	贫农	4	4.016	1.057	1951.4	384	外乡								
傅田氏	中农	中农	中农	1	2.114	1.07	1948	128	傅公玉	中农	中农	中农	4	3.64	1.07	1948.	128
傅公京	贫农	贫农	贫农	2	5.78	2.6	1949.8	416	于启岗	中农	中农	贫农	8	5.817	2.6	1949.8	416
傅安恒	中农	中农	中农	6	10.15	4.2	1952.3	640	傅广礼	贫农	贫农	中农	7	16.6	4.2	1952.3	640
宗安菊	贫农	贫农	贫农	1	2.114	1.057	1948.5	128	傅诚恒	贫农	贫农	贫农	12	11.417	1.057	1948.5	128
宗安菊	贫农	贫农	贫农	1	2.114	1	1951.9	128	傅为尧	贫农	贫农	贫农	2	0.21	1	1951.9	128
田傅氏	中农	中农	中农	1	2.114	1	1951.7	128	傅为精	中农	中农	中农	12	14.542	1	1951.7	128
于张氏	雇农	雇农	贫农	5	7.66	1.4	1949	160	于启慈	贫农	贫农	中农	7	18.62	1.4	1949	160
傅乃现	贫农	贫农	贫农	2	2.114	1.057	1951.8	192	傅纪恒	贫农	贫农	贫农	6	2.02	1.057	1951.8	192
傅书峯	富农	中农	中农	2	4.647	3.3	1951	507	外乡								
于启伦	富农	富农	中农	2	7.14	2.114	1949	160	成武志	贫农	贫农	贫农	4	7.8	2.114	1949	160

可见,在土改结束后的 1949—1952 年的 4 年时间内,土地买卖、典当和租佃关系主要发生在贫农和中农之间,只有极少部分农民因卖地和租入土地而导致经济水平下降,甚至还有部分农民伴随着卖地和租入土地而经济成分上升。也就是说,土地买卖和租佃并不会导致土地由贫困阶层向富裕阶层一极集中(见表 6-12、表 6-13)①。

土改结束后,乡村地权的可交易性和交易方式的多样化不仅适应了农民劳动力构成的动态变化,也满足了农户的土地耕种、调剂资金、济危解困、发展农村副业、商业经营、地域迁徙等多元化选择。不但从经济上大大提高农民的财产性收入、经营性收入和非农化收入,更能够激发农家的经济活力和扩大农民的生存出路。同时,土改后的地权交易多属于普通劳动群众之间的调剂性质,是农村各种生产要素的良性调整,对发展农业生产是有利的,应该鼓励和提倡。

土改后政府对农民土地产权流动的政策和农民传统的生产习惯、产权交易习俗相冲突,因此在实际政策执行过程中遇到阻力。政府虽然主导了农民地权交易的规模、方向,但不可能也无力监督农民的日常生产秩序。如上述吴县陆墓区勇仁村做竹器的,靠种田不够生活,出去做竹器又离不开。部分从事其他职业的农民新分到田,技术还不熟练。缺乏劳动力的户不愿出租,自己种又种不好。这样勉强种自然不利于生产,影响了农民生产积极性的发挥,导致土改的激励效应大打折扣。

土改后,劳动力占有多寡、强弱和是否开展多种经营成为影响农民经济是否上升的关键因素。从国家统计局的资料来看,土地流转率高低与各地的人均占有土地规模有直接关系,一般而言,陕西、辽宁、吉林、黑龙江等人多地少的西北和东北地区土地流转率较高,而人多地少的中南、华东地区土地流转率较低。从土地流转率与收入水平的关系来看,二者之间呈正相关性。从新上升阶层出租收入在其总收入中所占比重来看,农民经济水平上升与出租土地关系不大。而从典型户调查来看,农户间的地权交易和农户的阶级成分变化亦无明显的联系。

---

① 中共淄博地委农委、山东省暑期农村经济调查委员会:《关于淄博桓台县高楼乡典型概况调查》(1952 年 9 月),淄博市档案馆,1-56-150。

结　语

一、结　论

（一）要客观评价新中国成立前后的土地制度变迁

　　解放战争时期至集体化高潮前，中共主导的强制性土地制度变迁经历了从废除封建地主土地所有制——确立、保护农民土地产权私有——采取各种措施提倡鼓励农民土地交易自由——合作化运动中逐渐限制直至禁止的剧烈变化。从土地产权的角度来看，土改结束后土地归农民个体所有，农民既是土地产权的所有者，也是具有自主经营权的土地使用者。具有宪法性质的《共同纲领》和指导、规范广大新区土改的《中华人民共和国土地改革法》均提出保护农民的土地所有权，并允许土地在农民之间自由买卖、典当、租佃、抵押和继承。可以说，从法律和政策层面上来讲，农民对分得的土地具有完整的所有权、使用权、收益权和处置权。土地证颁发后，农民如有买卖、赠与、嫁娶、分家、交换等转移事情，国家通过地籍登记、颁发土地房产证、征收累进制农业税、土地税、房地产税等措施进行管理，这种土地管理体制被称为"市场配置"①。从调查资料来看，土改后各地确实亦存在着一个广泛的乡村地权交易市场，土地所有权和使用权在普通农民之间转移和流动。土改后形成的土地产权制度某种程度上暂时满足了农民劳动力和土地的静态平衡，农民的劳动投入和收益直接相关，整体上提升了农民的福利水平，因而形成良好的激励机制。

　　需要强调的是，新中国成立初期土改所形成的土地制度安排从产权角度而言无疑是农民的土地私有制，但国家通过发动群众斗争大规模分配原有土

_____

　　① 《当代中国土地管理（上）》，第54页。

地产权的做法,使得农民普遍害怕斗争。各阶层农民普遍要求颁发土地证以确定地权:新得土地的贫雇农要求发土地证,这样"地权有保障"。地主富农要求发土地证,就"不再被斗争了"。中农要求发土地证,"也就放心了"。土改结束后,各阶层农民对土地依然是珍视和渴望的,但内心却产生疑虑和动摇。作为阶级斗争对象的地主、富农阶层将土地等财产视为招祸惹灾的根源,纷纷通过献地、让地、卖地等方式转移地权,面对上升为新富农后成为斗争对象的顾虑也使中农阶层不敢买地并减少出租,甚至是献田、让地①。虽然各级政府从农民发家致富以恢复农业生产力的角度出发,鼓励农民地权交易自由,但这种"自由"依然带有强烈的国家意志和政权色彩,如租额、租期、土地买卖价格、雇工工资等财产权交易价格由政府指导。这些规定名义上没有改变农民的土地私有产权,但实际上限制和干预了农民财产权的使用权、收益权和处置权,造成了农民财产权的渐次"残缺"。有的学者指出,国家通过土改把自己的意志铸入了农民私有产权。对农民而言,他们没有选择何种土地制度的发言权和决策权。当国家意志改变的时候,农民的私有制必须改变②。由此,土改结束后短短几年时间内合作化运动之所以迅猛发展并顺利实现了土地产权由农民所有到合作社集体所有的转变就有了合理解释。

从产权角度讲,互助组是建立在农民个体经济基础上的互助合作经济组织,土地、劳动力、生产工具等生产要素归互助组成员个体所有和个体经营,成员的部分劳动力时间、耕畜和农具归互助组统一调配和使用。因此,不论是临时互助组还是常年互助组,虽然实行集体劳动分工协作,但没有改变家庭经营的格局。初级农业合作社阶段,农民的完整产权开始分离,但个人私有产权仍然比较清晰,农民对自己行为有支配权和控制权,可以自由退社。土地入股统一经营某种程度上克服了农民土地经营中的细碎化难题,使农民的土地可以连片使用、统一经营,扩大土地经营规模,节约农民劳动力。如山西长治专区川底村合作社有 11 块地总共 18 亩,办社后变成 4 大块,增加耕作面积半亩。窑上沟 65 亩地分为 60 块,办社后并成 31 块。东坡社有 32 亩河湾地分为 14

---

① 卢晖临:《革命前后中国乡村社会分化模式及其变迁:社区研究的发现》,载《中国乡村研究》第 1 辑。

② 周其仁:《中国农村改革:国家和所有权关系的变化(上)———一个经济制度变迁史的回顾》,《管理世界》1995 年第 3 期。

块,办社合并成两大块①。此外,土地统一经营便于农民按土质因地施肥、采用新技术、使用新式农具,种植适当的农作物。劳力统一使用,可以按照入社农户体力强弱、技术高低、经验多少合理分工,发挥各人特长,有利于提高农业生产质量,扩大农副业经营范围。资金统一使用后解决了个体农户农业投资不足和规模小的难题。初级农业合作社农民加入自愿、退出自由,计酬办法和分配方法依据各地农民原有习惯采取多样方法,因此受到农民欢迎。高级农业社阶段,入社农民既无土地所有权又无土地使用权。可见,随着合作化运动的快速推进,农民的土地产权也更趋"残缺",短时间内土地产权制度的激烈变革与农民传统的产权意识、惯例习俗不相容,从而导致各阶层农民的不满与抵抗,如各地出现的"集体退社"现象。

(二)要高度重视地权变迁中的自然生态因素

农业生产总是在特定的生态环境中,生态环境不仅包括诸如地理环境、气候、可利用耕地的质量和数量、物产分布等方面的自然生态条件,还包括现有的灌溉设施、劳动力情况、作物轮作制度、不同作物之间的比较价格以及亩产量等社会人文生态因素。

新中国成立初期的农田零星分散的现象使得农户自耕处于不利的地位,出于理性考虑,农民根据自己耕地的远近肥瘦,把对自己生产经营不利的远田、瘦地卖出和租出,再在有利于自己耕种的居住地附近或与自有耕地可连片耕作的地方买进或租进适量田地,以便在同等资本、劳力投入的情况下获取更大的收益。同时,由于占人口绝大多数的贫雇农和中农在土改中分进了一份土地并获得了一部分生产资料,他们在地权交易的阶层构成中一开始便占主导地位,并呈逐年上升趋势,成为地权交易的主体。就社会经济单元而言,个体小农的经济特征与田地交易行为,构成了 20 世纪 50 年代初期地权交易的主导方面。在土地买卖和租佃总量较低的情况下,使得每笔交易额数都很小,该时期的地权交易普遍呈现小额数、零细化的特征,这种特征的地权交易难以导致土地由贫雇农和中农等普通劳动群众向地主、富农手中集中。

由于各地自然生态环境及社会经济条件不同,土改结束后至集体化高潮

---

① 《当代中国的农业合作制(上)》,第 115 页。

前,各地的地权交易规模、方式呈现多样化的区域性特征。有的村地多人少、农民收入较高,土地买卖数量较大;位于市郊区及副业条件好的地区,从事副业的户数多,因经营副业而买卖、租佃土地的较多;有的村农副业收入较高,农民生活富裕,但由于土地属于国有、农民"重副轻农",土地买卖、租佃关系反而比较少;经济作物和副业较发达地区的土地租佃和雇佣关系也比较发达;土地买卖和租佃关系的多寡也与各村土地占有关系有着直接的关系,有的村地多人少、副业发达,农民重视土地,则富裕后多买入土地扩大农业经营规模;即使在同属平原区、丘陵区或山区的典型调查乡,经济作物占比高、农副业收入高的乡比粮食作物区的地权交易规模大、地权交易频率也高。地价、租额也和各地的自然人文生态环境有很大的相关性,如广西各地区土地价格悬差很大,极不平衡。典型调查乡每亩土地价格一般在 13 元到 30 元,最高达 120 元,最低 3 元 6 角。以双季稻地区容县专区为最高,因该区人多地少,故每亩土地价格在 60 元至 120 元;以单季稻地区宜山专区为最低,在 10 元至 30 元之间;其他经济区及专区则在两者之间,在 20 元到 60 元[①]。

　　20 世纪 50 年代,随着互助合作运动的开展,各地根据互助合作运动发展的情况来划分不同类别:一般是互助合作运动发展较好的划为工作基础先进乡,合作社、常年互助组发展较慢的为工作基础一般乡或薄弱乡。当时的观点认为,互助合作基础较好、互助合作运动开展较好的地区,农民组织起来后,很大程度上解决了生产生活上的困难,土地买卖、典当、租佃和雇佣、借贷等生产要素流转的数量上必然会大大减少。而在互助合作基础较差的地区,个体农民在劳动力、土地、资金等方面存在较大困难,借高利贷、卖土地、出租土地、雇工的也较多。通过各地的农村调查资料来看,实际乡村情境并非如此。如与河北咸安县南刘庄(政治上代表中下等村)相比,互助合作运动开展较好的(参加互助合作的户数占总户数的 61%)定县小寨屯村土地买卖户数和占该村总户数的比重反而较高。安徽山岔乡作为先进乡,其土地租佃和雇佣规模均比在政治上属于一般乡的骑龙乡要大。因此,合作化运动在农村的开展,对土地买卖、典当和租佃关系的影响并不是决定性的,农民主要依托各地的自然

---

① 《广西省农村调查(1956 年 5 月)》,载《八个省土地改革结束后至 1954 年的农村典型调查》,第 264 页。

生态环境来选择相应的经营方式。

(三)要高度关注地权变迁中的传统因素

　　土改结束后,虽然如上所述农民没有决定土地所有制的话语权和决策权,在地权交易中也多受各级政府的制约,但革命的话语逻辑并没有完全取代以乡村伦常和地缘、血缘关系为纽带的传统认知和人际关系。如土地制度的变迁没有从根本上改变农民的土地产权认知。传统乡村社会中,土地是最重要的财富。农民传统的土地产权理念是"地凭文书官凭印","千年纸张会说话"。在颁发土地房产证过程中,农民对"旧契""旧文书"非常重视,但对"土地证"这个名称则不很习惯,有的群众不愿交出旧契。针对农民对土地证的重视和缴出旧地契顾虑大的情况,各省(区)在颁证过程中大部分能做到尊重当地农民传统习惯,如各地在颁发土地证时,不强调收征旧地契,只宣布"旧地契作废,今后以新颁土地证为准"。土改过程中中共的上述做法和农民惯有的土地私有产权意识相契合,因此获得绝大多数农民的支持。

　　维护和尊重妇女土地权益的法律和政策运行效率,很大程度上也要看其和村庄基层非制度性约束的契合度。传统乡村社会的男权思想将妇女排除在拥有土地的特权之外,村庄土地在父系的亲属联系中传袭,女子没有土地财产继承权。女子出嫁不能带着她父家的田产到夫家去,对于土地,妇女没有直接支配的权利①。中共领导的土地革命中,妇女的土地权益得以重视,妇女被认为同男性一样拥有土地占有权和继承权。尽管当时中共中央和各级政府从宏观制度和政策层面上为保护农村妇女的土地权益作了种种努力,但在乡村实践层面,普通村民对保证妇女的土地财产所有权与使用权不甚理解甚至抵触。有的地方男性户主因为中央允许妇女"带地",而"极不安心,不知何时会失掉妻子、土地、财产"②。妇女本身对土地权益也缺乏主体意识,大部分待嫁女、离婚或丧偶妇女在出嫁或离婚后"心甘情愿"将属于自己的一份土地留给父兄、前夫或前夫的家庭,她们中的许多人极少有通过政策或法律诉求获取自己应有的土地权益,即便有也很难得到普遍的"社会认可"。因此,中共保护妇

---

① 费孝通、张之毅:《云南三村》,天津人民出版社,1990 年,第 167 页。
② 《中共中央关于妇女的土地所有权问题的指示》(1949 年 6 月 6 日),载《中国土地改革史料选编》,第 592 页。

女土地权益的各种政策法律文本在遇到乡村传统习俗惯例时不得不"做出让步",如各地要求在颁发填写土地房产证时以户为单位,众多出身于贫下中农的乡村干部在颁发土地证的过程中迁就了群众的意见,即便妇女要求在土地房产所有证上写上名字,有些地方干部"也不敢大胆地写上"①。可见,属于村规民俗的非制度影响是深刻而有力的。中共根据妇女权益服从、服务于特定时期解放战争的需要,而使被长期忽略的妇女土地权益对乡村男权秩序作出必要的妥协和让步②。

从土改结束后的土地买卖契约来看,其精神内涵并未随着政权更迭发生根本性的变化。如根据安徽省徽州休宁县现存 100 多份土改后的土地卖契,汪柏树通过比较发现,土改后土地卖契由原始白契、乡政府鉴证草契、县政府颁发的赤契和契税过户注销的土地证组成。在契约构成基本要素上,和明清、民国时期的土地卖契基本相同,均有买卖双方的姓名、土地范围(边界)、价格、中人、立契日期等,尤其是"空口无凭,立此卖契存照"的契约意识和中人制度,更是延续了唐宋以来的契约惯例。由县政府验证盖章的赤契也说明了政府对民间契约的订立不加限制,从条文内容到形式主要依赖民间习惯③。

在土地租佃方面,土改后,各级政府为防止出现封建租额剥削,对租佃对象、年限和租额都做了统一要求,这对农民正常的租佃关系造成了很大影响:土改前,部分乡村小土地出租者、小手工业者和小商贩因从事其他职业,不擅长种田或缺乏农业劳动力,而将土地出租或雇工经营。土改后这部分农民均分到土地,因怕算"剥削"怕"斗争"而不敢出租或雇工,甚至有人想卖田又无人要,"只好自己勉强种下去";出租土地不订立契约和年限,从发展生产的角度来看是不利的。因为佃入户对租进的土地不作长期打算,存在着"种一季,算一季"的临时思想。此外,部分农民怕收不到租而将出租土地收回,土改后

① 《中共北岳三地委对塔河、梁家铺、黄安坨三村发土地证工作的简结(1949 年 1 月 29 日)》,载《河北土地改革档案史料选编》,第 574 页。
② 张静:《土地证中的"登记"与"缺席":二十世纪中期农村妇女土地权益研究》,《中国农史》2014 年第 4 期。
③ 汪柏树:《徽州土改后的一个田地卖契系统——徽州休宁北山乡土改后的田地卖契研究之一》,《黄山学院学报》2004 年第 2 期;《徽州土改后出卖土地的法律凭证——徽州休宁北山乡土改后的田地卖契研究之二》,《黄山学院学报》(2004 年第 5 期);《徽州休宁北山乡土改后的土地买卖考察——徽州休宁北山乡土改后的土地卖契研究之三》,《徽州社会科学》2005 年第 12 期;《徽州土地改革前后的土地卖契》,《黄山学院学报》2005 年第 2 期。

退佃的甚至超过新建立的。

上述土地制度变迁中,政府虽然主导了农民地权交易的规模、方向,但不可能也无力监督农民的日常生产秩序。如政府尊重当地农民传统习惯,则必然得到农民的支持和拥护。当政策与农民传统的生产习惯、产权交易习俗相冲突,在实际政策执行过程中则会遇到阻力,如农民抽回出租的土地。乡村契约秩序的延存表明了这种"内生的行为模式"所具有的自我调节能力,正是这种自我调整使得传统契约习惯和乡村契约秩序具有了超强的韧性和生命力①。

土改结束后,村庄内在的生活秩序和传统伦理并未完全被打压,也非毫无作为,而是依然对村内人际交往、生活生产各个方面进行规制。在村庄普通民众眼中,生活只有"穷富之分",富农的经济实力较厚,群众对他们很羡慕,"人家做什么都有劲,都顺利","几时赶得到富农的家境",甚至有的大区、省级领导也认为"哪个村有新富农,哪里也就树起了一根小小的'旗杆'"。土改后,面对富农低租额、低利息、无偿借出生产资料等各种小恩小惠和拉拢讨好,"成分好"的乡民对富农心存好感,并且在上级政府来调查时为其辩护。中国乡土社会的基层机构是一种"差序格局",是一个"一根私人联系所构成的网络"。② 同宗同祖的生存伦理亦使他们与富农保持密切往来。同时,笔者从调查资料中也注意到,土改后,贫农一般土地少且质量差,没有牲口,农具不全,单干困难,他们常常遭受群众甚至是干部的讽刺、挖苦。贫农在参加互助组、合作社时往往受排挤,被认为"贫农多了蹩脚,社搞不好","贫农挑皮,不好领导"。即使加入互助组、合作社,贫雇农地位也比较低。可见,即使面对国家权力的渗透与压制,基层民众仍依据乡村规则并运用其智慧来从容应对。

(四)要正确对待地权变迁中的"中农化现象"

作为特定时代背景下的社会阶层,中农在乡村社会有其独特的阶级地位和社会身份。在 20 世纪中期剧烈的强制性土地制度变迁中,根据革命发展阶段和政治经济发展需要,中共的农村阶级政策发生了数次调整,而每次调整必

---

① 何燕:《土地·权益·情感:现代华北乡村的地权实践》,南开大学 2013 年博士学位论文。
② 费孝通:《乡土中国》,上海人民出版社,2006 年,第 26 页。

然绕不开如何依靠和团结中农这个核心问题。伴随着中农政策的调整、变化，中农的心理和行为均发生了变化：土改结束后中农阶层中大部分农户埋头生产，敢于买田置产、出租土地和雇工放债。部分中农尤其是富裕中农在农业生产中较为活跃，但情绪不稳，顾虑较多，"怕冒尖"、怕"露富"、怕"算剥削"，尤其普遍怕"社会"（即共产），因此存在让田、献田、卖田和减少或不敢出租土地等消极现象。

　　合作化运动中，由于各自的经济地位不同，中农阶层中的下中农和上中农（富裕中农）对待合作化运动的态度也有细微差别：下中农对党在农村的各项政策是积极拥护支持的，对参加互助合作运动的积极性较高，这充分说明中共领导人将下中农作为依靠对象是完全正确的；上中农生产生活水平较高，一般对合作化运动不积极，对合作社的态度表现为观望、动摇、徘徊、犹豫，有时抵触情绪较大。为了取得政治地位，部分上中农勉强加入合作社，他们入社后通过"不肯投资，不大出工，不爱护社内财产"等手段表达其不满，甚至通过"带头退社"等更激烈的手段抵抗。虽然受合作化形势发展和两条道路"大辩论"的影响，最后富裕中农退社的只是极少数，但是入社后的富裕中农生产积极性仍然不高。中农阶层尤其是富裕中农对待合作化运动的态度和行为值得我们反思：合作化运动中首先应对他们加强教育，反复、详细地讲明农业合作化的方针政策和办法，暂时不勉强吸收他们入社，稳定其生产情绪。同时，由于富裕中农是中农的一部分，在推进合作化运动中应该坚持巩固团结的方针，对他们生产资料的处理，同样应贯彻互利的原则。

　　土改结束后，随着农村经济的恢复、发展和农村社会结构的中农化趋势，中农不仅在经济上占绝对优势，在农村基层政权中的比重也较高。新中国成立初期，国家权力对乡村社会和基层党组织、政权实施了有效控制。但在乡村微观情境中，以中农为主体的基层干部并未如传统观点所强调的成为国家忠实的代理人，更多的是作为乡村社会的代言人和追逐利益的经济人出现，并以此抗衡国家意志（如带头破坏互助合作运动）。土改后的乡村基层干部出于对"土改翻身"的感恩和对党的事业的忠诚，自觉成为中共政策的地方实践者和执行者，在思想意识和日常行为方面也力争成为村民的表率。在大部分农民出身的党员干部潜意识中，革命已然成功，干部只是兼职，种田、过好日子才是其本职工作。除去中共政权所赋予的身份和作为政治体制的附属外，他们也是乡村社会的一个普通农民,他们有自己的情感、欲望和利益诉求,追求发家致富即趋利性也是题中应有之义。但在中共"改造小农经济、批判两极分化"的语境下,党员、干部的行为与党的集体化目标相背离,因此在农村整党运动中发展"富农经济"的党员干部成了中共批判的对象。作为国家政策在基层的执行者,他们时刻面临着来自国家(因宣传或执行上级政策不利)和乡民们(对政策心怀不满)的双重夹击。

(五)要充分认识乡村社会的地权交易所推动的经济效率

土改结束后至集体化高潮前,农民通过地权交易获得土地有多重功能。

一是土地与劳动力、资本等生产要素之间的动态结合。新中国成立前后的土地改革将土地耕作权平均分配给每户农民,某种程度上实现了土地和劳动力的静态平衡与有效结合。但随着每户家庭劳动力构成、数量变动,土地与劳动力平均分配的均衡状态很快便被打破。由于每户农家劳动力的构成、强弱不同,相应地每户农家的耕种能力也有所差异:劳动力多而强时,自然可以通过买入或租入方式扩大土地经营规模。劳动力少或弱的家庭则可以出卖或出租部分土地,减少土地经营规模,这样土地耕种权便被动态配置到具有较高耕种能力的农户手中。由于土地产权是可以交易的,土改结束后不久,农民便通过土地买卖和租佃等交易方式来实现土地与劳动力的动态配置。部分缺乏或无劳力的老弱孤寡烈军属户、缺乏生产资料的贫困户便通过卖地、出租来解决生产生活困难,而劳动力多或强的农户便买入、租入相应的土地来扩大土地经营规模并增加农业收入,此种性质的地权交易和流转占有相当大的比例。可以说,该时期的土地买卖和租佃是实现劳动力和土地动态配置的重要机制。当然,部分农户出租、出卖远田再租入、买入近田的做法更属于土地和劳动力资源的自然良性调整。此外,雇佣关系也是实现劳动力和土地有效结合的重要补充。

二是以地权为媒介实现资产保值增值、资金融通和跨期调剂。地权流转和交易形式多样化可实现土地由较小价值向较大价值用途的转移:通过土地出租,土地所有者可以获得地租,即未来预期收入。出卖土地则可获得现金收入,实现其融通需求,进而有利于农民从事各种经营的多元化选择。土改结束后,部分农户由于家中主要劳动力外出从事其他职业、家中缺乏农业劳动力或不善于农业经营而将田地出卖或出租,这部分农户当教师、做工、当店员、经营副业、从事商业经营的收入有时要高于农业经营收入。同时,也可通过出租、出卖土地获得资金来从事其他收益更高的行业;部分农户利用出卖小块土地的现金收入再租入大块土地耕种,实现资产性地权与经营性地权的有效交换;部分从事手工业生产、商业经营的手工业者和市镇商人反过来将盈利资本投入土地,进一步扩大了地权交易的空间范围和社会阶层;部分农民家中主要劳力参加了革命工作,他们为维持基本生活、生产而将所得田地部分或全部出卖、出租后出外帮工;个别农民因不从事生产、吃喝赌博等原因陷入贫困,他们不愿或无力从事生产而将土地出卖和出租,这部分土地流转到劳动力多且强的种田能手手中,可以提高土地产出和经济效率。

三是地权交易和流动某种程度上发挥了社会保障的功能。新中国成立初期,农村收入水平和政府社会保障体系均较低下的情况下,地权交易和流转具有一定的社会保障和救济功能。部分债务多、底子空的贫困农民,土改后在经济上未彻底翻身,如遭受疾病丧亡、婚丧嫁娶、负债、从事其他行业破产等重大风险,则会使其进一步陷入十分贫穷的困境。部分老弱病残孤寡户因丧失劳动力而无法从事农业经营,同时又无力雇工,再加上要交纳公粮,土地对他们而言反而成为负担。部分丧失或缺乏劳力的老弱孤寡和烈军工属户主要依赖地租收入而维持生活。对这些贫困农户而言,优先选择便是将田地卖掉或出租以救急,地权交易成为其承担风险、化解危机的一种有效手段。

二、启　示

当前,三农问题成为影响我国经济转型发展的关键问题,而解决三农问题离不开对地权问题的理性思考和实践摸索。现行农村集体土地所有制下,地权流转和交易尤其是土地经营权流转呈现规模更大、层次更高、范围更广、形式多样化(如转让、租赁、代耕代种、转包、托管经营、股份合作、股票田、土地返租倒包、土地银行和政府征地)等发展趋势。如何在新形势下建立有序、规范的土地流转机制,切实保障农民土地权益并充分发挥地权流转所推动的资源配置和经济效率,既需要从实践中进行理论和改革探索,又要从经济史源头获得借鉴和启迪。

(一)土地制度变迁史的丰富内涵及其现实借鉴与启迪

诺斯认为,近代西方兴起的根本原因是产权制度的确立①。那么,传统中国的地权制度和地权交易的资源配置功能如何? 梳理学术史,学界对传统乡村地权制度和地权交易的研究多数集中于明清民国时期,针对改革开放以来的集体土地产权制度则多偏好于对现有土地改革的方向和思路进行考察。对新中国成立前后的地权变迁和地权交易仍然是土地制度史研究的一个薄弱环节。

新中国成立前后的土地改革确立了农民土地产权所有制,在政府一系列确保和鼓励农民地权交易自由的政策激励下,土地买卖、租佃等交易方式的多样化不仅适应了农民劳动力构成的动态变化,也满足了农户的土地耕种、调剂资金、济危解困、发展农村副业、商业经营、地域迁徙等多元化选择。不但从经济上大大提高农民的财产性收入、经营性收入和非农化收入,更能够激发农家的经济活力和扩大农民的生存出路。然而当时出于防止所谓的"两极分化"和获取更多的农业剩余以支持重工业优先发展战略的需要,使得农民间的地权交易遭受种种限制。随着合作化的迅速推进,农民的土地、劳动力等私有财产权逐渐残缺。人民公社时期的"一大二公"不仅从根本上对农民的土地使用权、收益权和处置权进行否定,对农民自身拥有的劳动力产权也加以否定,严重制约了农民的生产积极性,造成了此后近 20 年的农业经济效率低下②。

新中国成立初期的强制性土地制度变迁和民间自发的地权交易对当今的土地改革取向的借鉴和启示是深刻而全面的。如当今各地正在进行的土地确权登记中登记机构不统一和不完善、与农民的传统习俗相背离问题,以及土地流转中政府仍发挥主导作用、农民土地产权不明晰等问题均可在新中国成立前后的地权变迁和交易中找到影踪。

---

① 　[美]道格拉斯·C.诺斯、罗伯斯·托马斯:《西方世界的兴起》,华夏出版社,1999 年,第 117—128 页。

② 　梳理历史,集体化下的农业生产率低于土地私有产权下的个体农民生产率水平在学界已成共识。见文贯中等:《中国农村社会保障与土地制度》,载徐滇庆主编:《中国社会保障体制改革》,经济科学出版社,1999 年,第 709—725 页。根据文贯中的统计,除了 1952—1957 年间中国农业总要素生产率有过一个增量极小的上升以外,整个 1983 年以前的农业集体化生产率明显低于 1952 年个体农业的水平。

　　回顾历史，以土地租佃为主要形式的地权交易制度史不仅可以从学理角度解释传统农业社会和小农经济的经济效率和经济活力，同时也可为当今的土地改革和地权流转提供理论支撑和历史借鉴。当前，我国的农村土地产权制度尤其是对土地所有权公有还是私有存在着较大的分歧和争论，但多数学者认为农民土地使用权是否顺利流转是农地资源能否实现优化配置的关键所在，而运行良好的土地租赁市场是土地重新配置的有效替代手段①。为推动实现土地规模经营，各地政府在实践层面也提倡将农民承包土地通过诸如租赁、转包等形式流转。当然，和新中国成立前后相比，土地使用权流转的主体、规模、成因以及价值等方面的因素不可同日而语，但作为一种有效的生产要素配置方式，土地租佃制仍有其合理存在的现实价值。

（二）现行土地制度安排下保障农民平等且完整的土地财产权

　　在产权理论看来，产权安排具有激励、约束和资源配置功能，明晰的土地产权能激励产权主体在合理的预期和最小的限制下使用土地资源以获得经济效益，进而达到实现土地资源优化配置和提高经济效率的社会目标。新中国成立初期的地权交易和流动实现了劳动力、土地、资本等生产要素的有效组合和优化配置。当然，土地买卖、租佃等交易形式能否顺利实现，与是否具有明晰、完整的土地产权密切相关。如果产权明晰，则在实现土地、劳动力和资本等生产要素优化配置中具有更多的选择权和组合权，进而降低交易成本，实现交易效率最大化。新中国成立初期，各级政府颁布一系列鼓励地权自由流动的政策和法令，农民消除思想顾虑后便敢于买地、出租和典地，进而使得土地买卖和租佃关系迅速发展；如产权稳定，则承租户将会增加劳动投入或肥力投入，或者致力于农田水利设施投资，以获得未来的土地收益。如果产权不明晰，在产权交易过程中则会遭遇各种产权纠纷，增加交易成本。土改结束后对地价、租额和雇工工资的政府"约定"，使得农民不敢卖地、纷纷退佃和减少雇工，限制了土地、劳动力和资本等生产要素优化配置的多样性和灵活性。

　　当前，各级政府在创新农村土地产权的实践层面也进行了许多探索和努

---

① 姚洋：《集体决策下的诱导性制度变迁——中国农村地权稳定性演化的实证分析》，《中国农村观察》2000 年第 2 期。

力:如根本性解决农村税费重负、农地 30 年承包权向"长久不变"乃至财产"物权"靠拢、适度提高农地征用补偿、公共产品供给开始向城乡一体化迈进等①。但现行集体土地产权制度下,农民土地产权仍然存在主体地位不清晰和虚置现象,导致土地流转中操作过程不规范、地方政府和村干部寻租现象普遍、土地征用中补偿标准过低等问题频现。因此,农村土地产权制度变革的关键问题是明晰产权主体。张五常对私有产权的定义是"使用权(或决定使用权)、自由转让权、不受干预的收入享受权",他认为有了这三种权利,"所有权是不需要的"②。笔者认为,应在当前集体土地所有制基础上,增强农民的土地产权意识并赋予农民清晰而排他的土地产权。具体而言,结合当前农村土地承包经营权确权登记颁证,并辅以立法形式保障农民对土地的经营、出租、抵押、转让、继承等多种财产权。使农民依托土地使用权证享有对土地使用权完整的占有、支配、收益和处置权利,并通过土地产权和多样化的地权交易实现土地收益保值增值和提高经济效率,并借此增强农民在土地流转市场和农地依法被征用时的博弈、谈判能力。同时,协同推进城乡一体化社会保障和户籍制度改革,进一步剥离土地的社会保障功能以降低农民对土地的依赖,废除城乡二元户籍藩篱以实现农村劳动力的自由流动,实现社保、医疗、教育、就业和住房等基本公共服务均等化,以确保农地财产权益真正回归农民。

(三)土地制度改革中正视农民家庭经营并尊重农民的主体地位

长期以来,学界、社会对农民和农民家庭经营模式缺乏正确的历史和现实的双重考察,因而在土地制度改革研究中忽视了农民才是土地流转市场和进行适度规模经营的主体。新中国成立初期的合作化运动中,农民发展个体经济和追求发家致富被认为会导致"两极分化",从事农村副业和商业经营等被视为资本主义自发趋势,农民家庭经营还被认为阻碍农业机械化发展和规模化经营;改革开放以来尤其是近年来,农民及其家庭经营模式往往与"传统封闭、安贫守旧、阻碍规模经营"等相提并论,进而被视为是"新型城镇化、农业现代化"等国家战略和市场经济体制的对立物。

---

① 温锐、李永安:《十六大以来农民土地财产权益保障改革的进程与展望》,《中共党史研究》2012 年第 7 期。

② 张五常:《佃农理论》,商务印书馆,2002 年,第 33 页。

在经济发展史上,我国无疑是一个典型的小农经济国家,毛泽东曾指出,"几千年来都是个体经济,一家一户就是一个生产单位"①。关于小农经济的地位和特性,恰亚诺夫依据长时段的农户跟踪调查资料,提出了"劳动—消费"均衡理论,并指出了家庭农场的生命力和家庭经营在农业中的相对优越性②。当代学者之间一直持续进行着一场关于理性小农和道义小农的探讨,前者以舒尔茨和波普金为代表,认为传统农业中的农民是追求个人或家庭利润最大化的理性人。后者以斯科特为代表,他认为农民所追求的决不是收入的最大化,而是较低的风险分配与较高的生存保障③。无论是理性小农还是道义小农,学界都承认农民家庭经营存在的合理性和稳定性。无论如何,小农家庭作为基本的生产单位和经济单位延续至今,足以说明其顽强持久的生命力和广泛包容的适应性。即使如美国、日本等发达国家,土地经营模式也是以家庭经营为主④。近年来,越来越多的国内学者结合本土化研究提出,农民家庭经营是一种动态的、开放的、适应性较强的经营模式,具有自发的激励功能和随市场发展的适应转化功能。个体农民私有财产的天性、自发求富的竞争激励功能和连接市场的基因以及它的适应、转化功能所表现的是竞相努力增殖私产的本性⑤。黄宗智进一步指出,资本与劳动双密集型的小规模家庭农场远比大农场适合当代中国实际,"小而精"的小规模家庭"新农业"才是真正的农业经济发展动力⑥。

---

① 毛泽东:《毛泽东选集》第三卷,人民出版社,1991年,第934页。

② 有关恰亚诺夫理论的评论文章见徐建青:《恰亚诺夫〈农民经济理论〉简介》,《中国经济史研究》1988年第4期;侯建新:《国外小农经济研究主要流派述评》,《世界历史》1999年第1期。

③ [美]李丹:《理解农民中国:社会科学哲学的案例研究》,江苏人民出版社,2009年,第30—41页。

④ 2008年,美国98%的农场都是家庭经营。1974—2007年,面积在1—49英亩的小农场从507797家增加到853132家。见美国农业部统计局统计资料,http://www.nass.usda.gov/Data_and_Statistics/index.asp。

⑤ 温锐:《劳动力的流动与农村社会经济变迁——20世纪赣闽粤三边地区实证研究》,中国社会科学出版社,2001年,第369—370页;温锐:《农民平均主义? 还是平均主义改造农民? ——关于农村集体化运动与中国农民研究的反思》《福建师范大学学报(哲学社会科学版)》2003年第5期。

⑥ 黄宗智:《中国的隐性农业革命》,法律出版社,2010年,第138—159页;黄宗智:《中国小农经济的过去和现在——舒尔茨理论的对错》,载《中国乡村研究》第6辑;《"家庭农场"是中国农业的发展出路吗?》,《开放时代》2014年第2期;黄宗智等:《中国新时代的小农经济》,《开放时代》2012年第3期。

　　黄宗智所说的小规模家庭农场经营主体即为近年来在各地农村相继出现的经营中等规模土地、获取中等水平收入的中农阶层，该中农阶层和新中国成立初期的中农阶层有类似特征。前述在土改结束后至集体化高潮前，伴随着农村生产力的发展和农村阶级结构的普遍中农化，中农阶层无论在政治上还是经济上都是农村最活跃的阶层，他们在乡村地权交易和基层乡村政权中均居主导地位。以中农为主体的乡村基层干部除了是国家的代理人外，同时也是乡村基层社会的代言人和地权交易中追逐个人利益的经济人。当今，随着新型城镇化和村庄自发土地流转规模的加快推进而出现的新中农阶层，主要利益关系在土地、主要社会关系亦在农村。这部分土地关系和社会关系均在农村的中农户"看不得土地抛荒"，在当前各地因进城务工农户无力耕种而出现土地抛荒的情况下，这部分农户通过村庄内的自发流转承接了这部分抛荒土地，通过适度规模经营提高土地产出效率并某种程度上保障了粮食安全。同时，这部分中农在乡村治理和农村政治社会事务中扮演着重要角色，是传统文化和村庄秩序最为坚定的守护者①。梳理历史，对土地的情感与珍视，农民是最有话语权的主体，国内外学者的研究都证实了该点②。由此，土地产权改革最根本的是走出对农民与家庭经营的传统认识误区，在土地流转中尊重农民尤其是经营适度规模土地的农民的主体地位和地权的情感。同时，政府辅之以实现农民外部规模经济的制度供给，如完善乡村社会化服务体系，结合精准扶贫进行农业实用技术培训和转移就业培训、结合雨露计划增加教育投资等，切实提高农民在土地流转中的主体性地位并提升农民家庭经营的经济效率和社会效能。

---

①　杨华：《"中农"阶层：当前农村社会的中间阶层》，《开放时代》2012年第3期；陈柏峰：《土地流转对农民阶层分化的影响——基于湖北省京山县调研的分析》，《中国农村观察》2009年第4期；林辉煌：《土地流转与乡村治理的阶层基础——以江汉平原曙光村为考察对象》，《中州学刊》2012年第2期；贺雪峰通过实地调研得出结论：企业型农场、家庭农场和中农经营的小规模农场亩均收益分别为315元、520元、1270元，见贺雪峰：《一个教授的农地考察报告》，转引自"三农中国"网站；徐嘉鸿：《农村土地流转中的中农现象》，《贵州社会科学》2012年第4期。

②　毛泽东：《毛泽东农村调查文集》，人民出版社，1982年，第143页；[美]德·希·珀金斯：《中国农业的发展（1368—1968）》，上海译文出版社，1984年，第114页；费孝通：《江村经济——中国农民的生活》，商务印书馆，2001年，第160—161页；杨懋春：《一个中国村庄：山东台头》，江苏人民出版社，2001年，第48页。

参 考 文 献

一、档 案 资 料

（一）山西省档案馆

中共山西省农村工作部编:《山西省 20 个典型乡调查资料(土地改革结束时期·1952 年·1954 年)》(1956 年),第 6805 号。

中共中央农村工作部办公室编印:《八个省土地改革结束后至 1954 年的农村典型调查》(1958 年),21-8-1-2。

中央宣传部地方工作室工作组:《山西省解虞县阎家村调查报告》(1955 年 9 月 21 日),山西省档案馆,C54-2007-49。

山西省委农村社会经济调查组:《阳高县坊城乡友峯村社会经济调查总结报告》(1955 年 12 月),山西省档案馆,C29-1-45。

阳高县王官人屯乡社会经济调查组:《关于邢家堡、杨庄两村调查总结报告》(1955 年 12 月),山西省档案馆,C29-1-45。

中央农业部计划财务司农村经济典型调查工作组:《关于洪赵县东尹壁村农村经济典型调查报告》(1954 年 8 月),山西省档案馆,C77-4-54。

中共中央农村工作部办公室编印:《17 个省、市、自治区 1956 年农村典型调查》(1958 年),21-8-1-3。

（二）河北省档案馆

中共察北地委:《关于沽源县姚沟台、王家营子两个村土改后经济发展情况的调查》(1951 年),758-2-350。

中共察北地委:《沽源县一区东滩典型调查总结》(1951 年 1 月 15 日),758-2-350。

《龙关县小化家营阶级情况调查报告》(1952 年),758-4-405。

《龙关县二道岭村阶级情况初步调查报告》(1952 年),758-4-405。

《万全县二区邹家庄村社会调查》(1952 年),758-4-405。

中国共产党察哈尔省委员会:《关于怀安县四区田家庄农村调查资料》(1952 年),758-4-405。

《蔚县第三区马家碾村阶级变化总结报告》(1952 年),758-4-406。

《察北地委张北七区玉代湾调查》(1952 年 9 月),758-4-406。

《张北县第七区东和尚庄关于社会情况调查总结》(1952 年),758-4-406。

《张北县第七区东高庙村社会调查情况》(1952 年 9 月 11 日),758-4-406。

《大同县第七区西韩岭村社会调查》(1952 年),758-4-406。

《赤城县第二区双山寨村初步阶级情况调查》(1952 年 9 月 16 日),758-4-406。

《隆化县超梁沟村经济情况调查》(1952 年),684-1-93。

《隆化县三道营子村经济情况调查》(1952 年),684-1-93。

《隆化县哑叭店村经济情况调查》(1952 年),684-1-93。

《热河省典型村经济情况调查》(1951 年 8 月),684-1-93。

省委农村调查研究组:《第八区典型村(土城子村、海丰庄头营、黄古屯)经济调查》,(1951 年 8 月 20 日),684-1-108。

中共敖汉旗委会:《敖汉旗第一区房身村经济情况调查》(1950 年 12 月 28 日),684-2-116。

《山西省委发给各地委市委并报华北局的材料》(1952 年 5 月 8 日),855-1-202。

河北省财政厅编印:《河北省农村经济情况典型调查资料》(1955 年),F327-2-C2。

河北省统计局:《河北省 1954—1957 年农民家庭收支调查资料》(1958 年),D422-7-9-1。

中共热河省委农村工作部编:《1954 年热河省农村调查汇集》(1955 年 8 月),C832-23-1-1。

中共热河省委农村工作部:《1954 年农村经济情况调查表》(综合)(1955 年 2 月 20 日),684-7-46。

中华人民共和国财政部农业税司编印:《1955 年农村经济与农民负担调查资料汇集》(1957 年 12 月),F325.7-2-C2。

(三)山东省档案馆

中共中央山东分局:《山东省土地改革中没收征收的土地财产统计表》(1950 年),A1-2-55-4。

中共中央山东分局:《山东省土地改革中各阶层土地得益统计表》(1950 年),A1-2-55-5。

中共中央山东分局:《关于土地改革后农村土地租佃、买卖、雇佣关系办法的意见》(1951 年 10 月 25 日),A001-01-42。

中共中央山东分局:《关于泰安第二区上高乡土改后经济情况变化的调查》(1954 年),A1-2-231-2。

中共中央山东分局:《关于莒南县第一区埠上乡农村经济情况调查报告》(1954 年),A1-2-231。

中共中央山东分局:《关于阳谷县第三区岳海乡阶级变化情况调查统计》(1954 年),A1-2-231-4。

中共中央山东分局:《关于泰安第二区上高乡土改后经济情况变化的调查》(1954 年),A1-2-231-2。

山东省统计局:《1954 年农民家计调查第一、二阶段汇总资料中 11 个专区 56 个县选乡概况调查表》(1954 年 2 月 3 日—1955 年 1 月 23 日),A103-1-101。

山东省计划委员会统计局:《胶州、昌潍、菏泽专区家计调查汇总整理资料》,A103-

02-234、A103-02-235、A103-02-233。

中共中央山东分局:《关于滨县二区四个村的阶级变动调查》(1954年),A1-2-231-11。

淄博地委农委:《关于农村经济情况与阶级动态调查报告》(1952年1月9日—1952年11月6日),1-22-55。

中共淄博地委、农委、山东省暑期农村经济调查委员会:《关于淄博桓台县高楼乡典型概况调查》(1952年9月),1-56-150。

(四)江苏省档案馆

苏北区党委办公厅:《苏北情况汇编》(1952年9月),3001-永-49。

苏北区委员会农村工作委员会:《苏北区农业生产典型调查综合资料》(1952年),3001-永-92。

中共江苏省委办公厅:《中共中央、华东局关于土地自由买卖的指示》(1954年),3011-长-93。

江苏省统计局:《江苏省1954年农民家计调查资料汇编》(1956年4月),3133-永-58。

江苏省统计局:《江苏省1954年农民家计调查分析资料》(1956年1月14日),3133-永-59。

江苏省统计局:《1955年农家收支调查资料汇编》(1957年1月),3133-永-93。

江苏省委农村工作部:《江苏省农村经济概况》(1953年3月18日),3062-永-3。

江苏省委农村工作部:《农村经济调查综合资料》(1953年),3062-永-4。

江苏省委农村工作部:《江苏省农村工作情况资料汇编》(1959年1月),3062-永-73。

江苏省委农村工作部:《有关农村经济情况的典型调查》(1953年),3062-长-6。

江苏省委农村工作部:《淮阴县经济典型调查资料》(1953年),3062-长-10。

江苏省委农村工作部:《常熟县经济典型调查资料》(1953年),3062-长-14。

江苏省委农村工作部:《省农村工作团关于江宁县、溧水县、太仓县农村经济情况调查报告》(1953年),3062-短-17。

中共苏南区委员会农村工作委员会:《土地改革后土地买卖、租佃、雇佣关系办法》(1951年),3006-永-146。

苏南区委员会农村工作委员会:《12个典型村土改后农村经济变化情况调查》(1951年12月30日),3006-永-148。

中共苏州地委、农委:《关于土地改革后农村土地租佃关系的情况及意见》(1951年10月5日),3006-永-149。

苏南区委员会农村工作委员会:《关于苏南地区土改统计》(1952年10月),3006-永-158。

苏南区委员会农村工作委员会:《关于宜兴、江宁、太仓县农村经济情况》(1952年),3006-长-278。

苏南农协会调研科第三调查组:《松江专区南汇石西村、富饶村,青浦龙田村、孙家圩村4个典型村典型调查综合汇报》(1951年12月19日),3006-短-242。

苏南农协会调研科:《苏南农村阶级变化情况》(1951年),3006-短-289。

各县县委员会:《南汇、青浦等县土改后农村经济变化情况》(1952年),3006-短-324。

苏南区委员会农村工作委员会:《青浦、奉贤县农村经济情况》(1952年),3006-短-325。

苏南农工团:《镇江专区句容、高淳县4个典型村的调查情况报告》(1951年12月),3006-短-330。

苏南农村工作团:《常熟、昆山、太仓、丹徒、杨中等县土改后农村阶级经济情况变化调查》(1951年),3006-短-331。

苏南农工团:《武进县新闸区大坝乡土改后农村经济调查》(1951年10月),3006-短-332。

苏南区委员会农村工作委员会:《江阴县夏港乡关于土地改革前后农村阶级经济情况变化的调查总结》(1951年10月18日),3006-短-333。

苏南区委员农村工作委员会:《常熟县南丰区扶海乡的雇佣关系情况调查》(1951年9月23日),3006-短-362。

苏南区委员会农村工作委员会:《江阴、句容、溧阳、南汇等县典型村调查报告》(1951年),3006-短-363。

苏州地委、农委:《关于土改后农村雇佣关系的情况及意见》(1951年9月5日),3006-短-364。

苏南区农工团:《苏南11个乡土改后农村经济变化情况调查报告》(1951年8月23日),3006-短-364。

中共江苏省委农村工作委员会编:《江苏省农村经济情况调查资料》(1953年2月20日),3006-短-364。

(五)浙江省档案馆

浙江省委农村工作部:《关于27个县农村经济情况的调查分析》(1956年7月7日),J007-8-35。

浙江省农村工作部:《关于浙江省农村副业生产情况的报告》(1956年9月13日),J007-8-42。

中华人民共和国国务院:《关于农村土地的转移及契税工作的通知》(1955年5月7日),J123-18-40。

(六)安徽省档案馆

中共皖北区党委农村工作委员会:《皖北区农村经济调查》(1954年10月14日),J2-1-63。

安徽省革命委员会皖北区农委:《肥西县乐平乡关于互助组及农村经济情况之变化汇报》(1951年9月3日),J9-1-3。

安徽省农工省省委工作组:《宿县3个村典型调查》(1953年8月),J9-1-19。

安徽省农工部:《冯礼元中农上升为新富农情况调查(无为县)》(1953年),J9-1-19。

安徽省统计局:《1954 年农民家计调查资料所反映的一些情况》(1956 年 1 月),J63-1-581。

安徽省统计局:《1955 年农家收支调查分析报告》(1956 年 1 月),J63-1-609。

(七)河南省档案馆

中共河南省委农村工作部:《河南省九个乡经济调查总结报告》,(1954 年 2 月),J11-1-60。

中共河南省委农村工作部:《许昌县第六区李门乡经济调查总结》,J11-1-61。

中共河南省委农村工作部:《南洋县李营乡经济调查总结》,J11-1-61。

中共河南省委农村工作部:《开封县双庙乡经济调查总结》,J11-1-62。

中共河南省委农村工作部:《1954 年农村经济调查总结》,J11-1-55。

农工部经济调查办公室:《河南省农村经济调查报告》(1954 年 5 月),J11-1-55。

中南区行农村金融工作组:《河南华县四区沈湾乡沈湾村经济情况初步调查报告》(1952 年 8 月),J137-7-497。

(八)湖北省档案馆

湖北省农委:《农村经济情况参考资料》(1952 年),SZ18-1-3。

各县委调研组:《黄冈、孝感、襄阳、宜昌专区各县委关于农村生产与经济情况的调查报告》(1952 年),SZ18-1-5。

湖北委员会农村工作委员会:《荆州专区公安、京山等县关于农村生产与经济情况的调查报告》(1952 年),SZ18-1-6。

各县委调研组:《荆州专区洪湖、松滋、钟祥、潜江、监利等县农村经济调查报告》(1952 年),SZ18-1-7。

湖北省农委:《襄阳、孝感、宜昌地委关于农村经济情况的调查报告》(1953 年),SZ18-1-41。

荆州地委政策研究室:《荆州专区京山、沔阳等县关于农村经济调查报告》(1953 年),SZ18-1-42。

各县委调研组:《孝感专区通山、云梦等县关于土改后农村经济情况调查报告》(1953 年),SZ18-1-44。

各县委调研组:《孝感专区汉阳、应城、嘉鱼县委关于农村经济情况调查》(1953 年),SZ18-1-45。

各县委调研组:《襄阳、黄冈各县关于土改后农村经济情况的调查报告》(1953 年),SZ18-1-47。

各县委调研组:《宜昌专区关于土改后农村经济调查报告》(1953 年),SZ18-1-48。

湖北省委农村工作部:《湖北省 12 个典型乡调查统计表》(1955 年),SZ18-1-154。

湖北省委农村工作部:《湖北农村调查(五个典型乡综合材料)》(1954 年),SZ18-1-285。

中南局农村工作部:《中南各省农村情况调查》,SZ-J-513。

中南局农村工作部:《中南区五省 35 个乡 1953 年农村经济调查总结》(1954 年),湖北省档案馆,SZ-J-514。

中共中央中南局农村工作部:《中南区1953年农村经济调查统计资料》(1954年),SZ-J-517。

湖北省农村工作部:《黄冈、麻城、浠水等县农村经济调查统计分析表》(1954年),SZ18-1-128。

湖北省农村工作部:《孝感、咸宁、五峰等县农村经济调查统计分析表》(1954年),SZ18-1-129。

湖北省农村工作部:《江陵、松滋、荆门等县农村经济调查统计分析表》(1954年),SZ18-1-130。

湖北省农村工作部:《襄阳、随县、建始等县农村经济调查统计分析表》(1954年),SZ18-1-131。

湖北省农村工作部:《黄冈、浠水、孝感、咸宁、江陵、松滋、襄阳、随县、建始等县关于农村经济调查的总结报告》(1954年),SZ18-1-133。

湖北省委农村工作部:《湖北省12个典型乡调查报告》(1956年4月),SZ-J-526。

湖北省委农村工作部:《谷城县长岭乡典型户调查表》(1955年),SZ18-1-165。

湖北省委农村工作部:《谷城县长岭乡典型户调查表》(1955年),SZ18-1-164。

(九)江西省档案馆

江西省委农工部:《吉安淇塘乡农村经济调查总结》(1954年8月5日),X006-2-3。

江西省农村工作部:《江西省信丰县胜利乡经济调查报告》(1954年8月10日),X006-2-4。

江西省委农工部:《崇义县黄沙乡经济调查材料》(1954年9月),X006-2-5。

中共九江地委调查组:《九江县石门乡农村经济调查总结》(1954年7月31日),X006-2-6。

江西省委调查组:《浮梁县益田乡调查报告》(1955年10月),X006-2-13。

江西省委调查组:《吉安淇塘乡典型乡社的调查报告》(1955年),X006-2-11。

江西省委调查组:《关于全省(9个典型乡)经济调查综合表》(1956年),X006-2-13。

(十)湖南省档案馆

湖南省委农村工作部:《关于长沙县卷塘乡1952年至1954年经济情况调查分析表》(1955年),146-1-153。

湖南省委农村工作部:《关于长沙县草塘乡1952年至1954年经济情况调查分析表》(1955年),146-1-165。

湖南省委农村工作部:《关于湘潭县清溪乡1952年至1954年经济情况调查分析表》(1955年),146-1-176。

湖南省委农村工作部:《关于湘潭县长乐乡1952年至1954年经济情况调查分析表》(1955年),146-1-197。

湖南省委农村工作部:《关于安乡县蹇家渡乡1952年至1954年经济情况调查分析表》(1955年),146-1-204。

湖南省委农村工作部:《关于安乡县竹林垸乡1952年至1954年经济情况调查分析表》(1955年),146-1-205。

湖南省委农村工作部:《关于沅陵县肖家桥乡1952年至1954年经济情况调查分析表》(1955年),146-1-246。

湖南省委农村工作部:《关于沅陵县蒙福乡1952年至1954年经济情况调查分析表》(1955年),146-1-272。

湖南省委农村工作部:《湖南省九个乡1955年农村调查总结》(1956年6月1日),146-1-119。

湖南省委农村工作部:《湘潭清溪乡农村调查报告》(1955年4月20日),146-1-175。

湖南省委农村工作部:《长沙县草塘乡农村调查报告》(1954年10月7日),146-1-96。

湖南省委农村工作部:《湖南省四个乡农村经济调查报告》(1954年3月24日),146-1-27。

（十一）广东省农村经济调查

中共中央华南分局农村工作部:《广东省农村经济调查(第一、二、三部分)》(1954年),204-5-68。

中华人民共和国国家统计局编:《1954年全国农家收支调查资料》(1956年5月),MA07-61·222。

二、文献资料

《当代中国》丛书编辑委员会:《当代中国的农业合作制》(上),当代中国出版社,2002年。

《中国的土地改革》编辑部、中国社会科学院及经济研究所现代经济史组:《中国土地改革史料选编》,国防大学出版社,1988年。

薄一波:《若干重大决策与事件的回顾》(上卷),中央党校出版社,1991年。

财政部农业财务司编:《新中国农业税史料丛编》,中国财政经济出版社,1986年。

当代中国农业合作化编辑室编:《中国农业合作史资料》,中共中央党校出版社,1998年。

东北解放区财政经济史编写组:《东北解放区财政经济史资料选编》(第1—4辑),黑龙江人民出版社,1988年。

河北省档案馆:《河北土地改革档案史料选编》,河北人民出版社,1990年。

湖北人民出版社:《农村经济调查选集》,编者刊,1956年。

华北解放区财政经济史资料选编编辑组:《华北解放区财政经济史资料选编》(第一辑),中国财政经济出版社,1996年。

华东军政委员会土地改革委员会编:《华东区土地改革成果统计》,编者刊,1952年。

华东军政委员会土地改革委员会编:《浙江省农村调查》,编者刊,1952年。

华东军政委员会土地改革委员会编:《福建省农村调查》,编者刊,1952年。

华东军政委员会土地改革委员会编:《安徽省农村调查》,编者刊,1952 年。

华东军政委员会土地改革委员会编:《山东省、华东各大中城市郊区农村调查》,编者刊,1952 年。

华东军政委员会土地改革委员会编:《江苏省农村调查》,编者刊,1952 年。

黄道霞、余展、王西玉主编:《建国以来农业合作化史料汇编》,中共党史出版社,1992 年。

江西省土地改革委员会编:《江西省土地改革重要文献汇编》,编者刊,1954 年。

经济资料编辑委员会编:《八省农村典型调查》,财政经济出版社,1957 年。

毛泽东:《毛泽东农村调查文集》,人民出版社,1982 年。

毛泽东:《毛泽东选集》,人民出版社,1991 年。

农业部农村经济研究中心当代农业史研究室:《中国土地改革研究》,中国农业出版社,2000 年。

人民出版社编辑部:《新区土地改革前的农村》,编者刊,1951 年。

山东省委党史研究室、中共临沂市兰山区委编:《封建土地制的覆灭:新中国成立初期山东的土地改革》,中国大地出版社,1999 年。

史敬堂等:《中国农业合作化运动史料》,三联书店,1957 年。

唐致卿、岳海鹰:《山东解放区史稿(解放战争卷)》,中国物资出版社,1998 年。

王礼琦:《中原解放区财政经济史资料选编》,中国财政经济出版社,1995 年。

新华书店中南总分店编审部:《中南各省农村情况调查》,编者刊,1950 年。

张闻天:《神府县兴县农村调查》,人民出版社,1986 年。

张闻天:《张闻天晋陕调查文集》,中共党史出版社,1994 年。

赵泉钧:《中国土地改革史》,武汉大学出版社,1985 年。

中共安徽省委农村工作部:《安徽农村典型调查(土改结束后至 1954 年)》,1956 年,内部资料。

中共湖北省委农村工作委员会调查研究科编:《湖北农村调查》,编者刊,1952 年。

中共中央东北局农村工作部编:《1950—1952 年东北农村调查选集》,东北人民出版社,1954 年。

中共中央文献研究室编:《建国以来重要文献选编》(第 1—3 册),中央文献出版社,1992 年。

中共中央文献研究室编:《刘少奇论新中国经济建设》,中央文献出版社,1993 年。

中国社会科学院、中央档案馆编:《1953—1957 年中华人民共和国经济档案资料选编·综合卷》,中国物价出版社,2000 年。

中国社会科学院、中央档案馆:《1949—1952 中华人民共和国经济档案资料选编·财政卷》,经济管理出版社,1955 年。

中国社会科学院、中央档案馆:《1949—1952 中华人民共和国经济档案资料选编·农村经济体制卷》,社会科学文献出版社,1992 年。

中国社会科学院、中央档案馆:《1949—1952 中华人民共和国经济档案资料选编·农业卷》，社会科学文献出版社，1991年。

中国社会科学院、中央档案馆编：《1953—1957中华人民共和国经济档案资料选编·财政卷》，中国物价出版社，2000年。

中国社会科学院、中央档案馆编：《1953—1957中华人民共和国经济档案资料选编·农业卷》，中国物价出版社，1998年。

中华人民共和国财政部编辑委员会：《中国农民负担史》（第四卷），中国财政经济出版社，1994年。

中华人民共和国国家统计局编：《1954年我国农家收支调查报告》，统计出版社，1957年。

中华人民共和国农业委员会办公厅编：《农业集体化重要文件汇编（1949—1957）》，中共中央党校出版社，1981年。

中南军政委员会土地改革委员会调查研究处：《中南区一百个乡调查资料选集》，编者刊，1953年。

中南人民出版社：《土地改革后的中南农村》，编者刊，1951年。

中央档案馆：《解放战争时期土地改革文件选编（1945—1949）》，中共中央党校出版社，1981年。

中央农业部计划司：《两年来的中国农村经济调查汇编》，中华书局，1952年。

朱建华：《东北解放区财政经济史稿》，黑龙江人民出版社，1987年。

三、著　作

［德］奥古斯特·倍倍尔：《妇女与社会主义》，中央编译出版社，1995年。

［德］何梦笔等：《网络文化与华人社会经济行为方式》，山西经济出版社，1996年。

［德］马克斯·韦伯：《经济、诸社会领域及权力》，三联书店，1998年。

［德］托马斯·海贝勒：《"主动的"地方政治：作为战略群体的县乡干部》，中央编译出版社，2013年。

［俄］A.V.恰亚诺夫：《农民经济组织》，中央编译出版社，1996年。

［荷］何·皮特：《谁是中国土地的拥有者：制度变迁、产权和社会冲突》，社会科学文献出版社，2014年。

［加］宝森：《中国妇女与农村发展：云南禄村六十年的变迁》，江苏人民出版社，2005年。

［加］伊莎白·柯鲁克、［英］大卫·柯鲁克：《十里店：中国一个村庄的革命》，上海人民出版社，2007年。

［加］伊莎白·柯鲁克、［英］大卫·柯鲁克：《十里店：中国一个村庄的群众运动》，上海人民出版社，2007年。

［美］R.科斯、A.阿尔钦、D.诺斯等：《财产权利与制度变迁》，上海三联书店，1994年。

［美］巴林顿·摩尔：《民主和专制的社会起源》，华夏出版社，1987年。

［美］白凯：《长江下游地区的地租、赋税与农民的反抗斗争（1840—1950）》，上海书店

出版社,2005 年。

[美]卜凯:《中国的土地利用》,金陵大学出版社,1937 年。

[美]道格拉斯·C.诺斯、罗伯斯·托马斯:《西方世界的兴起》,华夏出版社,1999 年。

[美]道格拉斯·C.诺斯:《经济史中的结构与变迁》,上海人民出版社,1994 年。

[美]德·希·珀金斯:《中国农业的发展(1368—1968)》,上海译文出版社,1984 年。

[美]杜赞奇:《文化、权力与国家——1900~1942 年的华北农村》,江苏人民出版社,1996 年。

[美]费正清编:《剑桥中华人民共和国史:革命的中国的兴起(1949—1965 年)》,中国社会科学出版社,1998 年。

[美]费正清编:《剑桥中华民国史》,上海人民出版社,1991 年。

[美]弗里曼、毕克伟、赛尔登:《中国乡村,社会主义国家》,社会科学文献出版社,2002 年。

[美]亨廷顿:《转变中社会的政治秩序》,黎明文化事业股份有限公司(台北),1983 年。

[美]胡素珊:《中国的内战——1945—1949 年的政治斗争》,中国青年出版社,1997 年。

[美]黄树民:《林村的故事——1949 后的中国农村改革》,三联书店,2002 年。

[美]黄宗智:《华北的小农经济与社会变迁》,中华书局,2000 年。

[美]黄宗智:《长江三角洲小农家庭与乡村发展》,中华书局,2000 年。

[美]黄宗智:《中国的隐性农业革命》,法律出版社,2010 年。

[美]吉尔伯特·罗兹曼:《中国的现代化》,江苏人民出版社,2005 年。

[美]杰克·贝尔登:《中国震撼世界》,北京出版社,1980 年。

[美]柯文:《在中国发现历史:中国中心观在美国的兴起》,中华书局,2002 年。

[美]李丹:《理解农民中国:社会科学哲学的案例研究》,江苏人民出版社,2009 年。

[美]马若孟:《中国农民经济:河北和山东的农业发展(1890—1949)》,江苏人民出版社,1999 年。

[美]米格代尔:《农民、政治与革命——第三世界政治与社会变革的压力》,中央编译出版社,1996 年。

[美]明恩溥:《中国乡村生活》,时事出版社,1998 年。

[美]彭慕兰:《大分流——欧洲、中国及现代世界经济的发展》,江苏人民出版社,2003 年。

[美]施坚雅:《中国农村的市场和社会结构》,中国社会科学出版社,1998 年。

[美]斯科克波尔:《国家与社会革命》,桂冠图书股份有限公司(台北),1998 年。

[美]王国斌:《转变的中国:历史变迁与欧洲经验的局限》,江苏人民出版社,1998 年。

[美]威廉·韩丁:《翻身:一个中国村庄的革命纪实》,北京出版社,1980 年。

[美]威廉·韩丁:《深翻:中国一个村庄的继续革命纪实》,中国国际文化出版社(香港),2008 年。

[美]西奥多·W.舒尔茨:《改造传统农业》,商务印书馆,2003年。

[美]詹姆斯·C.斯科特:《农民的道义经济学:东南亚的反叛与生存》,译林出版社,2001年。

[美]詹姆斯·C.斯科特:《弱者的武器:农民反抗的日常形式》,译林出版社,2011年。

[美]詹姆斯·R.汤森、布兰特利·沃马克:《中国政治》,江苏人民出版社,2005年。

[日]顾琳:《中国的经济革命:二十世纪的乡村工业》,江苏人民出版社,2010年。

[日]内山雅生:《二十世纪华北农村社会经济研究》,中国社会科学出版社,2001年。

[日]斯波义信:《宋代江南经济史研究》,江苏人民出版社,2012年。

[英]弗兰克·艾利思:《农民经济学:农民家庭农业和农业发展》,上海人民出版社,2006年。

[英]理查德·H.托尼:《中国的土地和劳动》,商务印书馆,2014年。

[英]约翰·希克斯:《经济史理论》,商务印书馆,2002年。

白跃世:《中国农业现代化路径选择分析》,中国社会科学出版社,2004年。

曹树基、刘诗古:《传统中国地权结构及其演变》,上海交通大学出版社,2014年。

曹幸穗:《旧中国苏南农家经济研究》,中央编译出版社,1996年。

曾壁均、林木西主编:《新中国经济史(1949—1989)》,经济日报出版社,1990年。

陈吉元:《论中国农业剩余劳动力转移》,人民出版社,1993年。

陈吉元等编:《中国农村社会经济变迁(1949—1989)》,山西经济出版社,1993年。

陈锡文、赵阳、陈剑波等:《中国农村制度变迁60年》,人民出版社,2009年。

陈益元:《革命与乡村——建国初期农村基层政权建设研究:1949—1957(以湖南醴陵县为个案)》,上海社会科学院出版社,2006年。

邓大才:《湖村经济——中国洞庭湖区农民的经济生活》,中国社会科学出版社,2006年。

邓力群:《中国的土地改革》,当代中国出版社,1996年。

董志凯:《解放战争时期的土地改革》,北京大学出版社,1987年。

董志凯主编:《1949—1952年中国经济分析》,中国社会科学出版社,1996年。

杜润生主编:《中国的土地改革》,当代中国出版社,1996年。

段晓锋:《非正式制度对中国经济制度变迁方式的影响》,经济科学出版社,1998年。

费孝通、张之毅:《云南三村》,天津人民出版社,1990年。

费孝通:《江村经济——中国农民的生活》,商务印书馆,2001年。

费孝通:《乡土中国》,上海人民出版社,2006年。

郭德宏:《中国近现代农民土地问题研究》,青岛出版社,1993年。

郭庆:《现代化中的农村剩余拉动力转移》,中国社会科学出版社,1993年。

韩敏:《回应革命与改革:皖北李村的社会变迁与延续》,江苏人民出版社,2007年。

郝正春:《经验、技术与权力:晋中新区土地改革研究(1948—1950)》,中国社会科学出版社,2014年。

何高潮:《地主·农民·共产党——社会博弈论分析》,牛津大学出版社(香港),

1997 年。

贺雪峰：《地权的逻辑：中国农村土地制度向何处去》，中国政法大学出版社，2010 年。

侯建新：《农民、市场与社会变迁：冀中 11 村透视并与英国农村之比较》，社会科学文献出版社，2002 年。

黄荣华：《革命与乡村：农村地权研究（1949—1983）》，上海社会科学院出版社，2006 年。

冀朝鼎：《中国历史上的基本经济区》，商务印书馆，2014 年。

贾滕：《乡村秩序重构及灾害应对（以淮河流域商水县土地改革为例 1947—1954）》，社会科学文献出版社，2013 年。

蒋家俊主编：《中华人民共和国经济史》，陕西人民出版社出版，1989 年。

剧锦文：《中国经济路径与政策（1949—1999）》，社会科学文献出版社，2001 年。

李伯重：《理论、方法、发展趋势：中国经济史研究新探》，清华大学出版社，2002 年。

李德彬：《中华人民共和国经济史简编（1949—1985）》，由湖南人民出版社出版，1987 年。

李海金：《身份政治：国家整合中的身份建构以土地改革以来鄂北洪县为分析对象》，中国社会科学出版社，2011 年。

李怀印：《华北村治：晚晴和民国时期的国家与乡村》，中华书局，2008 年。

李怀印：《乡村中国纪事：集体化和改革的微观历程》，法律出版社，2010 年。

李金铮：《近代中国乡村社会经济探微》，人民出版社，2004 年。

李景汉：《定县社会概况调查》，上海人民出版社，2005 年。

李立志：《变迁与重建——1949—1956 年的中国社会》，江西人民出版社，2002 年。

李培林：《村落的终结：羊城村的故事》，商务印书馆，2004 年。

李拓：《和谐与冲突——新时期中国阶级结构问题研究》，中国财政经济出版社，2002 年。

林善浪：《中国农村土地制度与效率研究》，经济科学出版社，1999 年。

林耀华：《金翼：中国家族制度的社会学研究》，三联书店，2008 年。

刘承韪：《产权与政治：中国农村土地制度变迁研究》，法律出版社，2012 年。

刘润秋：《中国农村土地流转制度研究：基于利益协调的视角》，经济管理出版社，2012 年。

刘兆发：《农村非正式结构的经济分析》，经济管理出版社，2002 年。

龙登高：《地权市场与资源配置》，福建人民出版社，2012 年。

鲁西奇：《中国历史的空间结构》，广西师范大学出版社，2014 年。

陆道平：《农村土地流转中的地方政府与农民互动机制研究》，清华大学出版社，2012 年。

罗朝晖：《富农与新富农——20 世纪前半期华北乡村社会变迁的主角》，人民出版社，2010 年。

罗红云：《中国农村土地制度研究（1949—2008）》，上海财经大学出版社，2012 年。

罗平汉:《土地改革运动史》,福建人民出版社,2005 年。

马俊亚:《混合与发展——江南地区传统社会经济的现代演变(1900~1950)》,社会科学文献出版社,2003 年。

莫宏伟:《苏南土地改革研究》,合肥工业大学出版社,2007 年。

钱忠好:《中国农村土地制度变迁和创新研究(续)》,社会科学文献出版社,2005 年。

秦晖、苏文:《田园诗与狂想曲——关中模式与前近代社会的再认识》,中央编译出版社,1996 年。

史海泉:《土地改革与乡村变迁:以西北边疆为视角》,中国政法大学出版社,2014 年。

苏少之:《中国经济通史(第十卷上册)》,湖南人民出版社,2002 年。

孙健:《中华人民共和国经济史稿(1949—1957)》,吉林人民出版社出版,1980 年。

王大伟:《城乡关系视角下的农村土地制度变迁绩效》,商务印书馆,2012 年。

王景新:《现代化进程中的农地制度及其利益格局重构》,中国经济出版社,2005 年。

王瑞芳:《土地制度变动与中国乡村社会变革:以新中国成立初期土改运动为中心的考察》,社会科学文献出版社,2010 年。

王晓毅、张军:《中国村庄的经济增长与社会转型》,山西经济出版社,1996 年。

王友明:《解放区土地改革研究:1941—1948——以山东莒南县为个案》,上海社会科学院出版社,2006 年。

王玉贵、娄胜华:《当代中国农村社会经济变迁研究—以苏南地区为中心的考察》,群言出版社,2006 年。

王琢、许浜:《中国农村土地产权制度论》,经济管理出版社,1996 年。

温锐:《理想·历史·现实——毛泽东与中国农村经济之变革》,山西高校联合出版社,1995 年。

吴承明、董志凯:《中华人民共和国经济史》,中国财政经济出版社,2001 年。

吴承明:《市场·近代化·经济史论》,云南大学出版社,1996 年。

吴毅:《村治变迁中的权威与秩序——20 世纪川东双村的表达》,中国社会科学出版社,2002 年。

武力、郑有贵:《解决"三农"问题之路——中国共产党"三农"思想政策史》,中国经济出版社,2004 年。

武力:《中华人民共和国经济史(1949—1999)》,中国经济出版社,1999 年。

徐汉明:《中国农民土地持有产权制度研究》,社会科学文献出版社,2004 年。

许欣欣:《当代中国社会结构变迁与流动》,社会科学文献出版社,2000 年。

杨念群主编:《空间·记忆·社会转型——"新社会史"研究论文精选集》,上海人民出版社,2001 年。

姚洋:《土地、制度和农业发展》,北京大学出版社,2004 年。

尤国珍:《嬗变与重塑:中国特色的富农政策研究》,中国社会出版社,2011 年。

于建嵘:《岳村政治——转型期中国乡村政治结构的变迁》,商务印书馆,2001 年。

于宪先等:《两岸农地利用比较》,社会科学文献出版社,2004 年。

张静:《基层政权——乡村制度诸问题》,浙江人民出版社,2000 年。

张静:《建国初期长江中下游地区乡村地权市场探微》,中国社会科学出版社,2011 年。

张乐天:《告别理想:人民公社制度研究》,上海人民出版社,1998 年。

张佩国:《地权·家户·村落》,学林出版社,2007 年。

张佩国:《地权分配·农家经济·村落社区:1900—1945 年的山东农村》,齐鲁书社,2000 年。

张佩国:《近代江南乡村地权的历史人类学研究》,上海人民出版社,2002 年。

张思:《侯家营:一个华北村庄的现代历程》,天津古籍出版社,2010 年。

张思:《近代华北村落共同体的变迁——农耕结合习惯的历史人类学考察》,商务印书馆,2005 年。

张卫波:《实现耕者有其田——解放战争时期的土地改革》,河北人民出版社,2014 年。

张五常:《佃农理论》,商务印书馆,2002 年。

张学强:《乡村变迁与农民记忆:山东老区莒南县土地改革研究(1941—1951)》,社会科学文献出版社,2006 年。

张一平:《地权变动与社会重构:苏南土地改革研究(1949—1952)》,上海世纪出版集团,2009 年。

张英洪:《农民、公民权与国家:1949—2009 年的湘西农村》,中央编译出版社,2013 年。

张悦:《中国农村土地制度变迁:基于意识形态的视角》,经济管理出版社,2011 年。

张跃进:《现代化的最后情结》,安徽大学出版社,2005 年。

章有义:《近代徽州租佃关系案例研究》,中国社会科学出版社,1988 年。

赵德馨主编:《中华人民共和国经济史(1949—1966)》,河南人民出版社出版,1988 年。

赵冈:《历史上的土地制度与地权分配》,中国农业出版社,2003 年。

赵冈:《中国传统农村的地权分配》,新星出版社,2006 年。

赵效民:《中国土地改革史(1921—1949)》,人民出版社,1990 年。

郑风田:《制度变迁与中国农民经济行为》,中国农业科技出版社,2000 年。

周其仁:《产权与制度变迁:中国改革的经验研究》,北京大学出版社,2004 年。

周晓虹:《传统与变迁:江浙农民的社会心理及其近代以来的嬗变》,三联书店,1998 年。

周志强:《中国共产党与中国农业发展道路》,中共党史出版社,2003 年。

周祖文:《中国农村土地制度变迁:一个农业剩余的视角(1949—1985)》,浙江大学出版社,2012 年。

朱冬亮:《社会变迁中的村级土地制度:闽西北将乐县安仁乡个案考察》,厦门大学出版社,2003 年。

朱玉湘:《中国近代农民问题与农村社会》,山东大学出版社,1997 年。

庄孔韶:《银翅:中国的地方社会与文化变迁:1920—1990》,三联书店,2000 年。

Ch'u Tung-tsu, "Chinese Class Stucture and Its Ideology", in John K.Fairbank ed., *Chinese Thought and Institrtions*, The University of Chicago Press. 1957.

Gao, Mobo C.F., *Village: Rural Life in Modern China*, London: Hurst and Co.Publishers(also issued by Hawaii University Press in the US), 1999.

Qi, Jean C., *State and Peasant in Contemporary China: The Political Economy of Village government*, Berkeley: University of California Press, 1989.

Siu, Helen F., *Agents and Victims in South China: Accomplices in Rural Revolution*, New Haven: Yale University Press, 1989.

Unger, Jonathan, "The class system in rural china: A Case Study", in J.Watson ed., *Class and Social Stratification in Post-revolution China*, London: Cambridge University Press, 1984.

Vivienne Shue, *Peasant China in Transition: The Dynamics of Development toward Socialism 1949-1956*, Berkeley: University of California Press, 1980.

Vivienne Shue, *The Reach of the state: sketches of the Chinese Body Politic*, Stanford: Stanford University Press, 1988.

Yang, C.K., *A Chinese Village in Early Communist Transition*, Cambridge: Massachusetts Institute of Technology Press, 1959.

四、期 刊 论 文

曹树基:《新中国成立初期土地改革中"工商业兼地主"的政治身份认定》,《中共党史研究》2011 年第 2 期。

曾耀荣:《误读富农:中共在近代土地革命中打击富农的主要因素》,《史学月刊》2013年第 6 期。

常利兵:《土地、劳动与观念——1949—1957 年山西省农民生活变革研究》,《当代中国史研究》2012 年第 6 期。

常明明:《效益下降抑或增收差异:农业合作化后农民退社原因再研究》,《中国农史》2011 年第 1 期。

钞晓鸿:《本世纪前期陕西农业雇佣、租佃关系比较研究》,《中国经济史研究》1999 年第 3 期。

陈柏峰:《土地流转对农民阶层分化的影响——基于湖北省京山县调研的分析》,《中国农村观察》2009 年第 4 期。

杜敬:《土地改革中没收和分配土地问题》,《中国社会科学》1982 年第 1 期。

冯开文:《从土地改革转入农业合作化的制度变迁机理分析——对有关的几种观点的评析》,《中国农史》1999 年第 3 期。

高冬梅:《新中国建立初期弱势群体及其社会救助研究》,《中共党史研究》2005 年第 4 期。

高华民:《买卖土地的数据不等于就是两极分化》,《党史研究》1982 年第 1 期。

高王凌:《租佃关系新论》,《中国经济史研究》2005 年第 3 期。

郭德宏:《旧中国土地占有状况及发展趋势》,《中国社会科学》1989 年第 4 期。

郭德宏:《土地改革史若干问题论纲》,《近代史研究》1987 年第 3 期。

侯建新:《近代冀中土地经营及地权转移趋势——兼与前工业英国地权转移趋势比较》,《中国经济史研究》2001 年第 4 期。

胡雪萍:《劳动力迁移理论与我国农业剩余劳动力转移》,《宏观经济研究》2004 年第 5 期。

胡英泽:《近代华北乡村地权分配再研究——基于晋冀鲁三省的分析》,《历史研究》2013 年第 4 期。

胡英泽:《土改后至高级社前的乡村地权变化》,《中共党史研究》2014 年第 3 期。

黄道炫:《洗脸——1946 年至 1948 年农村土改中的干部整改》,《历史研究》2007 年第 4 期。

黄道炫:《一九二〇——一九四〇年代中国东南地区的土地占有》,《历史研究》2005 年第 1 期。

黄英伟:《历史上的地价:研究现状与趋势》,《经济学动态》2014 年第 12 期。

黄宗智:《中国革命中的农村阶级斗争——从土改到文革时期的表达性现实与客观性现实》,载《中国乡村研究》第 2 辑。

黄宗智:《"家庭农场"是中国农业的发展出路吗?》,《开放时代》2014 年第 2 期。

黄宗智:《中国小农经济的过去和现在:舒尔茨理论的对错》,载《中国乡村研究》第 6 辑。

黄宗智等:《中国新时代的小农经济》,《开放时代》2012 年第 3 期。

江红英:《试析土改后农村经济的发展趋势及道路选择》,《中共党史研究》2001 年第 6 期。

江红英:《新区土地改革与开辟工业化道路》,《中共党史研究》2004 年第 1 期。

孔泾源:《中国经济生活中的非正式制度安排》,《经济研究》1992 年第 7 期。

李伯雍:《土地改革后农村阶级变化的趋向》,《中共党史研究》1989 年第 1 期。

李放春:《"地主窝"里的清算风波——兼谈北方土改中的"民主"与"坏干部"问题》,载《中国乡村研究》第 6 辑。

李金铮:《二十年来中国近代乡村经济史的新探索》,《历史研究》2003 年第 4 期。

李金铮:《土地改革中的农民心态:以 1937—1949 年的华北乡村为中心》,《近代史研究》2006 年第 4 期。

李金铮:《向"新革命史"转型:中共革命史研究方法的反思与突破》,《中共党史研究》2010 年第 1 期。

李里峰:《"运动"中的理性人——华北土改期间各阶层的形势判断和行为选择》,《近代史研究》2008 年第 1 期。

李里峰:《不对等的博弈:土改中的基层政治精英》,《江苏社会科学》2007 年第 6 期。

李立志:《土地改革与农民社会心理变迁》,《中共党史研究》2002 年第 4 期。

李茂盛、王里鹏:《土地立法与山西新区土地改革》,《中共党史研究》2008 年第 3 期。

李巧宁:《建国初期山区土改中的群众动员——以陕南土改为例》,《当代中国史研究》2007 年第 4 期。

凌鹏:《近代华北农村经济商品化与地权分散——以河北保定清苑农村为例》,《社会学研究》2007 年第 5 期。

刘洁、衣保中:《东北解放区土地改革与新民主主义土地关系的建立》,《中共党史研究》1998 年第 3 期。

刘玲:《建国前土地改革中乡村社会农民心态态势探究》,《求索》2007 年第 11 期。

刘裕清:《我国农业社会主义改造时期的富裕中农问题初探》,《中共党史研究》1983 年第 6 期。

龙登高、彭波:《近世佃农的经营性质与收益比较》,《经济研究》2010 年第 1 期。

龙登高:《地权交易与生产要素组合:1650—1950》,《经济研究》2009 年第 2 期。

罗平汉:《一九四七年下半年解放区土改运动中的"左"错误及其纠正》,《中共党史研究》2005 年第 2 期。

罗衍军:《人际关系与土改的推动:以两个鲁西南村庄为中心》,《二十一世纪》2012 年 2 月号总第 129 期。

满永:《"反行为"与乡村生活的经验世界》,《开放时代》2008 年第 3 期。

满永:《土地改革与建国初乡村政权的合法化建构》,《二十一世纪》网络版,2005 年 4 月号。

秦宏毅:《四个阶段的中国共产党富农政策》,《求索》2005 年第 1 期。

渠桂萍:《国家不在场与村庄领袖的权威生成模式》,《社会科学战线》2010 年第 11 期。

史建云:《近代华北平原自耕农初探》,《中国经济史研究》1994 年第 1 期。

宋洪远:《关于农村劳动力流动的政策问题分析》,《管理世界》2002 年第 5 期。

苏俊才:《闽西土地改革运动述评》,《当代中国史研究》2002 年第 1 期。

苏少之、张晓玲:《新中国土改后农村阶级变化再探讨——基于测算农村居民收入基尼系数的角度》,《中国经济史研究》2011 年第 1 期。

苏少之:《论我国农村土地改革后的"两极分化"问题》,《中国经济史研究》1989 年第 3 期。

王东:《建国初期"暂时不动富农"政策的形成》,《中共党史研究》1988 年第 3 期。

王建科:《党在各时期富农政策的演变》,《江苏社会科学》1992 年第 2 期。

王钦民:《解放战争时期平分土地政策剖析》,《近代史研究》1983 年第 3 期。

王瑞芳:《土改后的中国富农:从保存、限制到消灭》,《河南社会科学》2004 年第 5 期。

王瑞芳:《新中农的崛起:土改后农村社会结构的新变动》,《史学月刊》2003 年第 7 期。

王先明:《晋绥边区的土地关系与社会结构的变动》,《中国农史》2003 年第 1 期。

温锐:《清末民初赣闽边地区土地租佃制度与农村社会经济》,《中国经济史研究》2002 年第 4 期。

吴毅、吴帆:《传统的翻转与再翻转——新区土改中农民土地心态的建构与历史逻辑》,《开放时代》2010年第3期。

吴毅:《双重边缘化:村干部角色与行为的类型学分析》,《管理世界》2002年第11期。

武力:《农业合作化过程中合作社经济效益分析》,《中国经济史研究》1992年第4期。

席富群:《新中国建立前后党的"团结中农"政策的历史演变及经验教训》,《中共党史研究》2006年第4期。

邢乐勤:《论土改后中国农村社会阶层的分化》,《浙江学刊》2003年第3期。

熊秋良:《"集体化"语境下农村整党考察(1952—1954)》,《福建论坛》2010年第11期。

杨华:《"中农"阶层:当前农村社会的中间阶层》,《开放时代》2012年第3期。

杨娜:《一九四九年至一九五六年的中国农民阶级分化》,《中共党史研究》2005年第2期。

姚洋:《集体决策下的诱导性制度变迁——中国农村地权稳定性演化的实证分析》,《中国农村观察》2000年第2期。

尤国珍:《新中国成立初期中南区和华东区保存富农经济政策执行差异解析》,《中共党史研究》2012年第5期。

岳谦厚、董春燕:《抗日根据地时期中共基层干部群体——以晋西北抗日根据地为中心的研究》,《安徽史学》2009年第1期。

岳谦厚、李鑫:《太岳解放区之土改整党》,《中共党史研究》2012年第7期。

岳谦厚、张基辉:《中共重构下的晋西北乡村领袖——以"张初元模式"为个案研究》,《中共党史研究》2007年第6期。

张红宇:《中国农村土地产权政策:持续创新》,《管理世界》1998年第6期。

张静:《建国初期乡村地权流转的社会经济效应考量》,《中国经济史研究》2010年第4期。

张静:《建国初期中共有关农村土地流转问题的政策演变》,《中南财经政法大学》2008年第5期。

张静:《新中国成立初期乡村地权交易中的农户行为分析》,《中国经济史研究》2012年第2期。

张凯峰:《土地改革与中国农村政权》,《二十一世纪》网络版,2004年9月号。

张鸣:《动员结构与运动模式——华北地区土地改革运动的政治运作(1946—1949)》,《二十一世纪》网络版,2003年6月号。

张佩国:《中国乡村革命研究中的叙事困境——以"土改"研究文本为中心》,《中国农史》2003年第2期。

张小军:《阳村土改中的阶级划分和象征资本》,载《中国乡村研究》第2辑。

张晓玲:《从基尼系数看土地改革后农村地权分配》,《中国经济史研究》2014年第1期。

张晓玲:《新中农在农业合作化运动中的心态探析(1952—1956)》,《历史教学》2010

年第 8 期。

　　张一平：《三十年来中国土地改革研究的回顾与思考》，《中共党史研究》2009 年第 1 期。

　　张一平：《秩序与生产：新区土改中的政策表达》，《当代中国史研究》2009 年第 2 期。

　　章有义：《二十世纪二三十年代中国地权分配的再估计》，《中国社会经济史研究》1988 年第 2 期。

　　赵冈：《历史上农地经营方式的选择》，《中国经济史研究》2000 年第 2 期。

　　赵增延：《50 年代中国农村的富农经济》，《改革》1998 年第 1 期。

　　赵增延：《重评建国初期农村经济政策中的"四个自由"》，《中共党史研究》1992 年第 5 期。

　　郑风田：《我国现行土地制度的产权残缺与新型农地制度构想》，《管理世界》1995 年第 4 期。

　　郑有贵、董彦斌、焦红坡等：《土地改革研究综述》，《中共党史研究》2000 年第 6 期。

　　周其仁：《中国农村改革：国家和所有权关系的变化》，《管理世界》1995 年第 3、4 期。

　　常利兵：《红旗飘飘——西沟村的革命、生产及历史记忆》，山西大学 2010 年博士学位论文。

　　董传玲：《建国 60 年华北农村社会生活变迁》，南开大学 2010 年博士学位论文。

　　范连生：《建国初期三农问题与乡村社会变迁（1959—1956）》，福建师范大学 2009 年博士学位论文。

　　高其荣：《论土地斗争中党对中共的政策》，湖南师范大学 2006 年硕士学位论文。

　　郭金华：《有差异的诉苦与土改目标的实现——作为一种社会主义运作机制的公共表达》，北京大学 2001 年硕士学位论文。

　　郝正春：《经验、技术与权力：晋中新区之土改运作》，山西大学 2011 年博士学位论文。

　　何燕：《土地·权益·情感：现代华北乡村的地权实践》，南开大学 2013 年博士学位论文。

　　李斌：《1950 年代的塘村妇女》，华东师范大学 2011 年博士学位论文。

　　李德英：《国家法令与民间习惯：民国时期成都平原租佃制度新探》，四川大学 2005 年博士学位论文。

　　李放春：《历史、命运与分化的心灵——陕北土改的大众记忆》，北京大学 2000 年硕士学位论文。

　　李康：《西村十五年：从革命走向革命——1938—1952 冀东村庄基层组织机制变迁》，北京大学 1999 年博士学位论文。

　　马维强：《双口村：集体化时代的身份、地位与乡村日常生活》，山西大学 2009 年博士学位论文。

　　潘颖颖：《夹缝中的生存：1950 年代初的基层乡村干部——以南汇县为个案》，复旦大学 2008 年硕士论文。

　　孙弘宇：《以产权保护为核心的土地管理模式》，同济大学 2006 年博士学位论文。

王凤梅:《1949 至 1978 年间中国农村现代化进程透视》,山东大学 2007 年博士学位论文。

王能应:《中国经济史上的农地产权制度变迁》,华中科技大学 2008 年博士学位论文。

王周刚:《中国共产党中农政策的演变及其启示》,苏州大学 2010 年硕士学位论文。

责任编辑：杨美艳

图书在版编目（CIP）数据

20 世纪中期中国地权变迁与农家经济研究.1946—1956/张 静 著. —北京：
人民出版社,2017.11
ISBN 978－7－01－017892－9

Ⅰ.①2… Ⅱ.①张… Ⅲ.①土地所有权-关系-农村经济-研究-中国-
1946—1956 Ⅳ.①F32

中国版本图书馆 CIP 数据核字（2017）第 162241 号

20 世纪中期中国地权变迁与农家经济研究（1946—1956）
20 SHIJI ZHONGQI ZHONGGUO DIQUAN BIANQIAN YU NONGJIA JINGJI YANJIU(1946—1956)

张 静 著

人民出版社 出版发行
（100706 北京市东城区隆福寺街 99 号）

环球东方（北京）印务有限公司印刷 新华书店经销

2017 年 11 月第 1 版 2017 年 11 月北京第 1 次印刷
开本：710 毫米×1000 毫米 1/16 印张：17.25
字数：280 千字

ISBN 978－7－01－017892－9 定价：49.00 元

邮购地址 100706 北京市东城区隆福寺街 99 号
人民东方图书销售中心 电话（010）65250042 65289539